影响世界经济的中国智慧

《权威专家解读中国经济发展密码》

主　　编：柴哲宏　付　丹

执行主编：李文斌　李晓东

编　　委：柴哲宏　付　丹　李文斌　李晓东　马　宁　卢　璐
　　　　　郝　颖　吴安定　朱咏梅　马　磊　王秀娟　马　放
　　　　　程崇良　王伟伟　尚春明　郭玉娟　宋培英　赵小晖
　　　　　巨　颖　王　洵　安海军　李明哲　马俊杰

权威专家解读

中国经济发展密码

中央广播电视总台财经节目中心
《中国经济大讲堂》栏目组 ◎编著

人民出版社

目 录

第一篇 深 化 改 革

第二篇　创 新 突 破

第三篇　乡 村 振 兴

第一篇

深化改革

新特征、新任务，开放之门如何越开越大？

· 黄奇帆 ·

中国国际经济交流中心副理事长，曾任全国人大财经委员会副主任委员，重庆市政府市长，上海浦东新区管委会副主任，上海市委、市政府副秘书长、市委研究室主任、市经委主任。长期从事经济管理和政策制定工作，在对外开放、金融管理等领域有丰富的理论研究和实践经验。

导　语

　　根据联合国贸易和发展会议《全球投资趋势监测报告》，2018年上半年中国吸收的外国直接投资逆势增长6%，总额超过700亿美元，成为全球最大的外国直接投资流入国。进入下半年，全球最大的化工企业德国巴斯夫集团决定对华投资100亿欧元，建设独资精细化工一体化基地；美国新能源巨头特斯拉的超级工厂正式落户上海；德国车企巨头宝马将对华晨宝马增加30亿欧元投资，并增持华晨宝马股权至75%；德国安联保险集团将在中国成立全资子公司。跨国巨头纷至沓来，投资中国的力度不减。2018年11月5日，首届中国国际进口博览会在上海隆重开幕，成为我国主动向世界开放市场的又一重大举措。未来，随着关税进一步降低、教育医疗领域外资股比限制放宽等措施的实施，我国开放的大门还会越开越大，成为全球最重要的跨国投资目的地。新时代的开放与过去的开放有何不同？下一步开放的重点任务是什么？内陆地区应该如何抓住机遇打造新的开放高地？

扫描二维码即可
观看完整视频

新特征、新任务，
开放之门如何越开
越大？

◆　录制时间：2018年12月11日

◆　编　　导：吴安定

40年前，中国开始了波澜壮阔的改革开放。纪念改革开放最好的行动，就是进一步地推动改革开放。用开放推动发展、用开放倒逼改革。

一、新时代开放有何新特征?

党的十八大以来，我们的开放具有五个新的特征。

第一个特征是由过去以引进外资为主的状态，转变为引进外资和"走出去"双轨并重。

一方面，从2013年到2017年，中国引进外资是6000多亿美元，我国各种企业，包括民营企业、国有企业，海外投资7800多亿美元。所以这五年间，对外投资要比引进外资多了近1800亿美元。另一方面，我们国家从1980年开放以后，一直到2012年这33年里海外投资一共5000多亿美元。这意味着，2013—2017年，这五年对海外的投资，超过过去33年。显然，我们的开放，在投资领域出现了一个新的格局，即"引进来"和"走出去"投资双向并举这个格局。

第二个特征是由过去出口导向为主的贸易模式，转化为鼓励出口和努力进口并重。

当今世界出口大国不一定是经济强国，因为出口大国可能是农副产品、初级加工产品的出口大国，也可能是来料加工、劳动密集型产品的出口大国。

进口大国一定是经济强国。第一，如果一个国家的进口量是世界各个国家中前三位的，那么就意味着这个国家老百姓的需求很大，进口的容量很大。今后15年我们国家至少会进口30万亿美元，这个数据没有任何水分，因为我们现在一年就进口2万亿美元，今后15年哪怕不做任何增长，15年乘2就是30万亿美元。第二，进口需要用美元，所以进口大国应该是硬通货比较充足的大国，当然也是一个资金强国。我们国家现在有3万亿美元储备，是世界外汇储备最多的一个国家。第三，进口大国的本币往往逐步地变成了国际贸易的硬通货。比如我们的人民币，尽管还没有达到世界资本项下自由兑换的程度，但是，我们的人民币在贸易项下自由兑换已经成了国际贸易中的一种清算货币、结算货币。这些年跨境人民币结算的市场越搞越大，越来越受欢迎。进口大国一般也会使人民币逐渐国际化，成为一个硬通货趋势的国家。进口大国、经济强国和货币、外汇储备有关，也和国内需求有关。更重要的是，进口大国还会使大量国际现代的商品，惠及于本国老百姓，使本国老百姓的生活需求多样化得到充分的满足。所以从这个意义上说，我们国家现在增加进口是一个长远、战略性的措施。这是一个新特点。

第三个特征是中国的开放现在进入沿海开放和东西南北中内陆各个地方同步开放的阶段。

这个跟过去40年不同，过去40年如果搞特区，先是在沿海搞，然后再逐渐延伸到整个沿海的14个城市，再扩张到沿海的27个经济技术开发区，再进一步地扩展到中部、西部，它是个逐渐波浪式延伸扩展的过程。我们一定要走出一个误区，认为开放只能在沿海开放，内陆总是要慢三拍。在中国最初开放的时候，先谨慎一点，让沿海先开放是对的。但到了现在这一步，全方位开放是理所当然的一个举措。开放，是一种体制、是一种制度、是一种观念，它和地域无关。所以实际上无论是内陆还是沿海都可以在同样的制度下开放。现在中国的开放已经进入了这样一个格局。

第四个特征是中国的开放已经从过去货物贸易为主的开放变为货物贸易和服务贸易同步开放。我们国家现在是服务贸易和货物贸易双管齐下，世界贸易组织（WTO）的协议合作和自由贸易区（FTA）的协议合作一起推进。"一带一路"中的很多贸易协定，就是属于"一带一路"上的自由贸易区的协定。

第五个特征是从过去以适应和融入世界贸易规则体系为主，转化为既适应融入世界贸易体系也参与和引导，有些方面甚至是主导国际贸易体系的游戏规则的制定。

这十年世界很大的一个新变化是全球数字贸易发展迅速。中国的数字贸易规模很大，引领着世界数字贸易发展的势头。在数字贸易协定谈判当中，我们就不能简单地去参与适应，而是应该平等地参与制定怎样的国际规则，应该有些什么样的负面清单，以发挥我们这种领先的优势。

二、新时代开放的任务重点是什么？

首先，要激发我们进口的潜力。这个增加进口不是权宜之计，而是长远的战略目标。

为什么要有这个目标呢？进出口当中不以追求顺差为目标，而以追求平衡为目标。意思是什么呢？我出口2万亿美元，我进口差不多也2万亿美元，进出平衡。那么这个平衡还会带来一个好处，就是使我们的人民币不会过分地升值，我们以追求货币的稳定为目标，一个货币长期稳定的国家，其货币就是一种信用，有助于人民币国际化成为国际上的硬通货。另外，要激发进口的潜力，就是让老百姓更多地买进口货，如果进口货总是很贵，老百姓就可能买得少。为什么最近几年中国老百姓跑到欧洲、跑到美国、跑到日本、跑到韩国都会买很多东西。每年中国老百姓出去旅游买东西回国，总的价值量超过1500亿美元，几乎是1万亿元人民币。这1500亿美元，我们作为贸易进口，在国际贸易中就计作我们有1500亿美元的进口，那我们本来顺差4000亿美元，因为多了这1500亿美元，顺差可能就只有2500亿美元了，国际摩擦也就减少了。反过来，老百姓搬1500亿美元货回来，在国际贸易上是不算账的。一旦我们国内把关税降下来，那么老百姓一看两边价格差不多，出去旅游的人就不会背东西回来。这个减税对我们国民经济发展是一举多得。所以国家现在实际上2018年、2019年在各种商品的关税上已经在不断地下降，我们国家现在几千种商品的平均关税是7.5%，已经比2000年刚进世贸组织时15%左右降得很多了。今后几年还会降，这个降税的过程是激发进口潜力的过程。

其次，要更好地扩大外资投资的开放领域。

博鳌论坛上，习近平总书记明确宣布，中国的汽车以前是外资、合资不许超过50%，现在可以51%以上，60%、70%控股都可以。最近我看宝马就宣布，作为一个合资企业，它控制70%的股权，成为大股东了。此外就是金融领域，金融领域的开放更复杂。但是说起来也就是三句话：第一句话，银行证券保险，原来允许外资搞银行、外资搞保险、外资搞证券。但有个设定，不要超过25%。现在可以到50%，之后有个三年的过渡期，可以逐渐达到 70%、80%。也就是说,把银行、证券、保险给放开了、股比放开了。第二句话,就是同样的一个合资的银行、合资的保险工商登记注册登记中的业务范围,由原来的 30 项,变成现在的 50 项,业务范围放开了。第三句话,就是进一步放开银行、证券、保险,它们可以根据自己的需要在各地开子公司、分公司,因为一个银行如果只有一个总行开在北京,在 31 个省份的各个城市里没有它的分行,它就无法拉存款、放贷款,所以允许它去搞这些业务。

最后,我们要进一步地建设开放高地。建设开放高地,可以理解为重点是内陆,比如中部西部要开放高地。因为我们过去的 40 多年开放都是在沿海,深圳是中国的开放高地,上海是中国的开放旗帜,也就是说,沿海已经树起了一面面中国开放高地的旗帜,但内陆地区怎么建开放高地。我自己认为,内陆开放高地一定要做好五件事,这五件事做好了,开放高地就有了基础,这五件事做不好,开放高地就是说空话。

三、内陆地区如何打造开放新高地?

一个地方如果是开放高地,应该具备五个要件。

第一个要件,开放高地一般是和大城市有关的。比如说,上海开放高地是个大都市,北京是大都市,深圳是大都市,广州是大都市,杭州现在也是大都市,那么内陆的开放高地一定是跟内陆的省会城市有关。如果一个省的省会城市都成不了开放高地,说它下面的一个地市州一个县是这个省的开放高地就有点悬。所以,首先是齐心协力把省会城市、内陆的大城市发展成为开放高地,然后再辐射延伸到某个地市州。把某个有条件的中心城市变成开放高地当然是多多益善,但首先应该把省会城市做大做强。

第二个要件,既然叫开放高地,一定是通向世界的交通枢纽。或者至少是国内的一个交通枢纽,由于是国内交通枢纽,就可以通到国内任何一个通向世界的枢纽地,铁路、港口、航空等或者高速公路都是四通八达的,可以成为区域枢纽、国内枢纽甚至直通世界的枢纽。一个机场有 100 条国际航线,就一定是国际级的航空枢纽,超过 100 条航线的,也就那么 20 多个城市。所以，如果这个省会的机场有了 50 条、60 条、70 条国际航线，再过个 5 年、10 年有可能还真变成 100 条国际航线，那它就是个枢纽。

第三个要件，应该是个口岸。什么叫口岸呢？口岸就是海关在这里关检，进口的东西关检就放行了，出口的东西经过它关检交了税就出去了。这个关检呢，我们过去就会认为关检一定是在沿海沿边沿疆，在中国的内陆地方，关检有什么意义呢？ 10 年、20 年前，内陆所有的海关基本不搞关检，它就是辅助，就是二类三类口岸，一类口岸都在沿海。最近的 5 年，中国内陆的一类口岸增加了十几个，一类口岸一旦定了，这个地方的海关人员就会大量增加，每 1 亿美元货品可能就要一个关员，如果这个地方有 1000 亿美元的进出口，至少需要 1000 个海关工作人员。在这个背景下，关检了以后，东西如果再运到新疆阿拉山口或者运到深圳要出国的时候，当地的海关就是帮助执法。12 个字，叫"关检互认、执法互助、信息共享"。这样，天下海关是一家，只要有一个海关检过了，一个政府部门的人就认账，所以只要是一类口岸，这边关检了，上海、深圳就不重复关检，只是核一下而已。那么，内陆地区如果有 500 亿美元进出口，它自己关检了，到上海深圳这边就是转口出去，这个进出口量就算在内陆，不算在沿海了。

第四个要件，内陆开放高地既然做了口岸，就要有大平台。所谓大平台，保税区或者新区这些国家特别开放的区域性政策，保税区里面属于中华人民共和国的国境之内，但它是个关境之外，相当于是一个没有关税的地区。这个没关税的地区，以前总认为在沿海才可以，内陆搞什么保税区呢？2010 年以前，中国内陆没有保税区，自从西部大开发以后，随着开放的势头西部也开始有了保税区，重庆和郑州开始有了保税区，然后逐渐覆盖了整个西部。这个保税区属于大进大出的，因为大量的零部件、原材料在这里加工了以后就出去，出去了以后再加工成产品出去，这些进进出出如果没有保税区的话，都要进行海关关境检查，检查了以后哪怕出去了，检查了进来加税，生产了产品出去了退税，这个过程无谓地增加了劳动力、增加了时间、增加了成本。所以一般来说，开放高地要有大平台。

第五个要件，这个地区要有一些跟国际市场密切相关的大产业，如某个产品、某个产业、某个行业，这样这个地区的货品才能大进大出。

内陆开放高地如果有了这五个要件，假以时日，它就可能成为开放高地。

中国的对外开放工作搞好了，我们经济结构调整中出现的各种困难就会因为我们更大的开放而迎刃而解。

改革开放，我们为何能在质疑中成功？

·林毅夫·

北京大学新结构经济学研究院院长，北京大学国家发展研究院名誉院长，北京大学南南合作与发展学院院长。林毅夫被世人所熟知，是因为他当年身怀一颗报国之心，只身一人横渡台湾海峡；经过持续学习，成为驰名中外的经济学家，曾任世界银行高级副行长兼首席经济学家，是担任此要职的发展中国家第一人；林毅夫总结中国改革开放的经验和赶超型经济体的智慧，提出新结构经济学，致力于中国经济理论的创新研究和全球范围内的发展实践印证。

导 语

改革开放 40 多年，我国经济从很低的水平起步，发展到总量跃居世界第二，人民生活从温饱不足发展到总体小康、即将实现全面小康。这样的发展奇迹，在人类历史上都不曾有过。尽管如此，关于"中国即将崩溃"的言论仍然此起彼伏，从未间断。20 世纪 80 年代末通货膨胀、1998 年东南亚金融危机、2001 年中国加入世界贸易组织、2008 年美国次贷危机，甚至 2015 年中国股市大跌，"中国崩溃论"一次次泛起，甚嚣尘上。这迫切需要我们总结实践的经验，给予看空中国的声音有力的回击。

2016 年 5 月 17 日，习近平总书记在哲学社会科学工作座谈会上的讲话中指出："当代中国正经历着我国历史上最为广泛而深刻的社会变革，也正进行着人类历史上最为宏大而独特的实践创新。这种前无古人的伟大实践，必将给理论创造、学术繁荣提供强大动力和广阔空间。"[1]

时代正经历着深刻的变革，时代正呼唤着理论创新。中国 40 多年改革开放，给世界带来了什么？

扫描二维码即可
观看完整视频

改革开放，我们
为何能在质疑中
成功？

◆ 录制时间：2018 年 10 月 23 日

◆ 编　　导：卢璐

---

① 习近平：《在哲学社会科学工作座谈会上的讲话》，人民出版社 2016 年版，第 8 页。

今天我要讲的题目是中国改革开放 40 多年和这些年我倡导的新结构经济学。

2018 年，是中国经济改革开放 40 周年，我们很多人都是这 40 年来的参与者、见证者，如果要找一个词来形容这 40 年的变化，我认为最好的词是"奇迹"这两个字。

一、中国改革开放创造了怎样的奇迹?

我们刚刚改革开放的时候，中国是世界上最贫穷的国家之一。按照世界银行的指标，在 1978 年的时候，我们的人均国内生产总值（GDP）只有 156 美元，这是什么概念呢？一般我们认为，世界上最贫穷的地区是撒哈拉沙漠以南的非洲地区，在 1978 年的时候，它们的人均 GDP 平均起来是 490 美元，我们当时连它 1/3 都还达不到。就像世界上其他贫穷的国家和地区一样，当时中国 81% 的人生活在农村，84% 的人生活在国际贫困线一天 1.25 美元的消费水平之下。

当时我们不仅是一个非常贫穷的农业经济，而且还是一个非常内向型的经济。我们的出口，只占 GDP 的 4.1%，进口占 GDP 的比重是 5.6%，两项加起来只有 9.7%，也就是说，当时我们的国民经济 90% 跟国际是不接轨的，而且我们出口的产品当中，75% 以上是农产品和农产品加工品。

这些数字体会起来不容易，我个人倒是有一些切身的体验。因为 1979 年改革开放第二年，我从台湾到大陆来，当时到北京大学读书，跟台湾对比，我发现非常不适应，吃饭要粮票，冬天到了去买棉大衣要布票，学生有时候进城要骑自行车，买自行车要工业票，当时买什么东西都要票。

在这么一个低的起点上，从 1978 年到 2017 年，我们的增长速度平均起来每年是 9.5%，这样的增长速度可以说是任何人都没有预想到的。我们知道，改革开放是邓小平同志在 1978 年年底党的十一届三中全会开始推动的，在推动改革开放的时候小平同志提出了一个目标，就是希望中国经济 20 年翻两番。当时我在北大读书，20 年翻两番，平均每年的增长速度要多少呢？

后来算了一个下午才了解到，20年翻两番，那平均每年的增长速度要达到7.2%。当时我作为北大的研究生，看到我们国家提出这么一个激励人心的发展目标，但我当时心里一点都不托底，因为按照发展经济学里面，有一个理论叫自然增长率理论，这个自然增长率理论是说一个国家，除非是被战争破坏以后的复苏，或是大的自然灾害破坏以后的复苏，那它的经济增长率是不可能以7%的速度维持一段长时间的。

当时我认为，提出这样一个目标，无非就是中国人讲的"取法乎上，仅得其中；取法乎中，仅得其下"，那定一个比较高的目标来鼓励大家努力往前，即使不能达到每年7.2%的增长，6%也不差了，5%也可以了，当时我的想法是这样。但是现在40年了，回顾起来，我们不是以7.2%的增长速度增长，我们也不是20年的增长，我们是以9.5%的速度，从1978年到2017年连续39年的快速增长。

在这段时间里，由于经济的快速发展，有超过7亿人摆脱了国际贫困线。大家知道第二次世界大战以后有很多国际发展机构，像世界银行、国际货币基金组织、联合国开发总署，它们努力的目标就是帮助发展中国家发展经济、减少贫困，但是现在回顾起来，我们过去这40年对世界减贫的贡献超过70%，如果把中国贫困人口的减少刨除掉，世界贫困人口不仅没减少，而且还在增加。

所以如果把这40年一回顾，我相信大家会同意我的判断，这是人类经济史上不曾有过的奇迹。我们应该感到非常荣幸，我们是这场奇迹的参与者，也是这场奇迹的见证者。

二、为何"中国崩溃论"一再破产？

在中国经济发展是人类经济史上奇迹的这40年当中，大家经常听到所谓的"中国崩溃论"。中国自己增长速度这么快，贫困的减少这么多，为什么"中国崩溃论"还是此起彼伏呢？

我想最主要的原因是在20世纪八九十年代，我们开始改革开放，大家看到社会主义国家经济发展不好，不如市场经济，所以要从社会主义的计划经济向市场经济转型。那为什么计划经济不好呢？当时的看法是，在计划经济当中，政府有太多干预，太多扭曲，而且企业都是国有的，厂长、经理、工人的积极性不高，所以在计划经济的时候，虽然大家都很努力，但是一直不能够摆脱贫困。

如果要转型，怎么向市场经济转型呢？当时很多人认为就是减少政府的干预，各种价格都由市场来决定，然后根据价格信号来配置资源，这就是所谓的市场化。同时，他们还认为国有企业都必须私有化，当时的看法是说，如果这个企业是国有的，那么它亏损了，国家就要给予保护补贴，它对价格高低不在乎，它努力去生产的收益多了，也不归它，所以在这种状况之下，产权就必须私有化，只有在私有经济当中，它对价格信号才会起正确的反应。当时的看法还说，如果要用价格信号来配置资源，还有一个前提条件就是不能够有恶性的通货膨胀，政府的财政预算必须平衡，才能够取得宏观经济的稳定。所以在20世纪八九十年代，这种通过市场化、私有化、财政预算平衡来实现稳定化，这就是后来被称为"华盛顿共识"的改革方案，并且这种改革方案认为要成功的话，必须以休克疗法的方式一次性地推行。

这个理论很清晰，好像很有道理，可是我们现在看看那些在20世纪八九十年代转型的苏联、东欧国家，就会发现一个现象，按照当时认为最好的方式来转型的国家，它们的经济普遍是崩溃、停滞、危机不断。

中国的改革开放并不是按照国际上主流的观点所主张的那样，按照市场化、私有化、宏观稳定化来推行。当时看到的是，我们有很多大型的国有企业，资本很密集，雇佣了很多工人，如果把保护补贴都取消掉，它就活不了，所以我们就来一个老人老办法，在转型过程中，继续给它一些保护补贴。同时放开一些过去受到抑制的劳动密集型产业，对这些产业实行新人新办法，不仅允许乡镇企业、私营企业、民营企业进入，也允许外资企业进入，并且各个地方还招商引资，设立工业园、加工出口区，来帮助这些产业发展。这是我们在20世纪八九十年代改革开放以来所采取的方式。

当时还有一个共识，认为用这种渐进的老人老办法、新人新办法的双轨制是最糟糕的转型方式，而且当时学界的一个共识是说这种转型方式不仅是糟糕的，而且会让中国或是推行这种方式的国家出现的问题比实行计划经济还多。因为当时的说法是这样的，如果为了保护补贴老的这些国有企业，政府还对市场进行各种干预、各种扭曲，那么这种干预扭曲就会创造租金，就会有"寻租"的行为，像我们八九十年代出现很多"倒爷"，就是它的一个后果。同时还会有资源的错误配置，效率会低。

在这种共识之下，认为中国这个转型方式是不对的，只要中国经济稍微放缓一点，他们就讲，这个方法不好，现在中国经济又放缓了，"中国崩溃论"就开始在国外的舆论界、学界出现，说中国经济即将崩溃。

我们现在看到的情形是什么？按照休克疗法推行改革的国家，它们没有我们的快速发展，因为它经济崩溃、停滞、危机不断，而我们存在的问题，比如腐败、收入分配的问题，它也有，而且普遍比我们还严重。

三、我们需要怎样的经济理论？

1."进口替代"为何失败？

我们知道，理论是帮助我们认识世界、改造世界的。第二次世界大战以后，为了帮助这些新独立的发展中国家或刚摆脱殖民地、半殖民地的国家追求工业化、现代化，现代经济学出现了一个新的分支，叫发展经济学。

发展经济学就认为，发展中国家由于历史、文化等因素，造成其经济中有一些结构性的问题，导致市场不能够把资源配置到现代化的大产业中，这种理论当时就被认为是结构主义的理论。既然有市场失灵，结构主义就建议发展中国家必须由政府来直接动员资源，直接配置资源，推行当时所谓的进口替代战略，过去这种产业的产品需要进口的，现在要自己国内生产，所以叫作进口替代战略。那么按照结构主义的政策思想，推行的结果，普遍是前几年会有一些投资拉动了经济快速发展，但是把这些现代化的大产业建立起来以后，出现的问题就是这些现代化的大产业没有竞争力，国家必须进行保护补贴，然后经济就进入停滞状态，接着就危机不断。

2."出口导向"为何成功？

在 20 世纪五六十年代以后，少数几个比较成功的发展中经济体，就像日本和亚洲"四小龙"，它们推行的不是从现代化的资本密集型大产业开始的，它们是从传统的劳动密集型的小规模产业开始的，它们做的不是进口替代，它们采取的是一个出口导向的政策。在20世纪五六十年代的时候，这种政策被认为是错误的，当时的看法是说，发达国家发展这种资本很密集、技术非常先进、生产力水平非常高的产业，你去发展这种传统的劳动力很密集、落后的产业，生产力水平那么低，怎么能赶上呢？这个说法好像很有说服力，可是现在真正发展好的，缩小与发达国家差距甚至赶上发达国家的，就是那些当时被认为采取错误政策的这些发展中经济体。

3. 为何采取"渐进双轨制"？

我们采取的是渐进双轨的方式，是转型当中表现比较好的。像越南、柬埔寨、非洲的毛里求斯，它们也是在20世纪70年代的时候，从原来的进口替代战略开始向市场经济转型，推行的都是跟我们一样的渐进的、双轨的方式。这个在20世纪八九十年代被认为是最糟糕的转型方式，在东欧国家当中表现最好的，像波兰或斯洛文尼亚，以及独联体国家当中表现最好的，像乌兹别克斯坦或是白俄罗斯，它们同样没有推行休克疗法，它们大型的国有企业基本上没有私有化，还是国有，还是国家采取保护补贴，它们的经济在这些转型国家中是最稳定的，相对发展得好的。

一个理论是不是适用，得看决定这个理论适用的前提条件是不是存在。我们现在在用的主流理论，以发达国家的条件作为前提条件，发展中国家普遍不存在这个前提条件，因此就会出现我们所讲的"淮南为橘，淮北为枳"的问题。

4. 如何总结自己的经济理论？

我觉得我们作为发展中国家的知识分子，要追求自己国家的现代化，就非常需要有我们自己的理论创新，根据发展中国家自己的经验、自己的现象，来总结它背后成功和失败的道理。

在研究这些问题的时候，我主张用现代经济学的方式来研究经济发展过程中这些产业、技术、硬的基础设施和软的制度安排，这些被称为结构的，这些结构性的内容是由什么决定的，是由什么来推动这种结构不断变化的。

实际上，从新结构经济学的角度看，是因为在不同的发展阶段，它的要素禀赋和它的结构是不一样的，比如说发达国家，它资本相对丰富，劳动力相对短缺，而发展中国家资本短缺，相对丰富的是劳动力，或是自然资源，所以发展中国家具有比较优势的，是这些劳动密集型的产业，像轻加工业，或是资源密集型的产业，像矿产资源产业或者农业，这是发展中国家的比较优势。这种情形其实在我们国内也看得很清楚，比如80年代，我们刚刚开始发展这种"三来一补，两头在外"劳动密集型加工业的时候，很多农民为了到这种工厂去工作，要排队，甚至要几十个人、几百个人当中挑一个。当时的生产跟生活条件非常差，这些农民工还甘之若饴，因为相对于农业，工厂里的工资还是高一点。

按照新结构经济学的分析，最好的方式是按照每个发展阶段的要素禀赋结构所决定的比较优势来选择技术，来发展产业。在这个过程当中，当然政府也应该发挥因势利导的作用。

在2016年5月17日，习近平总书记主持召开哲学社会科学工作座谈会的时候，他谈到，这是一个需要理论，必然产生理论的时代，这是一个需要思想也必然产生思想的时代。这是一个时代给我们的机遇，我们不能辜负这个时代。来自我们这40年转型所取得的成功经验，背后道理的总结，也会对其他发展中国家实现其梦想有比较大的参考价值。用这种新的理论、新的思想来作指导，中华民族的伟大复兴就能够实现，那其他发展中国家也可以跟中国一样，像过去这40年取得经济快速的发展，摆脱贫困，实现现代化，然后我们可以建立一个百花齐放春满园的人类命运共同体。

深化改革，为何要以市场为核心?

·高尚全·

原国家体改委副主任，中国经济体制改革研究会原名誉会长。他是中国 40 多年改革开放的亲历者和见证者。从 1984 年起，他先后六次参加中央重要文件的起草工作，40 多次向党中央、国务院提出改革建言，曾得到中央领导的高度重视和重要批示。

导　语

回顾中国 40 多年改革的经验，其中核心的一条，就是要坚持市场化的改革方向，从计划经济到社会主义市场经济的转变，极大地调动了人民群众的积极性、创造性，释放出巨大的经济活力。可以说，中国改革所取得的成果，也是社会主义市场经济不断发展的结果。党的十九大报告明确强调："坚持社会主义市场经济改革方向""使市场在资源配置中起决定性作用"。我国社会主义市场经济的建立经过了怎样的历程？从"基础性作用"到"决定性作用"，市场功能的变化说明了什么？我国的经济体制改革未来还需要突破哪些障碍？

扫描二维码即可
观看完整视频

深化改革，为何要
以市场为核心？

◆ 录制时间：2018 年 8 月 15 日

◆ 编　　导：李晓东

我今天讲的题目是中国社会主义市场化改革的方向。

一、计划经济曾暴露出怎样的严重弊端？

过去我们搞计划经济体制，就按照苏联的模式来，这个计划经济体制是高度集中的经济体制，它不是市场来配置资源，而是用行政的计划手段，用行政的方式来配置资源。这样配置资源，效果很不好，我在原国家第一机械工业部的时候，沈阳有两个厂，一个变压器厂，变压器厂需要大量的铜，在旁边有一个冶炼厂，它生产大量的铜。但是在计划经济体制下，变压器厂需要的铜，由一机部从云南等地调来，冶炼厂生产的铜则由冶金部调到全国各地，本来是一墙之隔，签订一个合同，交换一下就行了，那么远从云南调来干吗？

另外，计划经济体制行政配置资源，审批的时间很长，计划经济体制就是审批经济。1956 年，上海天气很热，当时车间里需要鼓风机，但是要买鼓风机，企业没有这个权力，要层层地审批，这个审批报告一共要经过七个部门才能审批下来，等最后一个图章敲下来，夏天已经过去了。这种行政配置资源，审批经济能行吗？我经过调研，发现企业没有自主权不行，第一，影响了企业的积极性和创造性；第二，造成了大量资源的浪费；第三，造成了官僚主义。

我把调研的结果写了一个报告《企业要有一定的自主权》，当时被认为大逆不道，"反右"的时候还被作为一个重点批判对象，人家批判说企业怎么能有自主权呢？企业，政府叫它干什么就干什么，有了自主权还了得吗？国内是这个情况，国外也有这个情况。捷克斯洛伐克原来是一个国家，现在它分了，计划经济体制它作计划，一年每人两双皮鞋，捷克斯洛伐克 1600 万人需生产 3200 万双鞋，计划发下去，皮鞋厂就完成任务了。结果任务是完成了，生产出来的皮鞋，老百姓不需要，因为皮鞋这种产品，人们的需求是多样化的。1986 年，我带了 18 个人去匈牙利、南斯拉夫考察，是为了1987 年、1988 年搞改革方案，因为匈牙利、南斯拉夫是最早搞改革的社会主义国家，中央派人、地方派人、企业也派人，重复考察。以前考察的结果仅单位里汇报一下，就把考察的资料放抽屉里头了。

为了不要重复考察，不要浪费外汇的资源，我们这次考察，必须要打破砂锅问到底，匈牙利的领导人、匈牙利的部长、匈牙利的企业家、匈牙利的研究单位我们都访问完了，至少是一遍，有的是两三遍，而且大家很艰苦。没有专车，坐的是公共汽车，当晚就把数据表等资料报给中央有关部门，匈牙利到底搞了些什么改革？哪些改革是成功的？所以这次访问很成功。

在匈牙利考察的时候，我就问匈牙利主管计划工作的副总理，我说你们之前搞了指令性计划，搞了计划经济，现在为什么要取消指令性计划？他说我们根据二百多张平衡表来编制计划，计划发下去，大家执行的结果，有的完成 500%，有的只完成 10%，谁的责任？谁也没责任，一看不行了，就取消了。不像我们，我们取消指令性计划，就问到底姓资还是姓社了，说计划经济搞计划，是社会主义基本特色，怎么能取消指令性计划呢？提到姓资姓社上来。匈牙利没有，说不行就取消，哪里还有姓资姓社的问题？

二、社会主义市场经济的本质是什么？

1. 从计划经济到商品经济的改革探索

我们搞改革，不是那么容易的，而是一步一步来的，计划经济一统就死，一死就叫，一叫又放，一放又乱，一乱又统，这样一个循环。当时改革的方向是什么？市场经济的本质是什么？不清楚。直到后来逐步深化认识，到党的十二大提出以计划经济为主、市场调节为辅这样一个改革的方针。

那么当时为什么提出有主有辅？计划经济为主，就是我们要坚持社会主义方向，作为中国特色社会主义的一个重要内容；市场调节为辅，就是认识到光计划经济不行，要搞市场经济。要么计划经济跟市场经济相结合，要么计划调节跟市场调节相结合，所以后来就不提计划经济为主，市场调节为辅，而是调整为市场经济发挥基础性作用，基础性作用，比以计划经济为主市场调节为辅前进了一大步。基础是什么？基础是市场来配置资源，要发挥这个基础性作用，这也是一个重大的进步。

我参加党的十二届三中全会，就写不写商品经济，我们经过了讨论。我到广东调研，发现广东人爱吃鱼，但是搞了计划经济吃不到鱼了，为什么呢？因为计划经济，把价格管死了，养鱼的人没有积极性了，那鱼就少了，大家吃不上鱼了。我们改革过程当中，把价格逐步放开，养鱼的人觉得有钱可以赚了，所以有这个积极性了，养鱼的人多了，鱼就多了，价格就下降了，大家都能够吃上鱼。这个道理大家都能懂，但是当时写上去不容易，有的人说不行，社会主义就是计划经济，你不能写商品经济，后来经过争论，既然有商品生产、商品交换，那必然有商品经济，写上去不会错，1984年"商品经济"写入《中共中央关于经济体制改革的决定》。我们改革，必须首先是在理论上突破，商品经济是社会主义经济的必由之路，所以如果这个问题不突破，社会主义经济也是空的。后来我把大家的意见综合上报到中央了，中央看了以后觉得有道理。

2. 市场经济体制框架的建立和初步完善

1984年我们提出来要建立开放的、统一的生产要素市场体系。这个有争论，有人认为劳动力市场不能上《中共中央关于建立社会主义市场经济体制若干问题的决定》，他们认为劳动力是中国的工人阶级，是主人翁。他们理解劳动力进入市场就是劳动力买卖了，我说这个不一样。

第一，劳动力市场，劳动能力进入市场，不是劳动者本身进入市场。第二，我们建立社会主义这个市场体系，如果技术市场、房地产市场都进去了，劳动力是最活跃的要素，劳动力不进入市场，那么这个市场体系是不完善的。第三，我提出劳动力市场，实际上已经存在，第四，劳动力市场是社会主义市场经济体系的重要内容。第五，提出劳动力市场，不会影响工人阶级的主人翁地位。我说，如果我们劳动力进入市场，工人有选择的机会，对工人是一个尊重，计划经济体制没有选择的可能，我在一个单位里，终身就在这个单位里，它没有一个选择权。

1993年，最后把"劳动力市场"写入《中共中央关于建立社会主义市场经济体制若干问题的决定》。所以这个故事，我觉得，对于我们整个改革过程当中会有影响，是理论上的一个重大突破。另外理念上要创新，过去的理念是国家投资是社会主义，国有的是社会主义，私人办的就是资本主义，私人资本就是资本主义。

写党的十五大报告的时候，有人给中央写信，说华为不姓社姓资。为什么？他两条理由：第一，他说华为没有国家投资；第二，华为搞了职工持股，因此没有坚持社会主义方向。我到深圳去调查，调查的结果：第一，华为确实没有国家投资，没有投资一分钱，任正非靠 2.1 万元起家，没有国家投资就变成资本主义了吗？实际上不是。第二，职工持股了以后，职工的积极性、创造性与企业的发展结合在一起了，职工真正当了主人了。过去经常提职工是主人，但是职工并不认可。第三，给国家创造了大量的就业机会。第四，国家的税收也增加了。党的十五大报告里面写上了一句话，劳动者的劳动联合和资本联合，这样一个新的集体经济，尤其要鼓励和支持，从理论上支持了华为。因为我们过去公有制很单一，第一个是国家的，第二个是集体的，没有新型的公有制形式，华为就探索了公有制的实现形式。

1993 年提出来中国的改革目标是建立社会主义市场经济体制，怎么样建立市场经济体制？社会主义市场经济体制到底怎么搞？党的十四届三中全会《中共中央关于建立社会主义市场经济体制若干问题的决定》指出，第一，企业改革的方向是建立现代企业制度，就是产权要清晰，责权要明确，政企要分开，管理科学。第二，要建立开放的、竞争的市场体系。第三，宏观调控要由直接调控向间接调控转变。第四，要建立统一的社保体系。

当时怎么个提法呢？社会主义宏观调控下发挥市场配置资源的基础性作用，因为我参加了中央决议的起草，后来我又提出来，宏观调控应当是市场经济的重要内容，而不是前提条件。2003 年"更大程度地发挥市场在资源配置中的基础性作用"写入《中共中央关于完善社会主义市场经济体制若干问题的决定》。发挥基础性的作用，市场是主要主体，政府在配置资源上不是主体，所以后来中央接受了意见，提出来要更好地发挥市场的配置资源的基础性作用。

3. 新时代的全面深化改革

党的十八届三中全会提出"使市场在资源配置中起决定性作用和更好地发挥政府的作用"。发挥政府的作用，也不是体现在政府的行政控制权，不是政府作为配置资源的主导作用。

市场配置资源，是市场经济的一般规律，这个规律是在我们长期实践当中积累下来的，这个经验非常宝贵，是人类的文明成果，我们应该把人类积累的一般规律借鉴好、运用好，这才是智慧。

市场经济本质是什么？市场经济本质就是市场来配置资源，而不是我们过去的计划来配置资源、行政来配置资源。过去计划经济，政府是创造财富的主体，纳税人的钱由政府集中起来，然后投入各行各业，手表厂、自行车厂、缝纫机厂、电视机厂、电表厂，都是政府去投入，买菜的、买肉的，都是政府去投入。世界上没有任何一个国家，政府配置资源是成功的，政府不是创造财富的主体，政府是创造环境的主体，企业、老百姓是创造财富的主体。

三、政府如何在市场中发挥应有的作用？

1. 政府需要解决一个矛盾

现在我们搞市场经济了，市场来配置资源，起决定性作用，政府只是创造环境。后来我写了一篇文章，叫《"一二三"理论》。什么叫"一二三"理论呢？政府是解决一个矛盾，公共需求的全面、快速增长与公共产品供应严重不足的矛盾，是老百姓快速增长的、全面增长的公共产品需求同政府供给公共产品不相适应，这是一个主要矛盾。老百姓的生活提高了，老百姓需求增加了，老百姓对于公共产品的需求更需要大量的、全面的供给，所以就要解决一个矛盾。

2. 政府需要搞好两个服务

搞好两个服务之一：为市场主体创造平等竞争环境和提供服务。第一个服务，是政府更好地为市场主体服务，市场主体是什么？就是企业，企业要发展，政府提供什么是政府要考虑的。搞好两个服务之二：为人的生存和发展创造良好、和谐、可持续的环境，就是政府需要为这个市场主体提供环境，政府应当做什么，是政府应当考虑。

3. 政府需要坚持三个创新

创新之一：坚持人民群众是创造财富主体的理念。老百姓、企业是创造财富的主体，而政府是创造环境的主体。

创新二：坚持"非禁即入"的理念。政府不要一个一个去审批，按照市场非禁即入的理念，法律不禁止的，企业都可以干。

创新之三：坚持依法行政的理念。政府按照法律授权，干好应当做的事情，而不能有随意性。

4. 要确立政府是创造环境主体的理念

中共中央、国务院不断地提醒，我们"放管服"改革。现在政府管的事太多了，不该管的事少管，现在我们干部，忙的人是很忙，闲的人是很闲。忙的干部现在真忙。第一叫"五加二"，五天加两天。第二叫"黑加白"。第三叫午会，开午会。为什么？中午大家要吃饭，吃饭找人就容易找到，你反正要吃饭，正好开会。第四就是夜总会，到了晚上休息了我开会。

政府管的事要尽量少一点，不要管得太多，不该管的事要让市场去管。说说浙江的现象，浙江省因为地处沿海，国有经济比重很低，不像有的省国有经济比重比全国高了20个百分点。但是你回顾一下，国有经济比重高的地方，其实老百姓并不富裕，浙江的国有经济比重并不是太高，但是老百姓的富裕程度在全国是首屈一指的。

我觉得，浙江人有"五千精神"值得全国学习。第一，千辛万苦来创业。第二，千方百计来经营。第三，千山万水找市场。第四，千家万户搞生产。一个镇，有的搞领带，有的搞纽扣，有的搞袜子，有的搞圆珠笔，众人拾柴火焰高，大家富起来了。外国有个什么新产品，浙江人很快就学到了，做出来了，就推销到国外市场。第五，叫千头万绪抓根本。市场经济面临着千头万绪，政府要抓根本。浙江人有了"五千精神"以后，老百姓富起来，税收多了政府有钱多了，政府可以为老百姓提供更多公共产品了，实现了良性循环。我希望浙江的"五千精神"能够全国推广，在全国能够生根发芽。

我们中国共产党的执政基础，在于三个民：民心、民生、民意，得民心者得天下，古今中外都是这样。你把这个民生问题搞上去，老百姓能够得到实惠，有安全感，老百姓就有尊严。我们从计划经济，一步一步地到市场经济，从计划经济为主市场经济为辅，一直到市场决定资源配置。让大家理解，什么是社会主义市场经济？为什么要进行改革？改革方向是什么？就是要坚持社会主义市场化改革的方向。

"十三五"我们收获了什么？

· 杨伟民 ·

"手中这支笔，重如泰山，自己不动笔，是一种失职。"这句话出自中央财经领导小组办公室原副主任杨伟民之口。杨伟民有着 30 多年从事政策研究和参与起草政策文件的经历，"写文章、起草文件虽苦，但国家的权力和人民的利益就体现在这些文章和政策中"，他将这样的家国情怀融入长期从事的经济理论和生态文明理论的研究中，参与了国家"十一五""十二五""十三五"的五年规划的起草，在中国发展规划、产业政策、体制改革、生态文明建设等领域提出了许多颇具价值的见解。

📚 导 语

　　2016 年至 2020 年这五年，我国国民经济和社会发展的第十三个五年规划从出台到全面推进、落实，如今已进入收官阶段。"十三五"时期是全面建成小康社会决胜阶段。"十三五"规划秉承创新、协调、绿色、开放、共享新发展理念，成为我国全面建成小康社会的行动纲领和路线图。当初，我们设定了经济保持中高速增长，GDP 和城乡居民人均收入比 2010 年翻一番，产业迈向中高端水平，农业现代化取得明显进展，人民生活水平和质量普遍提高，我国现行标准下农村贫困人口实现脱贫，贫困县全部"摘帽"，生态环境质量总体改善等一系列具体目标。回首这五年，我们的钱袋子究竟鼓了多少？教育、医疗、养老问题有了怎样的改善？贫困人口是否全部脱贫？碧水蓝天是否已经成为我们的日常？

扫描二维码即可观看完整视频

"十三五"我们收获了什么？

◆ 录制时间：2020 年 10 月 14 日

◆ 编　　导：吴安定

这次的主题是"十三五"我们收获了什么？

自新中国成立以来，我们已经制定了十三个五年规划或者叫计划，那么2020年是"十三五"规划的收官之年，也是我们圆梦之年。因为我们党确定了两个百年目标，第一个百年目标就是在建党100年的时候我们要全面建成小康社会。那么下面我就和大家一起回顾一下这五年我们大丰收的这个篮子里头究竟装了哪些东西？

一、"十三五"，人们的钱袋子鼓了多少?

我们的生活改善最主要体现在我们的钱袋子更加鼓了，也就是我们的收入更加提高了。2019年全国人均可支配收入，也就是扣除掉税以后、扣掉了社保缴费以后人均突破了3万元。当然城镇和农村还是有一定差距的，城镇已经达到了4.24万元，农村达到了1.6万元，分别比2015年增加了36%和40%。

农村居民收入增长是高于城市的。党的十八大确定了一个目标，就是到2020年GDP和居民收入要比2010年翻一番，简称叫两个翻番。居民收入的翻番其实已经实现了，因为居民收入的增长快于GDP的增长。GDP总量是衡量一个国家总的经济的实际状况，人均GDP代表了一个国家的富裕程度，现在世界银行等国际组织都是用人均国民总收入来衡量这个国家的富裕程度，我们现在人均GDP已经突破了1万美元，是个什么概念呢？2000年的时候我们人均GDP是800美元，当20世纪80年代初的时候邓小平同志讲，我们要实行"三步走"的战略部署。第一步预计1980年到1990年GDP翻一番，基本解决温饱问题。第二步从1991年到2000年GDP再翻一番，人民生活达到小康水平。

当时他说小康是什么呢？人均800美元。后来2002年党的十六大确定了一个到2020年的目标就是全面建设小康社会，当时对全面小康社会的解读是什么呢？人均GDP达到3000美元。我们再看一看，今天我们达到1万多美元，比当初的预测多了7000美元。

当然，这个因素有很多了，第一，我们经济增长是比较快的。第二，汇率在变化，我们人民币升值了。为什么那么多人出国旅游？因为人民币相比较过去升值了，越来越值钱了。所以我们现在人均 GDP 1 万美元，应该说比过去预测 3000 美元是进了一大步。人均 GDP 由过去 15 年的 5 万元增加到现在的 7 万元，这是一个大数。也就是说，相当于每个人每年增加了 2 万元的财富。

为什么我们会有这么多的收入？为什么收入会增加？是因为我们有更多的劳动人口，劳动年龄人口有活干了，有活干了才能赚到钱。2015 年到 2019 年城镇新增就业达到了 5378 万人，提前实现了我们原来五年累计增长 5000 万人以上的这样一个目标。脱贫攻坚取得了重大的成果，我们将彻底地消除几千年来历朝历代都难以根除的绝对贫困问题，全面建成小康社会的一个重要标志之一就是彻底地消除贫困。

脱贫攻坚有很多路径，这里我主要讲一个移民搬迁，有些地区的人口之所以贫困，不在于他本身不努力，也不在于地方政府工作不努力，主要是自然条件使然。我们很多贫困人口生活生产在高山区、深山区、高寒地区，所以党中央确定要移民搬迁，让这些人彻底地摆脱过去不适宜生产和居住的一些环境和条件。像云南省昭通市地处西南，都是一些喀斯特地貌，没有多少土地，所以云南省昭通市搬迁了 35 万人口，移到了适宜生存的、比较平坦的一些地区，这些人未来将会彻底地告别贫困。

截至 2019 年年底，我们全国建档立卡的贫困户人均收入达到了 9800 元左右，贫困发生率降到了 0.6%。94% 的贫困县已经实现了"摘帽"，那么到 2020 年年底在消除贫困这个问题上我们将实现两个 100% 和一个 0。两个 100%，就是 100% 的贫困县彻底"摘帽"，告别贫困县的"帽子"；100% 的建档立卡贫困人口将摆脱贫困。相对贫困，全世界都存在，我们讲的是消除绝对贫困。0 就是绝对贫困的发生率降低到 0，彻底告别几千年来历朝历代都难以根除的绝对贫困。应该说这是一个非常了不起的成就，几千年的梦想在我们这一代实现。

农业是我们国民经济的基础，我们有 14 亿人口，习近平总书记讲我们中国人的饭碗要牢牢地端在中国人自己的手里。这五年我们不断地加强农业的基础设施建设，增强农业的综合生产能力，实行藏粮于地，藏粮于技，就是要把粮食藏在技术里面这样一个战略。所以，中国目前的粮食生产能力大体上稳定在 1.3 万亿斤左右。2019 年产量是 1.32 万亿斤，人均粮食占有量达到了 470 公斤。为什么要提这个数呢？因为国际上有一个公认的标准，粮食安全的标准就是人均一定要达到 400 公斤，才能够实现国家粮食安全的一个自给。我们现在人均达到了 470 公斤，对经济社会发展起到了"压舱石"的作用。这五年经济增长应该说相比较全世界其他国家主要经济体来讲还是比较快的，所以我们对世界经济的贡献越来越大。

2015 年我们对世界经济的贡献占 27.6%，也就是说，整个世界增加 100 元钱的话，我们中国就增加了 27 元。2016 年是 31 元，2017 年是 26 元，2018 年是 28 元，2019 年是 32 元，平均是 30 元。我相信 2020 年我们对全球经济增长的贡献至少超过 35%。因为刚刚国际组织预测全球主要经济体当中唯有中国 2020 年是正增长 1.9%，而其他国家如美、欧、日都是负增长，而且负增长的幅度相当大。

二、"十三五"，医疗、教育、养老问题有了怎样的改善？

医疗一直是老百姓反映强烈的一个问题，看病难、看病贵。所以这五年国家加大了对医疗卫生领域的投入，2019 年医疗卫生领域的支出达到了 1.68 万亿元，比 2015 年增加了接近 5000 亿元。这个增长的幅度还是相当快的，增幅达到了 40%。

因为 2020 年遇到了新冠肺炎疫情，我们专门发了 1 万亿元的特别国债，可能相当一部分将会用于改善居民的医疗和卫生条件。医疗卫生支出占 GDP 的比例基本稳定在 1.7% 左右，以我们国家的发展水平来讲，应该还是比较高的。这次新冠肺炎疫情以后，大家发现千人床数是非常重要的一个指标，我们国家原来规划是到 2020 年达到千人 6 张床位。在疫情期间我看了一下湖北省的情况，武汉其实早就超过了，但是武汉周边的一些城市像黄石等中小城市离这个标准还有一定的差距。说明我们在医疗领域还有很多不均衡。

加上医疗保障健康等方面的支持，我们的人均预期寿命还在继续提高，到 2019 年我们人均预期寿命是 77.3 岁，在全世界都是一个比较高的水平，大大高于我们人均 GDP 在全世界的位置，比世界的平均水平高了接近 5 岁。

教育也是老百姓最关心的一个问题，大家也希望教育能够更加公平，能够享受到更优质的教育服务。从几个指标来看，这五年教育应该说又是大踏步地向前迈进了一步。比如说九年义务教育巩固率，这是反映义务教育普及率一个重要的指标，我们可以做到 100% 入学。但是不可能做到 100% 都读完九年义务教育，所以我们一直在提倡要巩固率。也就是说，一个孩子从小学一年级到能够读完九年这个达到了 94.8%，高中阶段毛入学率达到了 89% 接近 90% 了，高等教育毛入学率超过了 50%，这是什么意思呢？也就是说适龄的大学生一般就是 18 岁到 22 岁，这些青年当中 50% 都可以进入大学读书了。

世界上大概有这样一个标准，就是如果高等教育毛入学率在 15% 左右的时候那么这个属于精英教育，超过 40% 就是一个大众化的教育了，普及率就比较高了。记得过去我们制定规划的时候，高等教育毛入学率达到 40% 太难了，今天一看达到了 50%。由于教育让更多的人尤其是更多的孩子接受更好的教育，所以我们劳动年龄人口的平均受教育的年限也在稳步地提高，现在达到了 9、10 年。我记得过去我们在搞规划的时候，大概只相当于九年义务教育，也就是九年，有的人上博士、有的上硕士、有的人上大学，但是有些人可能九年义务教育没接受完。但是一平均大家可能就是九年，但现在已经超过了九年义务教育，再过几年努力，我们可能会达到普遍的高中阶段。

现在经济发展，特别是科技革命和产业变革的条件下全民受教育的程度，特别是劳动年龄人口受教育的程度决定了这个国家的创新能力。过去我们可能重视职业教育，现在技术发展很快，很多职业最后被替代了。20 世纪八九十年代的时候开出租车在北京属于收入很高的一个行业了，可能过不了几年，这个行业就被替代了。

老有所养、老有所依、让老年人过上更加幸福的生活也是我们国家的一个方针和战略目标。这五年应该说我们在这个方面加大了力度，我们实行家庭养老、社区养老和机构养老"三条腿"走路这样一个基本的方针。养老机构为什么重要呢？因为我们老年人口当中八九十岁的人，失能和半失能的人口是比较多的。这些人如果就是家庭养老，那家里的负担可能就很重了，特别是未来这一代人家里只有一个孩子，如果两个、四个父母都进入失能半失能的状态，那他们两个人怎么去伺候这四个老年人口？所以国家现在开始加大力度，建设专业化的养老机构。

2019年年底我们一共有20.4万个养老机构，比2015年增加了8.8万个，增加了约75%，就说明我们对养老机构的重视程度在加强。养老的床位数现在有775万张，其实仍然满足不了需求，有一些特大城市仍然是一床难求。现在每千人老年人口拥有的养老床位是30张，医院病床数一般是千人人口6张，比较这个数，现在养老的床位数高得多。应该说，这五年有意愿去养老机构颐养天年的人越来越多了，这样他们就能够过上一个比较有尊严、比较幸福的晚年。

三、"十三五"，污染防治攻坚战战果如何？

这五年我们坚持源头严控，就是在源头上防止污染物产生。过程严管，就是在生产的过程中、排放的过程中就要实行严格的管理。后果严惩，如果违规违法排放了，不管是地方政府、有关部门还是企业，都采取一个制度。我们应该都能感受到这五年我们的生态文明建设、生态环境保护发生了历史性的、全局性的变化。

可以从一些具体指标来看，我们蓝天怎么变多的？我们现在是0.49吨标准煤，这个数量比2015年累计下降了13.2%，煤炭消耗的强度在大幅度地下降。然后碳排放强度，也就是单位GDP二氧化碳的排放累计下降了18.4%。习近平总书记庄严地承诺我们到2030年要达到的峰值。由于碳排放碳排放强度、能耗强度都在大幅度下降，所以我们收获了更多的蓝天。空气的质量越来越好，全国337个地级以上城市的优良天气的比例，二级以上天气的比例占82%，"十三五"规划确定的是80%。

大家都知道北京是一个污染比较严重的城市。2019年北京$PM_{2.5}$浓度大概是每立方米46微克，比全国平均水平要高一点。北京的地形地貌决定了它是一个簸箕形，所以南边过来的污染物如果没有北风的话很难排出去，但是北京蓝天的改善程度在北方地区的 26 个城市当中应该是改善幅度最大的。已经基本接近全国 337 个地级城市每立方米 40 微克这样一个水平。$PM_{2.5}$ 的平均浓度比 2015 年累计下降了 25%。

水的环境质量也在大幅度地改善，Ⅰ到Ⅲ类水的水体比例现在接近 75%，"十三五"规划确定的是 70%，这个目标已经大大超额完成了。然后劣质Ⅴ类水的比例现在是 3.4%，比 2015 年下降了 6.3 个百分点。也就是说，2015 年的时候我们劣质水的比例大概占 10%，现在只降到了 3.4%。我们要在地级以上城市基本消除黑臭水体，"十四五"规划要在这个基础之上进一步努力了。

化学需氧量、氨氮、二氧化硫、氮氧化物是我们"十三五"规划确定的四种主要的污染物，它的排放总量，我们原来规定的目标是氨氮要累计减少 10%，二氧化硫、氮氧化物要累计降低 15%，现在我们只用了三年时间就已经完成了这样一个目标。这说明我们这五年在生态环境保护方面的力度之大，在新中国发展史上是比较少的。

同时我们加强了生态系统的保护，习近平总书记亲自审定了像青海三江源国家公园、大熊猫国家公园、东北虎豹国家公园、祁连山国家公园等。总书记讲保护好青藏高原的生态，就是对中华民族生存和发展最大的贡献。因为我们中国的地理环境所决定的第一阶梯青藏高原，是世界第三极（除了北极和南极以外），它的生态环境保护的好坏不仅影响全国，影响整个亚洲，甚至影响全球。所以习近平总书记要求青藏高原主要要保护好生态环境。

城市在变化，乡村变化也是非常大的。过去我们一直提行政村村村通，但是一个行政村可能又包含若干个自然村，所以后来又提出自然村村村通。过去有五通、六通，现在通的是越来越多了。现在自然村通公路应该说基本实现了 99.9%，也可能剩的 0.1% 是没有必要再通的。通电 99.9%，通电话 99.7%，通有线电视 98.1%。互联网已经变成基础设施的一部分，是我们生活的一部分了。所以，自然村通互联网已经达到了 95.7%，这个比例相当高了。也就是说，95.7% 的农村家庭跟我们北京家庭一样可以在家里上网了，当然我们还有一些需要进一步努力的地方，比如说饮用水集中处理，现在是

65.3%，还有差距，我们要继续努力。

还有就是垃圾集中处理，这也是很重要的一个方面，习近平总书记提倡要推行垃圾分类，农村相对难度可能要大一些，自然村难度就更大了，现在实现了83.6%，也是一个了不起的成就。

四、"十三五"，我们获得了怎样的创新动力？

衡量一个国家的创新，主要看三个指标，其中一个是全球创新指数，目前中国排在世界第14位，虽然还没有排在前10位，但我相信未来还会进一步地提高。研发经费我们2019年达到了2.2万亿元，每万人发明专利的拥有量达到了13.3件。这三个数字在2015年的时候分别是第29位、1.4万亿元和6.3件。特别是每万人发明专利的拥有量，从6.3增加到近14，翻了一番还要多。

第一拖拉机股份有限公司（以下简称"一拖"）是我们"一五"计划确定的156个重大项目之一，像"一汽"也是当时156个重大项目之一，是1953年到1957年当时的苏联援建的。"一拖"生产什么呢？生产东方红拖拉机。过去的拖拉机大家看的都是傻大、笨重的。这个"一拖"到现在应该有60多年了，它在不断地发展和壮大，这代表了我们国家的整个制造业也在不断地变强，质量更优。

创新在经济当中起到了重要的引领作用。在量子信息、铁基超导、中微子、干细胞、脑科学这样一些前沿领域，我们取得了一批重大的、引领性的原创成果。因为创新当中最主要还要看哪些是原创，然后我们在全球卫星导航载人航大探月、大型客机、深地、深海这些领域攻克了一批卡脖子的技术问题。因为美国等一些国家开始对一些技术实行限制向中国出口，所以有些技术我们必须要靠自己创新来取得。

这次新冠肺炎疫情暴发以后，应该说我们的检测远远地走在了世界的前列。当时我记得武汉检测需要一个月，这次青岛是5天全部完成。特别是在新冠疫苗研发方面，我们已经走在了全球的前列，我们布置了5条技术路线，现在有很多技术路线的疫苗已经进入二期，甚至三期，很快疫苗可以直接接种了。因为现在疫苗成了世界科研领域当中一个重要争夺的前沿领域。

我们国家的发展过去一直是靠投资和出口带动的。最近习近平总书记专门强调，我们要逐步形成以国内大循环为主体，国际国内双循环相互促进的新发展格局。这其中的一个含义，就是我们的经济发展应该更多地依靠自己的国内需求来带动，特别是需要依靠国内的消费来带动，我们现在正在向这个方向转变。消费对经济增长的贡献率正在逐步地提高，现在基本上稳定在60%左右。我们经济增长从供给上来看，大概60%多靠服务业带动，60%多靠消费需求带动，出口和投资在整个经济增长当中的作用在逐步地下滑，这就说明我们14亿人口的大市场的潜力正在不断地被挖掘、不断地被激发。服务业对整个经济增长起到了稳定器的作用，最近几年我们的经济增长速度在下滑，多亏了服务业在其中起到了一个稳定器的作用。

中国是世界上唯一一个拥有全部220个大类，产业非常齐全的国家，也就是说大、中、小三大类别所有的产业中国都有，这在任何其他国家都是没有的。我们的经济总量占世界的16.4%，但是我们的制造业占全世界的28%，相当于美、日、德三国的总和。

我们制造业不仅大，这五年也在逐步地增强，质量越来越好，正在从过去的传统制造向智能制造、数字制造、服务制造转变。其中一个标志就是高新技术制造业占整个制造业的比重和它的增长速度，2019年高新技术制造业增加值占工业的比重达到了14.6%，比2015年提高了2.6个百分点。这说明什么呢？说明高新技术产业的增长速度比整个工业的增长速度要快很多。得益于这个数字基础设施的建设，这个数字经济成为我们国家经济冉冉升起的一轮朝阳，将对我们国家的经济发展带动力越来越大。

疫情期间大家可能体会最深刻的是每天都离不开网购，我们每时每刻都离不开数字，离不开网络，离不开手机。这是我们国家这五年非常重大的一个转折性变化，现在我们国家数字经济的增加值总规模达到了35万亿元，占GDP总量的36.2%。

数字经济发展推动的网上购物又催生了一个新的行业正在快速地成长，也就是快递。这五年也是快递行业发展最快的五年，在零售总额中的比重达到了20%，比2015年提高了接近10个百分点，快递量达到了635亿件，是 2015 年的 3 倍，平均到每个人头上大概就是每人每年要接 45 个快递。

我们之所以收获了更好的生活、收获了更多的财富、收获了更优的结构、收获了更多的蓝天，是我们通过全面深化改革取得的。改革开放 40 多年来，就是因为有强大的改革动力，支撑了我们国家经济快速发展和社会长期稳定这两大奇迹。所以这五年我们仍然在习近平总书记的领导下坚持全面深化改革，获得了更多的改革动力。

总的来讲，我们国家各方面的制度更加成熟、更加定型，这也是党的十八届三中全会提出的一个要求，也就是到 2020 年中国特色社会主义的制度、国家治理体系和治理能力现代化各方面的制度都要更加成熟、更加定型。

2018 年中央通过了深化党和国家机构改革的方案，这次机构改革和过去几次机构改革的一个最大不同，就是这次包括了党的机构。过去我们主要说政府机构改革，这次党和国家机构改革，整合了党和政府有关部门的职能，然后优化了职能配置，主要是促进了党和国家机构转职能、转方式，转作风，提高办事效率。第二大改革就是我们着力营造市场化、法制化、国际化的一个营商环境，用更优的制度来降低营商环境的硬成本。世界银行每年要对全球将近 200 个经济体的营商环境进行评估。过去，中国的营商环境评估是比较低的，最近几年我们通过营商环境的大改革，特别是"放管服"的改革，营商环境在全球的排名得以大幅度提高，现在是排全球第 31 位。2018 年、2019 年连续两年被世界银行评为营商环境改善幅度最大的十大经济体。营商环境的改善结果反映在哪里？反映在新增加的企业、新增加的市场主体越来越多。现在每天新登记的企业已经由 2016 年的 1.5 万户增加到现在的 2 万户，比过去一天就多了 5000 户。现在 2019 年我们国家市场主体总数达到了 1.2 亿个，也就是说 10 个人里头有一个是市场主体。

财税改革向纵深推进，除了像划分中央和地方的事权财权以外，我觉得财税改革对市场主体最实惠的就是减税降费，市场主体都希望少交点税，它才更有活力。所以 2010 年到 2020 年上半年，我们已经累计减税 6.78 万亿元，整个"十三五"期间累计减税降费达到 7.78 万亿元，这个数额是相当大的，我们 GDP 总量也就是 100 万亿元，财政收入多少？都让给企业了。

金融是现代经济的核心，也是我们经济的一个血脉。金融改革主要是瞄准了建设现代化的金融体系，我们的人民币现在变成世界第五大国际支付货币、第五大国际储备货币、第三大贸易融资货币和第八大外汇交易货币。这说明人民币国际化迈出了重大的步伐，我们国家的金融实力在不断地增强，当然这都是通过改革形成的。全面建成小康社会第一大攻坚战是脱贫，第二大攻坚战是环保，第三大攻坚战就是防控金融风险。为什么说我们全面小康社会千年梦想能够实现呢？就是说这三大标志都取得了重大的成果。

"十三五"规划在我们国家规划史上占有一个非常重要的位置，为什么这么说呢？因为"十三五"是一个收官的规划，是一个圆梦的规划。收什么官？圆什么梦？到 2020 年全面建成小康社会，实现第一个百年奋斗目标，我们国家开始提的叫"三步走"战略，这是邓小平同志提出的，那么 2000 年收官的规划是什么呢？是"九五"规划，然后从新世纪开始我们要全面建成小康社会，要通过四个五年规划来实现，就是"十五""十一五""十二五""十三五"，四五二十，二十年时间，四个五年规划，所以"十三五"等于是前面奋斗了十五年，到最后要摘果子收获的时候，关键要看这个果子到底是不是饱满，是不是成熟。这五年就非常关键，实现了第一个百年奋斗目标以后，我们还要向第二个目标奋进。"十三五"规划又是一个承上启下的规划，就是我们要从"十三五"到"十四五"，"十四五"开始干什么呢？"十四五"我们要开启全面建设社会主义现代化强国这样一个新的目标，小康社会的目标实现了，我们要开启一个新的目标。展望未来的五年，我们将大步走上社会主义现代化强国之路，我们将迈出更大的步伐，我们将拥抱中华民族伟大复兴的美好未来。

新突破、新起点，未来如何迈向高收入阶段？

·朱 民·

现任清华大学国家金融研究院院长，中国国际经济交流中心副理事长，世界经济论坛常务董事。

1968年，只有16岁的朱民便进入上海一家食品厂当了搬运工。恢复高考后，仅有初中文化的他，以优异成绩，考取了复旦大学经济系。毕业后，他赴美留学，师从美联储前主席保罗·沃尔克，先后获得硕士和博士学位，并于1991年进入世界银行，成为总部政策局的经济学家。20世纪90年代中期，朱民回国，先后在中国银行、中国人民银行任职。2011年出任国际货币基金组织副总裁。朱民长期从事经济金融理论研究，并具有丰富的金融管理实践经验。

📚 导　语

2020 年 2 月 28 日，国家统计局发布 2019 年国民经济和社会发展统计公报。2019 年我国经济总量逼近 100 万亿元大关，按年平均汇率折算达到 14.4 万亿美元，稳居世界第二位；人均 GDP 70892 元，按年平均汇率折算达到 10276 美元，首次突破 10000 美元大关，与高收入国家差距进一步缩小。

这标志着我国经济社会发展站上了一个新台阶，登上一个新的发展高度。根据世界银行的计算标准，我国已跻身中等偏上收入国家行列。

然而，目前我国依然是最大的发展中国家，距离成为高收入国家，基本实现社会主义现代化，并最终实现中华民族的伟大复兴，还要付出长期而艰苦的努力。根据其他经济体的发展规律，人均 GDP 达到 10000 美元，是跨越中等收入阶段的关键时刻。纵观第二次世界大战以后新兴经济体的发展轨迹，日本、韩国等国家成功跨越 10000 美元的阶段，成为高收入国家；而马来西亚、墨西哥等更多的国家，则在达到 10000 美元后的很长时间里，始终徘徊不前。为什么跨越中等收入阶段的难度会如此之大？迈向高收入阶段的核心变化是什么？我们的优势、机遇和挑战又有哪些？

扫描二维码即可观看完整视频

新突破、新起点，未来如何迈向高收入阶段？

◆ 录制时间：2019 年 11 月 15 日

◆ 编　　导：马磊

今天我要给大家分享和汇报的是我对中国经济最近变化的一些根本的、趋势性的看法，题目叫中国经济走向高收入阶段的路怎么走？

一、为什么跨越中等收入阶段的难度会如此之大？

大家可以看到中国经济发展是个奇迹。1978 年的时候，人均 GDP 是178 美元，水平是多么低，但是改革开放 40 多年来，人均 GDP 增长非常快，从人均 178 美元走到 10000 美元。在这个 10000 美元的关键点，有一件事很重要，那就是我们能不能跨越这个中等收入阶段？我们把中国经济发展的历史地位和一组国家比，从 3000 美元走到 10000 美元，通常走 15 年到 16 年，中国和世界很多国家（发达国家和发展中国家）的历史轨迹是一样的，但在 10000 美元点的时候，发展的轨迹开始分岔，往上走如果能继续跨越中等收入阶段，进入高收入经济阶段，我们就进入了韩国这样的发展轨迹；如果跨不过去，我们就会停留在像巴西、马来西亚和墨西哥这样的发展轨迹。巴西、马来西亚从进入 10000 美元以后到今天，40 年、50 年都没有变化，所以，我们能不能跨过这个阶段，就变得特别关键。

我们今后 5 年的经济增长会决定今后 50 年的经济增长，也就是说，我们能不能在今后五年跨越中等收入阶段，进入一个往上走的轨迹，如果能的话，我们就会朝着高收入发展，逐渐成为一个强国，实现民族复兴。

历史的教训告诉我们，这个阶段是不容易走的。

在 20 世纪 60 年代，新兴经济体的平均 GDP 只占美国 GDP 的 15% 左右，但它的经济增长速度还挺高的，在 3% 左右。60 年代新兴经济体增长发展都很好，所以逐渐向前发展，一直到 70 年代，新兴经济体的整个增长发生了变化，它的增长速度没变，但这个时候发达国家，比如美国的增长速度上去了，所以它的赶超速度没有美国增长得快，它反而回去了，以后的增长速度也一直在下降，在整个 80 年代经历了拉美经济危机，所以整个发达国家的经济发展速度并没有被赶超，它还是维持在相当于美国 22.5% 这样的水平。增长速度在波动，但是没有赶超。21 世纪以来，新型经济的发展速度又开始回升，达到 6%，增长速度逐渐赶过美国。特别是国际金融危机以后，经济增长速度放慢，新兴经济体经济增长速度放缓，但仍不断赶超，虽然速度有所下降，但整个比重也达到了美国经济增长水平的 27.5% 左右。

我再给大家举一个例子，就是拉美经济增长的追赶之路，1962 年到 1966 年，拉美当时有 3 个百分点的 GDP 增长，拉美当时人均 GDP 占美国比重已经达到 28%，但是在那以后增长速度逐渐下跌，世界在进步，美国在往前走，拉美经济增长速度在下滑，它没有赶超反而倒退了，80 年代危机后倒退很厉害，90 年代初拉美经济重新开始增长，进入 21 世纪，2002 年到 2006 年它逐渐开始赶超，用五年的人均国民生产总值平均数做的数据，它的增长速度也就在 1.5% 左右。

但是，如果我们仔细比较的话，今天拉美人均 GDP 增长占美国的比重和 50 年以前占的比重几乎是一模一样的。这是典型的发展中国家的困难和挑战，这也就是说中等收入阶段过不去。也就是说 50 年来，相对于美国，拉美国家的经济并没有增长。

二、迈向高收入阶级的核心变化是什么？

从中等收入向高收入国家怎么走？在这个关键点，最主要的因素是产业结构的变化。

我们把世界上已有的，过去 70 多年来 70 多个国家的数据作比较，所有的国家都落在一个很明显的模式里面。随着经济的发展，农业就业比重在下降，农业占 GDP 的份额也在下降，工业就业比重在上升，以后下降，工业占 GDP 的比重先上升，后下降。而中等收入 10000 美元向 15000 美元跨越点，工业逐渐往下走，什么行业往上走？服务业。只有服务业是不断地往上走，服务业的就业人数和服务业占 GDP 的比重是不断往上走的，所以在这个关键点上发生了一个最根本的、最大的事，是整个产业结构的变化，工业占 GDP 的比重会逐渐下降，服务业会超过工业，继续不断往前走，服务业变得越来越重要。

中国也走了一条和世界过去 100 年发展几乎完全一样的路。从 20 世纪 60 年代开始，也就是 50 多年来，中国农业占 GDP 的比重从 40% 多逐渐下降到今天的 10%，中国工业，也就是制造业占 GDP 的比重从 30%多增长到 40%多（50%不到），但是中国服务业，从 25%左右一路上升，到今天已经占整个 GDP 的 52%，翻了一番。所以，中国走的是一条和世界一样的路，也就是说，它的农业比重在下降，从产业结构来看，工业到了顶以后逐渐往下降，服务业在逐渐地往上走，这个也是我们今天面临的一个很大的结构调整。

我们最关心的是劳动生产率的变化，因为对经济增长来说，最核心的动力是劳动生产率的成长。我们把中国工业的劳动生产率和服务业的劳动生产率做了一个比较，发现一个很有趣的现象，就是用工业劳动生产率除以服务业劳动生产率，今天工业劳动生产率是服务业劳动生产率的 130%，也就是说，工业的劳动生产率比服务业高 30%。这意味着什么？因为服务业不断发展是必然的趋势，我们在世界范围内看到这个趋势，中国的服务业在未来的 10 年里会继续每年增加一个百分点的比重。但是在这个过程里，如果我们服务业的劳动生产率提不上去，那么我们每增加一个百分点 GDP 的服务业，我们会丢掉 0.3 个百分点的劳动生产率，如果这个格局持续，我们经济的增长速度就会放慢，而且会放慢得很快。

所以，当我们考虑中国怎么从中等收入走向高收入的时候，这个问题就落脚到一个产业结构的转变，以及产业的劳动生产率上，也就是怎么提高服务业的劳动生产率问题。提高服务业的劳动生产率，就成为把中国经济从中等收入推向高等收入的核心问题。

那么中国的服务业劳动生产率怎么样呢？从整体来说，服务业劳动生产率是比较低的，我们把服务业分成市场竞争型和非市场竞争型的服务业，市场竞争型的服务业，比如说金融业是开放竞争的，酒店、餐饮、商业、物流都是开放竞争的。但是也有没有完全放开、非市场竞争的，比如说医疗、教育和一些工业的服务业、商务的服务业。如果把这两条分开的话，已市场化的服务业的劳动生产率并不低，还是很高的，而非市场化的服务业的劳动生产率却一直在低位徘徊，一直上不去。这给我们提供了一把钥匙，我们就得看怎么样继续提高市场化的服务业劳动生产率，怎么样让非市场化的服务业劳动生产率提高。

国家出台了一系列开放市场和改革的措施。我们通过对 70 多个国家在过去 70 多年来逐渐从中等收入走向高收入阶段的比较，这个过程中最主要的是宏观环境和政策。因为服务业是非贸易产品，是本土化的。所以如果不开放，不把国际企业引进来的话就会在本地形成它自己一个小的生态，它劳动生产率就提不上去。因为它没有竞争，也就不能够为老百姓日益增长的需求提供丰富的产品。2018 年 4 月博鳌论场，当时我也在现场，习近平总书记宣布了一系列中国进一步改革开放的措施，比如说金融业，现在是全面开放，我们对股权没有约束，外资可以 100% 进入，这个产品现在全部放开了，区域设分支机构也放开了，银行、券商、保险、基金都是全部放开的。然后跨境的资本流动，我们把沪港通、沪伦通，到伦敦的资金通道扩大到了 3 到 4 倍，同时我们把以前的资金约束，QDII、QFII 有资质的境外投资者额度全部取消。把市场完全打开，让国际金融机构进来参与本土市场、参与竞争，同时把资金流通渠道打通，让国际资本能够进来，参与这个市场，这是一个很大的变化。

在过去 18 个月里，外资企业进来很多，比如说摩根银行、花旗银行、瑞士银行都进来了，说标普评级机构也进来了，还有更多基金，比如桥水基金也进来了。因为大家还是很看好中国市场，金融市场很大，这就加强了当地的竞争，增加了国际化程度，这对提高金融业的劳动生产率会起到推进作用。

我们对服务业还是做了很大的开放，目标就是要加快发展现代服务业，按照国际的标准来达到我们现代服务业的水平。要把国内服务业提到这个标准，放宽服务业的准入，从这个意义来说，对信息、法律、会计、建筑设计放开了，教育、医疗现在也在逐渐放开。这是对服务业的一个全面的开放。与此同时，我们特别对文化产业提出要逐渐建立新兴文化产业的机制，把文化产业放开。医疗卫生，深化医疗卫生体制改革，全面建立中国特色的医疗卫生制度，让民营经济和外资都能进入医疗系统，提供更好的医疗服务，因为老龄化，对医疗服务要求其实上升得很快。教育要支持和规划，鼓励社会力量办教育，这是一个服务业的全面开放，开放力度是很大的。

三、我们的优势、机遇和挑战有哪些？

科技本身对服务业的劳动生产率提高起着特别重要的作用，所以我们现在需要两条腿走，单有改革开放一条腿的同时，还要再加上一条腿——那就是科技和创新。用科技创新来赋能服务业，让服务业在开放竞争环境下更快、更好地提升劳动生产率。

国务院连续制定了三个《人工智能发展规划》，我们的目标是在 2020 年达到世界先进水平，中国在人工智能发展方面还是走在世界前面的，因为我们的人口基数大，我们用手机的人多，互联网基础好，所以在这个基础上继续往前走。2025 年达到世界领先水平，2030 年要成为世界的创新中心，所以我们把人工智能作为中国经济未来发展的一个重要抓手。

我们 5G 的设备在世界上还是领先的。所以下一步就是要在 5G 领先领域，继续全面铺开 5G 的基站建设，使中国成为世界上第一个 5G 国家，这又是很大的战略目标。中国已经普遍 4G 了，4G 和 5G 比有很大区别，1G 到 4G，它只是一个通信工具，5G 开始它是个行业和产业，是个面，是个结构的变化。所以 5G 在这个意义上是在根本改变社会，所以我们按照 4G 规律，从 2019 年开始布局 5G，我们可以在五年左右把中国变成 5G 国家，但是为了提高我们的科技能力、创新能力和服务业劳动生产率，在 5G 和人工智能基础上，下一步国家出台的政策就是推动物联网。在过去的 18 个月里，国家出台了一系列政策来推进工业物联网，以及广义物联网。目标是非常明确的。2020 年大约有 100 家企业要完成企业内的网点设施，把物连起来。我们有一个建立目标解析的国家的点和站，做物联网的话，点的解析是很重要的。做跨境，跨境就是跨行业的物联网平台，建立 100 个左右物联网创新试点，同时国家提供物联网的基础。所以目标非常明确，在 2025 年左右形成具备国际竞争的基础设施，到 2035 年的时候，成为世界领先的物联网平台，这样就可以实施广泛的产业的万物相连。

在这个基础上，5G 又能不断推进产业的智能化，实现赋能，如智能制造、智能农业、智能物流、智能金融、智能商务、智能家居。因为 5G 在本质上是一个产业和行业，5G 和人工智能结合，就能在根本上改变这个产业和行业。对服务业信息赋能空间特别巨大。5G 和人工智能结合，使我们整个前沿科技应用走到一个新的阶段。我们现在的移动视频、移动电商，数字化、网络化是 4G，现在开始出现网络机器人、云游戏、刷脸支付等。5G 开始是认知智能的发展，从感知走向认知，是自然语言处理，我们进入一个新的领域，无人工厂、无人驾驶、机器翻译、医院影像识别等，都会成为未来的科技发展的新的领域，所有这一切都是先和服务业连起来的，所以发展服务业，有很大的空间。

如果把今天的分享和汇报总结起来的话，就是中国经济在过去的 40 多年里创造了一个奇迹，人均 GDP 从 178 美元走到 10000 美元，这也是人类历史上的奇迹。但是今天我们遇到新的挑战，中国人均 GDP 从 10000 美元要走向 15000 美元。当我们从 10000 美元走向 15000 美元的时候，产业结构会发生巨大变化，服务业比重会不断上升，提高服务业劳动生产率成为重中之重。

所以，中国要走向一个高收入国家的核心问题，是提升服务业劳动生产率。而提高劳动生产率有两条政策：一个是改革开放，引进国际竞争；另一个是全面的科技化、智能化，运用我们已经有的优势在人工智能和 5G 以及物联网上，占领全球技术制高点，并且通过这个制高点来推进服务业、推进制造业发展。通过两条腿走路我们可以跨过中等收入阶段，在不远的将来进入高收入国家行列，发展更好、更富裕、更强大的中国经济。

全面开放新格局，究竟什么样？

·隆国强·

国务院发展研究中心副主任，研究中国对外经济政策近40年，足迹遍布全世界40多个国家，多次参与政府工作报告与中央经济工作会议文件的起草。

📚 导　语

中国对外开放 40 年，经济增长，国力增强，百姓生活也得到极大改善。那么普通民众对我国现阶段的开放度和开放政策究竟了解多少呢？我们国家的对外开放处于怎样的关键节点？全面开放新格局，究竟什么样呢？

扫描二维码即可
观看完整视频

全面开放新格局，
究竟什么样？

◆ 录制时间：2017 年 12 月 22 日

◆ 编　　导：马放

今天和大家一起来讨论新时代的中国对外开放战略。主要讨论三个方面的问题：第一个就是我们为什么坚持对外开放的同时要与时俱进地来调整我们的开放战略；第二个就是在新的形势下，我们怎么来调整我们的开放战略；第三个可能是大家最关心的，就是开放战略调整会调成什么样，新的战略是什么。

一、为什么调整开放战略？

在中国的历史上，我们既有着对外开放取得巨大成就的经验，我们也有着闭关锁国带来的教训。在人类历史的很长时间里，中国作为一个文明古国，一直站在人类文明的前沿。但是当地理大发现以后，当英国出现了工业革命以后，那时候我们作为农业文明最发达的一个经济体，还陶醉在农业文明的繁荣之中。所以当英国公使马戛尔尼带着一个庞大的 700 人的代表团到中国，要跟我们的乾隆皇帝，要跟清朝通商的时候，我们的乾隆皇帝说，我们是天朝大国，物产丰盈，无须和蛮夷之邦互通有无，那是 1793 年的事。过了短短的不到 50 年，就爆发了鸦片战争，然后中华民族就开始逐渐地滑落。

所以鸦片战争以后，多少代的志士仁人都在探寻救国的道路，到今天搞了这么多年，我们得出了一个非常深刻的教训，就是邓小平同志讲的，不开放，死路一条。

中国通过开放，可以去接触全世界，可以去用好全世界人类进步的成果，来加速自己的发展。发展中国家靠什么，靠的就是在开放的条件下，能够把自己的后发优势发挥出来。

世界银行评估说，过去几十年中国是全球化进程中，少数几个受益较多的发展中国家。这就引出来一个今天要讨论的问题，就是一个正确的开放战略才能确保一个国家在全球化的进程中抓住机遇、回避风险，实现趋利避害。现在说内外部环境都发生了重大的变化，国际环境在变，我们自己也在变，原来的办法来搞开放，行吗？恐怕不行，在这个历史节点上，我们怎么来调整自己的开放战略。

要来调整这个开放战略，要考虑三方面的决定性因素，我们把它称为"三元模型"。

首先看看新时期，或者是新时代中国经济发展对开放提出了什么样的新要求。过去很多年，我们处在一个工业化追赶过程中，主要的任务就是要加速实现工业化。现在中国经济从高速增长阶段转向高质量增长阶段，在高质量增长阶段，我们要靠效率的提升。那效率的提升靠什么呢？效率的提升就是要靠技术的创新，靠制度的创新，靠管理的提升。所以，开放就是要用好外部的资源、外部的市场，来促进整个国家的创新能力，来促进我们的结构升级。这就是新的时代国家发展战略变化以后对我们开放提出的新的任务、新的要求。

其次看看国际环境的变化，2008年爆发了国际金融危机，这场危机是百年一遇的，它的影响是非常深刻的，像美国、欧洲以及新兴经济体、发展中国家，都在作深刻的调整，它带来的比较多的是挑战，过去十年保护主义普遍抬头和各种贸易摩擦越来越多，而中国首当其冲是被别人搞贸易摩擦最多的一个国家。

其实在任何一个时候机遇和挑战都是并存的，就像一枚硬币的两面，我们会看到很多新的机遇，很多是重大的战略性机遇。

这场信息革命才刚刚开始就已经在不断地推进，比如说从个人计算机互联到移动互联，然后下一步是工业互联以至于万物互联，所以说用信息技术来改造提升传统产业，空间是巨大的。比如说做纺织服装，这是一个传统的产业，人类做了几千年了，现在因为信息技术的变化，很多企业开始探索用信息技术来创造新的生产方式、新的运作模式（商业模式）。

比如说青岛有一个做服装的企业叫红领，它运用信息技术可以把客户身体的尺寸量好在它的生产线上柔性地生产，完全是定制的，机器来生产，就像当年裁缝提供个性化服务一样。这就是信息技术的应用，带来的这种个性化的、柔性化制造，把制造和服务融合在一起，体验度大大地改善了，定制化的衣服越来越合身，人靠衣装嘛，给你体现出精气神来，那你也愿意付出更高的成本。它比找个裁缝做要便宜得多，对企业来说，产品的附加值也大大地提升了。

我们国家有这么多外汇储备，为什么还要引进外资？在全球化背景下一个投资者带来的不仅仅是钱、技术、生产组织、市场销售，可能还有很多管理和技术诀窍。所以说，在全球化进程中各国都想吸引越来越多的投资，中国到了一个高质量发展阶段，希望引进的投资不是原来的那些劳动密集型的，而是技术含量越来越高的，所以我们说，要把引资、引技和引智更好地结合起来，以提升我们的创新能力。

那么有没有这个机会呢？有，当时我们调研的时候，有 32% 的外资企业说准备在中国开展研发，这对于我们建设一个创新型的国家，毫无疑问是个机遇。人才也一样，比如说中国，一个特殊的指标就是归国留学人员，2004 年回国的人数大概在 2 万人，2016 年就超过了 40 万人，全球的人力资源都在向中国汇聚，所以说从"引进来"的角度看，我们有引资、引技、引智的新机遇。

2003 年的时候，中国对外投资不到 30 亿美元，只有 28.5 亿美元，现在我们对外投资 1000 多亿美元，变成世界前三位的投资大国。对外投资是这个国家的企业在全球整合资源的一种形式。比如说华为是一个研发型的公司，在激烈竞争的移动通信市场上能够迅速地变成行业的老大，很不容易。华为有十来万人在搞研发，大部分是在国内，但是它也在全球整合研发资源，斯德哥尔摩是通信技术人力资源最富集的一个地方，它搞了研发中心；俄罗斯有最好的算法语言方面的专家，它在莫斯科搞了研发中心；印度有软件工程师，它在印度搞了研发中心；美国是 IT 技术世界最前沿的所在地，它在硅谷建了研发中心。

华为之所以成功，一个很重要的经验，就是在供给侧整合全球的研发资源，全球研发、中国制造、全球销售。

二、如何调整开放战略？

经过这么多年的发展，我们和世界的关系已经发生了深刻的变化，从规模层面上来看我们曾经是个经贸小国，但是今天我们是经贸大国。国内生产总值世界第二，工业增加值世界第一，出口世界第一，进口世界第二，全球的影响力大大地增加。

我们首先一定要清醒地认识到，成为一个大国以后的影响力。如要充分地了解国际社会，运用我们的实力，有意地引导它，创造一个良好的外部环境，创造新的机遇。

所以说，影响力是个客观的东西，怎么用好影响力取决于软实力。软实力就是要靠人才，要靠体制。有了解国际国内的人才，才能够为国家的发展，为用好自己的硬实力去建言献策，让我们每一次重大的决策都能够在国际社会给我们创造机遇而不是创造挑战。从原来观察，捕捉机遇，到现在主动创造机会，就是一个重大的变化。

还有一个就是我们的结构性变化，过去三年，虽然说我们的传统产业在转型升级，一些新的产业国际竞争力也在提升，但是有一个现实就是，我们占全球市场的份额是下降的，说明我们参与全球竞争的产业竞争力到了一个节骨眼上。如果我们不能迅速地实现传统产业竞争力进一步地转型升级、提升，如果我们不能迅速地实现资本、技术密集产业的竞争力的提升，那我们可能就会面临一个很大的挑战，就是怎么跨越中等收入陷阱。

我们有人力资源优势，现在一年毕业 800 多万大学生，而且这 800 多万大学生里面有二三百万是理工科的学生，这为我们搞研发提供了技能型的工人、劳动者。这是非常丰富的人力资源，是需要市场规模来分摊的。如果投 100 亿美元造汽车，最后就卖 5000 辆，那成本怎么收回？但是如果可以卖 5000 万辆，成本平摊到每一个产品就很低很低了。比如说手机支付，靠的是什么呢？靠的就是我们国内有十几亿人口的市场，它在国内形成了规模后市值就很高，它就可以走向世界到海外去并购。比如说东莞有人就调侃式地说，东莞一堵车全球的个人计算机价格就要波动。这说明在整个"珠三角"形成了特别大的一个信息技术产业集群，它对全球市场有影响。如深圳有一个大疆无人机，大疆无人机当年去参加拉斯维加斯电子展的时候，美国有一家 3D 机器人公司，也是做无人机的。它的技术水平可能比当时大疆还要略好一点，但是成本上差别很大，美国那家公司的成本是 3000 美元，大疆卖 1300 美元，这个 3D 机器人公司就开了一个董事会，说不能干这个了，因为有一个中国的竞争对手，它的成本比我们低得多。果然它就退出这个市场，转向去做软件了。然后大疆无人机占了全球民用无人机一半的市场份额。大家一定要看到，我们完整的低成本的配套能力，使我们的研发成果能够迅速地产业化，迅速地形成有国际竞争力的产业体系，这是我们很大的优势。我们的比较优势变化以后，传统的优势确实在减弱，这是个客观现实，但是大家也不要悲观，我们只要把新的优势用好，就可能实现我们竞争力的升级。所以在这个背景下，国际环境在变，我们和世界的关系在变，我们发展进入了新阶段，开放战略必须与时俱进。

三、新的开放战略是什么？

什么叫构建全面开放新格局呢？第一，开放的区域要更加全面。中国的开放是渐进式开放，从沿海开放然后到沿江沿边内陆省会城市，渐进式推进。开放要进一步地加大开放的力度，提升开放的效果，加大西部的开放力度，形成一个沿海内陆沿边协同开放的新格局。这是从空间上来讲的。第二，开放的对象要更加全面，作为开放的对象，发达国家和发展中国家要并重，特别是后者要特别加强力度，要重点建好"一带一路"，形成一个双向开放的新格局。第三，开放的领域要更加全面，制造业开放的程度、深度要更深一点。服务业广度不错，但是深度不够，从"引进来"的角度说，我们新一轮的开放要以服务业开放作为重点，推进全面开放新格局的构建。我们要推进金融、教育、文化、医疗等服务业，有序地开放，要放开育幼养老、建筑设计、会计审计、商贸物流、电子商务等服务业。为什么要把服务业作为开放的重点？看一看中国的国际收支就会发现，中国现在的顺差来源于制造业，货物贸易已经连续几十年都是顺差，但在服务贸易领域，我们是长期的逆差，而且逆差在逐年地快速扩大，为什么？就是因为我们的服务业竞争力不强，因为我们服务业开放不够、竞争不够，所以说我们开放服务业，一方面是让全球的投资者来分享中国的市场机遇，但更重要的是我们要通过服务市场的开放来引进新的服务业态，引进人才、引进管理，最终使中国的服务业能够形成更强的国际竞争力。

我们的目标很好，要引技、要引智，然后要把高端的制造业、服务业要引进来，靠什么？我觉得关键的关键，是要打造一个具有国际竞争力的营商环境，那中国的营商环境是个什么地位呢？这些年我们不断地在改造我们的投资环境，应该说成效是很显著的。在过去的三年里面，我们的营商环境在全世界排名从第 90 名提高到第 78 名，上升了 12 位，这是很不容易的，但是我们还要看到我们进一步提升营商环境的空间是巨大的。

世界银行它从十个方面来评估营商环境。我们要打造投资环境，一定要去倾听投资者他到底关注什么，早期他关注是不是开放，是不是让我干，审批是不是很复杂，硬件的基础设施如供电能不能保证等。

现在投资者关心的是市场开放程度，特别是服务业准入和服务市场开放得够不够。这是第一类市场开放度的问题。

第二个是国民待遇，现在我们强调的是本土企业和外来的投资者要平等竞争。目前存在的问题包括市场竞争环境不够规范，比如知识产权保护还不够、市场的诚信环境还不够、存在恶性竞争等。大数据来了，又会产生新的问题，比如数据安全的问题、数据的跨境流动怎么办等。随着企业的不断进来，它的诉求会越来越新，所以，改善投资环境，永远在路上。

四、开放战略要调成什么样？

我们一直强调趋利避害，开放是把"双刃剑"，要想实现趋利避害，除了要抓住机遇，还要牢固地树立底线思维。开放里面特别要注意的就是要保证两个安全，其中一个就是资金的安全，在金融开放领域出现的金融危机有传染性，比如亚洲金融危机从泰国爆发，然后迅速传遍了东亚经济体。所以，金融开放既要积极也要稳妥。

另一个安全是中国资源、能源的安全，中国是一个人口众多但资源贫乏的国家，所以，保证中国的资源安全一定要通过全球的互利合作，所谓的资源安全，实际上不仅要保证供给而且要平稳供给。平稳供给就需要我们和国际社会共同去努力，资源的进口国和出口国共同去努力维持一个良好的市场，避免出现价格的大起大落。价格大起大落，对出口国来说也很痛苦，好的时候吸引来了很多外汇收入，它的汇率就升值，然后它的很多非资源型产业被挤出去了，这就是所谓的资源的诅咒。所以资源输出国也并不希望价格大涨，对进口国来说也不希望大涨，当然出口国更不希望大落，那怎么办呢？就是大家想办法，一起来维护一个稳定的供给。

所以在这个新的历史背景下，我们会看到世界在变，自己在变，开放没有变，但是开放的战略要变，开放的举措要变，开放战略必须与时俱进，我们才能够继续在全球化进程中趋利避害。

怎样找准高质量发展的动力之源?

·王一鸣·

中国国际经济交流中心副理事长,第十三届全国政协经济委员会委员,国务院发展研究中心原副主任、研究员,中国社会科学院博士生导师。他长期从事发展战略和规划、宏观经济和政策等方面的研究工作,先后在国内外重要刊物上发表学术论文和理论文章200多篇,独著、合著、主编学术著作10余部。

📚 导　语

从 1978 年到 2016 年，我国年均经济增速达到 9.6%，第二产业增加值年均增速更是高达 10.9%。2010 年我国经济总量跃居世界第二。也是在这一年，我国制造业增加值超过美国，此后连续 8 年位居世界第一。从这些数据上看，我国经济依然呈高速发展的态势，那我们此时为什么要放弃速度优先，转向"高质量发展"? 转型过程中我们面临哪些前所未有的压力和挑战? 又有怎样的应对策略?

扫描二维码即可
观看完整视频

怎样找准高质量发
展的动力之源?

◆ 录制时间：2018 年 8 月 24 日

◆ 编　　导：王秀娟

今天我们讨论的话题是转向高质量发展的中国经济。那么开讲之前呢，我想提个问题，我们以前习惯了高速度的增长，那么什么是高质量的发展呢？大家可以带着问题来进行思考。

在党的十九大报告中，习近平总书记明确提出中国经济已由高速增长阶段转向高质量发展阶段。那么高质量发展会给我们带来什么变化呢？转向高质量发展我们具备哪些条件？面临哪些挑战？推动高质量发展，我们应该采取什么样的对策？

一、高质量发展带来什么新变化？

我把它概括为三个方面。

第一个方面，就是要从我们过去的"数量追赶"转向"质量追赶"。改革开放以后，我们是从短缺经济开始起步的。那时我们几乎什么都有缺口，所以过去 40 多年主要是填补这个"数量的缺口"。经过 40 多年的发展呢，我们现在几乎所有的领域都开始过剩了。无论是工业品还是消费品，我们都出现了相对的过剩。但是我们的"质量缺口"依然很大，我们产品的质量、服务的质量与发达国家相比还有很大的差距。

从中观的层面来看，我们产业的价值链跟先进国家相比还是相对低的。我们以前主要生产什么？加工、组装，我们的研发、设计、标准、供应链管理、品牌，都跟发达国家有很大的差距。

从更宏观的层面看，我们生产效率与发达国家相比也有差距。比如，我们的劳动生产率、投资回报率、全要素生产率与发达国家比还有很大差距。所以，我们未来主要的任务，要从过去的"数量追赶"转向"质量的追赶"，要在这些领域逐步地接近发达国家的水平。

从"数量追赶"转向"质量追赶"，中间发生了什么变化呢？就是有重大的结构性变化。这个结构性变化是什么？我们可以从供给端和需求端两方面去观察。首先从供给端可以看到，中国生产要素的供需条件正在发生变化。最明显的就是劳动年龄人口的减少。劳动年龄人口按国家统计局的口径，指的是 16 岁到 59 岁的人口。2012 年以后，中国劳动年龄人口开始减少，

2012年减少205万，2013年减少244万，2014年减少371万，2015年减少487万，2016年减少349万，2017年减少了500万左右。劳动力总量正在减少说明什么？说明劳动力的供需条件开始发生变化。经济增长取决于什么呢？取决于我们说的要素，就是劳动的投入、资本的投入和全要素生产率的提高。劳动的投入，随着劳动年龄人口减少开始放慢了；资本的投入随着养老支出的增加，资本的积累水平也会下降，增长也会放慢。所以，未来最关键的就是要提高全要素生产率，这是转向高质量发展一个非常关键的含义。

第二个方面，我们要从"规模扩张"转向"结构升级"。为什么规模扩张不行了？因为我们的传统产业达到了市场需求的峰值，不可能再扩张了。我们的钢铁产量有多大？改革开放初期，我们大概是3800万吨钢，1982年宝钢建成了，我们是4000万吨钢，到今天我们钢铁产量是11.3亿吨。现在的问题是什么？多了。

第三个方面，就是要从过去的要素驱动转向创新驱动。我们以前靠要素驱动，为什么？有这个本钱。我们有充裕的劳动力，土地资源很丰富，矿产资源有足够的储备量。但是，到今天，劳动力开始减少了，我们的土地越来越稀缺了，我们的资源对外依存度越来越高了。供需开始发生变化了，我们还能依靠要素投入吗？我们条件越来越不具备。所以我们要转向提高要素的生产率，而转向提高要素的生产率要靠什么？靠研发、靠创新、靠人才。但是我们新的"瓶颈"出现了，什么"瓶颈"？研发能力、创新能力。要提升产业价值链，以前我们都是去争资源，现在开始抢人才。比如说上海，北大、清华毕业的直接给落户。有购房优惠、住房补贴，还给项目资助、现金奖励，来一个院士就给多少钱。为什么现在开始争人才了？不抢资源了？说明我们的"瓶颈"发生了变化。所以，我们要质量追赶就包括技术、研发、创新能力的追赶。

二、转向高质量发展我们具备哪些条件？

1.经济结构发生重大变化

经过这几十年的调整，中国的经济结构已经在开始发生变化。我们以前经济主要是投资驱动的。那么，这些年消费对经济的贡献率越来越高，我们服务业的比重已经超过半壁江山了。消费贡献的提高，服务业占比的提高，改善了我们的经济结构，增强了经济运行的稳定性。

2. 中等收入群体不断扩大

中等收入它有什么特征？它的基本需求得到满足了，开始追求产品的质量、品质、品牌。这些年我们可以看到境外消费的规模越来越大，有好多人跑到海外去消费。为什么跑到海外？国内不都能生产吗？说明消费者开始追求质量、品质、品牌，当然也包括性价比。这就逼着企业一定要提高质量，不提高质量，就会失去市场份额。抢占市场份额，就是转向高质量发展的市场驱动力。

3. 科技创新进入活跃期

我们的研发投入，这些年提高非常快，研发投入占 GDP 的比重为 2.12%，超过了欧盟国家的平均水平。当然，离发达国家还是有差距。但是一些中心城市，一些发达地区，这个比重就很高了，有的甚至超过 5%。这么大量的投入也带来了我们能力的提升，这些年涌现出了一些世界级的创新引领型的企业，比如人们经常说的"BAT"，百度、阿里巴巴、腾讯，这是互联网企业的前十位。华为手机的国际销量已经超过了苹果。我们在其他的领域还有一些标志性的企业，这也说明了我们有很大的进步。我们还有"双创"活动，在非常广泛深入地在展开，这些都为我们转向高质量发展创造了条件。

4. 全面深化改革持续推进

习近平总书记说了，改革开放是决定当代中国命运的关键一招，也是决定实现"两个一百年"奋斗目标、实现中华民族伟大复兴的关键一招。我们要坚定不移地推进改革，这是转向高质量发展一个最根本的途径。

当然，我们也面临挑战，有些挑战还是很严峻的。

三、转向高质量发展我们面临哪些挑战？

1. 传统发展方式惯性大

传统的发展方式，惯性很大。要把它扭过来，转入新的轨道，不是一件容易的事，很容易形成路径依赖。比如，过去经济下行压力大了，我们最常用的办法是扩大投资，搞刺激。那么为什么不能再过度地依赖投资去拉动增长呢？最基本的一个道理，就是投资的边际效率，就是每新增 1 元的投资，它的产出会越来越低。如果在投资效率下降的情况下，你要保持产出的稳定性，就需要更多的投入。它带来的问题是什么呢？它就会有更高的负债。我们的杠杆率，即总的负债规模与 GDP 的比值会越来越高。如果负债过高，总有一天就会以这样或者那样的形式表现出来。什么形式啊？就是我们说的金融风险。所以我们不能走下去，不然又回到老路上去了。

2. 结构性矛盾突出

第一，在实体经济领域，供需的结构性矛盾突出，也即供需的错配。我们的需求在不断地升级，越来越高端化、个性化、服务化，而且比重越来越大，我们的服务消费差不多已经占了消费的 50% 左右。但是供给端是什么呢？钢铁、煤炭、玻璃、建材，这些传统工业比重很大。现在消费需求迅速升级，而供给跟不上这个升级的步伐。

第二，金融和实体经济的结构性失衡，就是以前说的"脱实向虚"。金融为什么要"脱实向虚"？如果实体经济很赚钱，为什么要"脱实向虚"呢？这说明实体经济效率不够高。比如，上市公司的净资本回报率在逐年下降。为什么下降？就是资源不能有效地流动了，该退的退不了。

第三，房地产和实体经济的失衡。就是我们房地产占用了很多金融资源，而金融资源又不愿意流到实体经济去。为什么愿意流到房地产呢？因为房地产有回报嘛。但房地产能创造价值吗？能带来创新吗？能带来技术进步吗？

3. 发展不平衡、不充分

我们的发展不平衡，矛盾很突出。对一些发达地区来说，它应该转。但是我们还有很多落后地区，这个差距还是比较大的，最明显的就是人均 GDP 的差异。我们可以看到，我们沿海有十个省份，人均 GDP 2015 年就超过了 1 万美元了，有的省份按世界银行标准，已经进入高收入的标准了。但是，还有内陆一些省份，差距还很大，有发展差异性。这是我们面临的一个现实问题。

4. 体制机制存在制约

我们有些改革还没有完全到位，政府与市场的边界还要在实践中不断地调适。有些地方政府对经济干预过多，扭曲了资源配置。比如，我们土地是很稀缺的，有些地方居然搞零地价或者变相零地价，这不就是扭曲资源配置吗？越缺的东西应该越贵呀。但它为了招商引资，搞工业、搞零地价。所以价格的扭曲带来了这种资源的错配，这些都是体制上要解决的问题。

5. 政府管理方式不适应

以前我们圈地，招商引资下指标，招来项目有奖励，对这一套，我们熟门熟路。现在要转向高质量发展，怎么下手？怎么干？我们要提高质量，要有一套标准体系，要有一套绩效考核体系，这些都是面临的新课题。

那转这么难，我们还转不转？要不要转？有的人说干脆别转了。不转什么后果？也就是说在中等收入阶段就止步了。韩国、日本进入中等收入阶段以后，经济仍在持续地增长，人均收入很快就进入高收入阶段。但同样有很多国家，阿根廷、巴西、马来西亚、墨西哥，它们就在中等收入阶段持续地徘徊，为什么？经济没有转变。

四、推动高质量发展的十大策略

策略一：确立竞争政策的基础性地位

质量靠什么来提高？靠竞争。没有竞争，你会去提高质量吗？没有竞争，就没有这个压力。所以要提高质量，必须要创造一个公平竞争的环境，这就要确立竞争政策的基础性地位。竞争才有创新，竞争才有质量，竞争才有品牌。我们在数量追赶时代，对特定的行业给予特定的支持，因为那个时候目标很明确。但到了前沿阶段，目标在哪儿？这时候尤其需要企业去试错，尤其需要企业去竞争。所以竞争政策一定要起到基础性的作用，要创造一个公平竞争的环境。

策略二：加强产权和知识产权的保护

要转向高质量发展，一定要加强产权和知识产权的保护。为什么要保护产权？产权激励是最有效的激励机制。我们经常说，你为什么要去干这件事，它后面一定有激励机制在起作用。什么最有效？产权激励最有效。比如农业的改革、农村的改革，就是最典型的。

策略三：推进要素的市场化改革

怎么样提高效率、提高质量？资源和要素要流动起来，优化配置。凡是不流动的，都不能有效配置。改革开放释放了那么大的潜力就是因为要素可以流动了。农村的劳动力可以到城市里打工了，它的生产效率就大大地提高了。我们商品和服务基本市场化了，大概99%的商品都市场化了。现在需要政府定价的电价、水价已经很少很少了，大多市场化了，但是我们的生产要素还没有完全市场化。土地完全市场化了吗？当然没有，还有很长的路要走。资金完全市场化了吗？有人说利率市场化了，是不是完全市场化了？这个可以讨论。那么劳动力完全市场化了吗？它还有城乡身份的差异性，还有户籍制度。

策略四：完善科技的创新体制

科技人员的潜力是不是充分释放出来了？还没有。怎么完善它的体制？就是要形成科技成果的产权激励制度。我们科研人员大部分都在国有的事业单位，你的研发，你的创新，你做出来的专利，你做的成果，所有权是谁的？单位的。他忙活半天，都是单位的，积极性释放出来了吗？所以有的地方已经在试点，就是分割产权，就是做一个研发项目，在启动前就跟单位签个协议，研发出来以后，这个产权，课题组、研发团队和单位怎么分，先说好。这个就叫产权激励，这会极大地解放科研人员的积极性。

策略五：深化教育体制改革

教育体制改革当然有很多内涵，比如需要创造一个公平的教育环境。让每个人都能有梦想成真的机会，人生出彩的机会，就需要创造一个公平的环境。那么更重要的是要改革教育制度，就是我们需要培养想象力、创造力、批判性思维。

策略六：提高空间资源的配置效率

怎么提高资源配置效率？就是要以城市群为主体来推进城市化。城市群有高速的通道，像长三角现在都是用高速铁路网连起来，它的要素、资源就能充分地流动，就能优化配置，大大提高了空间的配置效率。

策略七：有效应对污染排放峰值期的挑战

我们现在不光传统产业在达到峰值，我们的排放也在陆续达到峰值。这段时间正好是各种排放物陆续达峰的时期，所以环境的压力就特别大。但同时，我们也到了有条件有能力来解决生态问题的一个窗口期。

策略八：健全风险的管理体制

我们现在进入到各类风险，特别是金融风险易发高发期。我们宏观杠杆率很高，过去顺周期的市场环境积累了一些风险，也到了这种风险的释放期。所以要健全这种风险的管理体系，要使这种管理能力、监管能力跑得过风险积累的速度。我们要有效地管控风险。如果发生大的风险了，何谈高质量发展？

策略九：进一步扩大开放

开放，才会有竞争；开放，才会向国际更先进的标杆看齐。所以我们要进一步扩大开放，包括现在正在做的降低制造业的股比限制。比如说汽车，原来都有股比限制，现在不设股比要求。金融业，比如说银行、保险、证券、期货，都有个过渡期，但是未来要逐步地放开准入。此外，还要创造一个最有竞争力的营商环境，让别人愿意来，像一块磁铁一样，能把各类要素吸引过来。

策略十：形成与高质量发展相对应的考核体系

要形成与高质量发展相对应的考核体系，包括指标体系、标准体系、统计体系、绩效评价体系、政绩考核体系，引导人们的行为往这个方向走。

最后我想小结一下，就是 2007 年英国《卫报》有一个作者写了一篇文章，留下这么一句话，我觉得用这句话来作为今天的结尾，特别有意义。他说，19 世纪英国人教会了世界如何生产。怎么生产？工厂化大生产，工业革命。20 世纪，美国人教会了世界如何消费。怎么消费？大型购物中心（shopping mall）。他说，如果中国要引领 21 世纪，它必须教会世界如何可持续发展。我们能教会世界吗？这就是历史赋予我们这一代人特有的使命。

去杠杆如何把握好力度和节奏?

·李 扬·

中国社会科学院学部委员,国家金融与发展实验室理事长。曾任中国社会科学院副院长,央行货币政策委员会委员。研究领域包括金融、宏观经济、财政。五次获得"孙冶方经济科学奖"。2015年获"中国软科学奖"和首届"孙冶方金融创新奖"。

导 语

"给我一个支点，我就能撬起地球。"古希腊物理学家阿基米德的这句名言，生动诠释了杠杆的巨大威力！但是，在金融领域，杠杆却是一柄锋利的"双刃剑"。我们可以用很小的启动资金，通过贷款等金融工具，谋取更多收益，但同时也承担着更大的风险，一旦控制不当，后果不堪设想。2008年国际金融危机以来，我国杠杆率攀升较快，需要引起警惕。自2016年开始，我国一系列防控金融风险的政策相继颁布实施，"去杠杆"成为高频词汇。杠杆到底是如何发挥作用的？当前去杠杆为何如此重要？从去杠杆到稳杠杆，这样的转变有何深意？

扫描二维码即可
观看完整视频

去杠杆如何把握好
力度和节奏？

◆ 录制时间：2018 年 8 月 17 日

◆ 编   导：卢璐

今天我同大家一起来讨论去杠杆问题。

杠杆率、去杠杆，这些我们今天耳熟能详的词，应当说在一个很长时间里并不太出现在主流媒体上。它出现在主流媒体上，是因为 2007 年那次百年不遇的大危机，2007 年 3 月，汇丰银行爆了一笔美国的次贷，之后这个问题就进入了人们视野。两个词，一个词是债务，另一个词是杠杆。债务是杠杆问题的核心，债务问题和杠杆这个词在危机之后就被人们经常谈起。直到 G20 二十国集团于 2009 年 9 月召开的匹兹堡峰会，各国首脑确认去杠杆是克服此次危机、恢复正常经济的主要环节和首要条件，去杠杆就成为大家的主要任务了。

关于这个问题，中国的认识有一个曲折。一开始我们的杠杆水平是很低的，认为那个发生在太平洋彼岸的事情与我们关系不密切。但我们又有比较强的财政刺激政策和金融刺激政策，2015 年杠杆率达到了高峰。中央认识到这个问题，就配合着供给侧结构性改革，提出了"三去一降一补"，第三去就是去杠杆。这个词正式地进入我们的政策语言体系里。习近平总书记就曾经说过，所有这些金融风险，它的源头都在高杠杆。这一下就聚焦了。2017 年年底党的十九大，然后 2018 年中央经济工作会议，进一步地把打好防范化解自身重大风险攻坚战作为三大攻坚战之一，而且居首位。我们了解这个背景之后，就可以逐渐细致地来分析这个问题。

一、杠杆无处不在

我们还是从头理一下。杠杆自古就有，杠杆就生活在我们身边。研究历史，你就知道，人类社会从自给自足的农耕社会发展到商品社会、工业化，其中一个非常重要的差别，是什么呢？就是农耕社会自给自足，劳动生产率很低下，于是我们的祖先们想到了分工。分工就有了专业化，就是你种地、我打鱼，他去养蚕，他打铁，这样劳动生产率就大大地提高了。然后我们逐渐地互相交换，进入分工和交换之后，这个社会就有非常多的新现象，其中一个很重要的新现象就是储蓄和投资分开。

我们每个人都会有一定的储蓄，有了储蓄，打算怎么处置呢？如果说这个储蓄我自己去投资，那是农耕社会，那是土地主。但是如果说我把这个储蓄交给一个更加专业的人去支配，由他来进行投资，我收取一定的费用，这就有了金融，也就有了人超出自己的收入范围，可以使用更多的资源，来从事更大规模的生产。很简单，比如说我生产一百个单位的东西，如果我不进入金融活动，我不加杠杆的话，那么下一轮我还只能用一百个单位。那么现在因为我很专业，我力气使不完，我可以干更大的事，而别人不专业，有钱不知道干什么，于是他交给我，我就可以做两百个单位的事情。我做两百个单位的事情，我依然胜任、愉快，我生产出来之后还可以还他，自己还有剩余。我自己只生产一百，但是我能够支配两百，这是一个最简单的杠杆的例子。我们现在都说去杠杆，觉得它是洪水猛兽，实际上它在人类社会发展史上是一个非常大的进步，因为它使这个社会可以分工，可以专业，可以术业有其专，然后整个社会的劳动生产率得以提高，我们的福祉得以增进。

举几个大家经常会遇到的使用杠杆的例子，比如说借贷。我相信现在没有人不借钱的，只要借了钱，你花了比自己收入更多的钱，你就是使用了杠杆。保险也是一个典型使用杠杆的金融活动。因为保险它就是今天为明天、多数人为少数人、健康人为有病的人、老人为小孩、父母为子女、晴天为阴天这样一个活动，它中间就有杠杆的操作。经常听说央行降准了，准备金从17%降到16.5%，准备金实际上说的是现代银行采取部分准备制，为了放贷100元，只要在它的金库里存16.5元即可，这就是一个杠杆，我们金融部门是典型使用杠杆的一个部门。杠杆无处不在。但是凡事皆有度，是不是可以无穷尽地使用杠杆呢？不可以。

二、凡事皆有度

第一，不宜过度使用杠杆。如果过度使用的话，对自己就是财务危机，如果不明就里地过度使用杠杆的人集合在一起，就会给社会造成损害，金融风险就会发生了。

第二，反危机的主要任务之一就是去杠杆。解除金融危机、促使经济运行恢复正常，首要的和持续的任务就是去杠杆，当局的任务是在用杠杆和去杠杆这两者之间保持一个平衡，保持一个协调。

第三，应当是稳杠杆。既然现代社会的运作都是基于杠杆化的，那么去杠杆就不是无条件的，不能说我们什么都不顾，就是要去杠杆。比如把洗小孩的水连同小孩一起泼出去了，这显然不是我们要的。我们要把小孩留下来，把脏水泼掉，把杠杆有利于经济发展的方面留下来，把它造成金融风险的那部分去除，就是去杠杆之要义。

国务院副总理刘鹤同志关于当前的金融形势以及发展金融应当遵循的原则，用了一些非常简单能够理解的话。首先他说，在中国面临的各类风险中，金融风险尤为突出。所以中国将争取用三年左右的时间，使宏观杠杆率得到有效控制。这个目标、任务都已经提出来了，然后他说下一步的金融工作，我们要遵循以下四条。

第一条，做生意是要有本钱的。你想做生意吗？先把自己的钱掏出来，想空手套白狼是不行的。问题就是我们很多人就想空手套白狼，我们的制度存在很多的缺陷，让一些人得以空手套白狼，所以大家就特别爱做这种暴富梦。

第二条，借钱是要还的。既然借钱就要还，不要想着借了钱不还，那杠杆就断裂了吧，然后整个经济就陷入危机。

第三条，投资是要承担风险的。没有免费的午餐。

第四条，有坏人做生意不想掏钱，有坏人借钱不想还，有坏人投资不想承担风险，最坏的人是搞欺诈的。这些人是要付出代价的。

我觉得刘鹤副总理这些大白话，把我们今天的主题说得很清楚，同时也把我们金融的基本原则说得很清楚，这应当成为我们今后的基本遵循。

三、去杠杆的两个基本原则

有些人觉得去杠杆，去掉就行了，我们大家互相之间都不相往来，自己干自己的。那就回到了农耕社会，这是我们不希望看到的。既然还是要用杠杆，那么里面到底有些什么关键点需要我们把握呢？

两个点，第一个就是要确保你的债务是用于生产的。这是问题的核心了。借钱干什么？借钱去赌博，那肯定不能借，借给你就祸害社会，借给你你是不可能还的。那么我借钱去开发、去生产、去搞高科技，而且生产出来之后还会有更大的利润，不仅还你的钱，我自己还赚得盆满钵满，这个债务我为什么不给你呢？这个杠杆我们为什么不支持呢？所以核心在这里。借钱干什么或者说借钱之后是不是对应地形成了资产，这是一个判断。

第二个就是现金流如何。借钱去投资，一般要经历很长时间，这个时候要保证财务操作不断地有现金流产生。而且这个现金流能够和还款要求相对称，这样就没问题了。现在社会上出现了很多事情，就是现金流断裂了，断裂了就要借。金融就干这个事的，它是在时间上做配置，所以要有稳定的现金流。中国经济现在已经到了一个阶段，如果说前一个阶段企业主要追求高利润的话，那么今后中国的企业主要追求稳定的现金流，高利润时代基本上一去不复返了，这个很大的一个变化。

四、去杠杆六策

古典去杠杆非常简单，那就是银行倒闭、市场狂泻、企业倒闭、失业增加，大家什么事都没了，其实说起来，去杠杆最简单的办法就是关门，没有资产，也没有负债了，哪还有杠杆呢？这是最简单的，但是关门了，那个债主怎么办？企业关门了，没有就业怎么办？所以这种古典的去杠杆办法是很野蛮的，为现代社会所不容、所不愿意用，所以我们现在看不到古典式的去杠杆。但是问题又来了，那我们用什么办法避免古典式的去杠杆呢？我们就用量化宽松货币政策，无条件地在市场上投放资金，这是现代去杠杆的办法之一。这次危机十年，全世界银行倒闭只有三起，金融市场没有狂泻，但是它使这个去杠杆、反危机的过程拉长了。这就是为什么我们反复地说去杠杆重要，但绝对不是唯一重要，我们要保持经济稳定和去杠杆两个目标同时实现，它将是一个很长的过程。

那现在去杠杆有哪些措施？

第一，偿还债务，还钱。借钱还钱，天经地义，既然杠杆很高了，借钱借得太多了，把借的钱还掉！但说起来容易，做起来难，因为没钱才搞杠杆，唯一的办法是卖资产。但如果大家都卖资产，会发生什么事？价格变低了，大家都卖就没有买主了，宏观效果是极坏的。所以资产的价格，特别在资产市场上交易，有宏观、微观之别。

第二，债务减记，划掉。它的行为跟赖账是一样的。你销、我销、大家都销，还有什么商业纪律，还有什么规则，还有什么法制？这个社会就没有市场经济了，所以一般来说不要去减记，因为它打压市场信心，导致信用萎缩。

第三，通货膨胀。我本来欠你100元，通货膨胀率50%，第二年可就只剩50元了，再涨50%就只剩25元了，所以两三年那个债就没了。战后日本、德国在战争期间高额的政府债务就是通过通货膨胀两三年就没了，那时通货膨胀百分之二三百，债务根本就不当一回事了。通货膨胀非常有吸引力！但也非常有杀伤力！

第四，现有金融资产价值重估。把股票价格炒上去，持有股票的人资产马上就多了。还有一个就是房地产，把它搞上去，每个人都很富了。其实它的本质是用杠杆率替换资产的膨胀、资产的泡沫，到底哪个好一点，哪个更坏一点？很难说。所以我觉得恰当地来形容这件事情，就是前门拒狼，后门引虎，狼和虎，都不是我们所要的东西。

第五，转移。我的杠杆转移，A企业转到B企业，居民转到企业，企业转到居民，就是在这样一些政府之外的部门之间转。这也是办法，但是谁愿意收呢？特别在危机的过程中价格不断地下跌，就没有人再去买了。最后只好政府出手，财政部买。它买了之后，今天日子过去了，明天怎么办？后天怎么办？今天你支出，你的赤字是明天的课税，明天的人愿意不愿意接受？于是就会有各种各样的抗议。那么还有一条路——央行承接。在现代的中央银行制度下，央行放水实际上是通过购买的方式放的。你这个企业不是不行了吗？我把你的股票头来，钱给你了，你渡过难关。你过了，然后社会上其他人在洪水之中，到一定时候，如果你是一个负责任的机构，就会想办法再把它收回来，但是覆水难收，缩表是很困难的。

第六，分母对策。刚刚分析的都是分子对策，分子对策的是不良资产，是债务吗？我们看看分母。因为杠杆率是一个分子对分母的关系，分母不就是GDP吗？分母大一点，上面的不就小一点了吗？所以GDP如果增长，是可以去杠杆的，但是要想让GDP稳定地增长，谈何容易。在现代金融和实体经济关系的情况下，要想让 GDP 增长还得放水，就是说在分母上去杠杆，还会以在分子上加杠杆作为一个补充，结果到底是加杠杆还是去杠杆还说不定呢。问题复杂就是复杂在这里。但是我们的党中央有一个决策，在 2015 年讲"三去一降一补"的时候，是放在供给侧结构性改革这个总题目下的。不用货币政策也不用财政政策，就用实体经济的政策。鼓励企业投资，鼓励大家调整结构，鼓励使用新的技术来促进经济增长，所以整个宏观调控调到供应侧方面是非常英明的，所以我们叫作分母对策。虽然不能立竿见影，但它是一个不危及经济健康状况的一个治本之策。

我们大概归纳一下，第一，去杠杆是没有万全之策的。第二，去杠杆是紧缩政策。第三，去杠杆是经济恢复的前提条件，因此必须坚定不移地实施，但是在经济稳定和去杠杆之间一定要找到一个平衡。政策选择是有优先次序的，当经济增长遇到一些问题的时候，我们会优先选择保经济成长，因为它是解决一切问题的基本手段。

五、去杠杆到了哪一步？

为了使我们对中国去杠杆有一个把握，我们先比较一下美国的情况。它的债务从住户、金融机构和非金融机构转到了政府名下：我承担，你们轻装前进。它的金融问题基本过去了，但是它的财政问题刚刚开始。奥巴马政府时候搞过财政悬崖，国会说不给钱，不给钱关门！那么我们知道特朗普政府采取的是减税，减税是减少收入、增加赤字的事情，也许减税长期而言使企业有了活力，过了几年企业创造利润，然后增加了税收、收入，但是短期内它的财政状况一定是恶化的，所以是一个很大的挑战。

现在我们来看中国的情况。2008 年之前中国的非金融部门，也就是政府、居民、企业、非金融企业杠杆率很稳定，而且很低。2008 年国际金融危机来了，而且冲击到中国，中国 4 万亿元的财政刺激、9.6 万亿元的新增银行贷款投下去，迅速地抬高了杠杆率。2015 年中央决定去杠杆，2017 年产生了效果，2018 年继续有效果。

下一个是居民，居民部门这个杠杆率也是从 2009 年突然上涨，我们鼓励居民借钱买房、借钱消费、借钱旅游、借钱装修，于是杠杆率就鼓励上来了。中国居民部门不能再加杠杆了！

另一个是金融部门，金融部门的去杠杆比较显著，但因为金融部门对着实体部门，如果金融部门去杠杆过急、过陡，那么实体部门就没钱了，现金流不稳定，流动性短缺，就会出现经济下滑的情况。

中央政府和地方政府的杠杆率上升得不算特别快。2014 年上升得比较快，2015 年有所下降。那是因为 2015 年财政部有个文件，将地方政府的融资平台算成企业了，也就是说以前统计在地方政府账下的那些债务、那些杠杆率，从此被划为企业了。

总结一下，去杠杆需要瞻前顾后、综合统筹。第一，中国的所谓债务问题，所谓杠杆率过高的问题，主要体现在企业上，企业的问题主要体现在国企上，国企的问题主要体现在其中的"僵尸企业"上。

第二，地方政府老借钱。现在基本上是所有的事情一股脑儿压到地方政府，让它干，它又没钱。没钱它先卖地，现在没地卖了，开始借钱。所以地方政府的债务问题是一个体制问题，所以必须从体制上解决。首先是厘清政府和市场关系，少干它不就不借钱了吗？然后是厘清中央政府和地方政府的事权和财权关系。

第三，去杠杆要处置风险。去杠杆核心问题是中间的不良资产问题，如果借的钱形成很多优良资产，这个杠杆就不用发愁。问题是借了钱搞了一个资产它卖不掉，或者它不赚钱，或者变成了半拉子工程，这个时候就要处置风险，就要掏钱把这些东西买下来。

第四，加强对大资管行业的监管。在加杠杆的过程中大资管是难辞其咎的，大量的资金从银行的资产负债表"走出去"，从场内走到场外。还有很多借互联网，借新的金融科技做金融业务，现在我们看到里面有很多的嵌套、有很高的杠杆率，我们要把它解决掉。

最后，宏观杠杆的主要来源，特别是它的债务的主要来源是货币发行。所以如习近平总书记所说，去杠杆千招万招，管不住货币供应就是无用之招。所以货币政策稳中趋紧就是我们既定的一个方针。

六、未来去杠杆有何目标？

一开始我们很简单地说，去杠杆，"三去一降一补"。然后我们发现这个粗糙了，开始叫作结构性去杠杆。结构性去杠杆主要去企业的，尤其是要去国有企业的。结构性去杠杆这还不够，我们要让它稳，平滑地过渡，所以就稳杠杆。那么到了稳杠杆的时候，一个概念就呼之欲出了，就是杠杆是可持续的。就在现代经济条件下，在杠杆运作构成整个金融运行基础的情况下，我们追求的目标是让杠杆是可持续的。

我们的研究显示，最近几年常常显示出不可持续，也就是说我们整个经济的利息支出很大，它对应的一面，就是金融部门的增加值很高。如果你利润高于我的成本，那我就不可持续了。我特别要呼吁，去杠杆就是要减少实体企业的债务，主要是减少实体企业借债的成本，这是问题的关键。我们在供给侧结构性改革上简化为三个字——"破、立、降"。降就是降成本，包括利息成本、税务成本、各种制度性成本，企业负担太重了，企业如果不好哪有经济？

最后强调一下，去杠杆必须综合施策。去杠杆是一个金融问题，要解决，需要一个全面的安排：（1）去杠杆要推进企业改革、国企改革；（2）我们债务处理的目的是改善企业环境，所以民企要获得和国企同等的待遇；（3）要严格遵循市场化原则，别动不动就划账；（4）要于法有据，我们遵循什么法，用什么方法处置这笔资产，一定要于法有据。总之，我们要把整个处置杠杆过高的问题，放在社会主义市场经济的基本原则上，如果这样做的话，我们去杠杆就一定能够获得成功。

变局百年未有，中国经济如何有效应对？

·陈文玲·

中国国际经济交流中心总经济师、国务院研究室原司长，知名经济学家。她长期致力于国际战略、国际经济、宏观经济、流通经济等方面研究，主持研究了相关中美关系、国际经济形势、"一带一路"、中国宏观经济及对外开放等重大课题。多项政策建议被采纳，转化为国家战略、决策或政策。

导　语

进入 21 世纪，世界经济风云骤起，变幻莫测。2008 年席卷全球的金融危机阵痛未消，近两年影响全球经济的各种突发事件又接踵而至。英国脱欧跌宕起伏，欧洲经济几家欢喜几家愁；石油美元"一家独大"的格局，面临瓦解，国际金融市场变数时隐时现；单边主义、逆全球化趋势频频挑战世界贸易组织规则，多边贸易体制正经历复杂考验；世界范围贸易壁垒增加，经济全球化进程遭遇重重阻力……国际局势错综复杂，经济格局悄然变化，背后深层次的原因究竟是什么？2018 年 12 月，中央经济工作会议指出，"世界面临百年未有之大变局，变局中危和机同生并存"。百年未有之大变局该如何理解？面对复杂多变的国际形势，中国经济该如何化解风险，在危机中找到高质量发展的动力？

扫描二维码即可观看完整视频

变局百年未有，中国经济如何有效应对？

◆ 录制时间：2018 年 12 月 12 日

◆ 编　　导：朱咏梅

一、世界变局源于哪些深层次的矛盾？

第一个矛盾是贫富之间的矛盾，富国越来越富，穷国越来越穷。在联合国的 197 个经济体中，排名前 10 位的经济体，它们创造的 GDP 占了全球的 80%。排名前 11 位到前 20 位的，占了全球 GDP 的 10%。剩下的 170 个国家，它们所产生的 GDP 仅占全球的 10%。综观全球，富国和穷国的差距越来越大，穷人和富人的差距越来越大。贫富问题，是世界上普遍存在的问题，它也是人与人之间不公平的、最大的矛盾和问题。

第二个矛盾是南北矛盾，所谓南北关系是指发达国家和发展中国家的关系。第二次世界大战以后，发达国家的经济总量占全球的 70% 左右。第二次世界大战之后形成的国际机构、国际秩序、国际规则，基本上代表的是发达国家的利益。而发展中国家、新兴经济体，它们现在的体量越来越大。到目前为止，它们已经占全球的 56%，发达国家现在下降到 44%。所以，现在的南北关系，发达国家和发展中国家在国际上对话语权、主导权、规则制定权的竞争和博弈，在某种程度上和在一定时点上会非常激烈。

第三个矛盾是新旧矛盾，互联网、物联网、人工智能、云计算导致了新经济动能的产生，旧的商业业态正在被新经济、新动能、新技术所替代。1996 年，我们国家才开始引入国外的沃尔玛、家乐福这样的零售企业。现在，国外所有的商业业态，中国都有；国外没有的商业业态，中国也有。移动支付率 2017 年年底达到了 77.2%，2018 年已经超过 80%。中国在 37 个城市设置了国家跨境电商的试点，2017 年电子商务的交易额达到 24 万亿元，2018 年突破 30 万亿元。用互联网、物联网来发展共享经济，调配存量资源，是很成功的。但是，一方面这种新的动能、新的业态、新的商业模式与经济之间的联系越来越紧密；另一方面旧的思维方式、旧的管理流程和这种新的业态之间、管理之间的矛盾越来越多，所以这种新旧之间的矛盾是非常激烈的。

第四个矛盾是全球性的收支矛盾。换句话说，就是高债务和低保障水平之间的矛盾。按照国际金融协会的统计，现在全球的债务已经达到了 247 万亿美元，这是有史以来的最高水平。美国的主权债务已经达到了最高水平

21.8 万亿美元（这是 2018 年 10 月公布的数字），政府主权债务占它的 GDP 总量已经达到了 106%。日本的债务规模已经占其 GDP 总量的 260%。欧洲平均是 95%，但是有些国家的债务率还是很高的，比如说希腊已经达到 179%、意大利是 138%、英国是 89%，但是支出是比较拮据的。比如说美国，它计划修一个和墨西哥之间的"长城"：美墨墙。修了半天，现在还没有什么成效，到位资金不到 10%。又比如北欧，都是高福利国家，现在正在减少老百姓的福利。所以，现在这些国家遭到了空前的挑战。对一些贫困国家来说，它们的财政能力就更加不足，社会保障能力就更加不足。所以我觉得收支矛盾，也是现在世界上非常突出的一个矛盾。

第五个矛盾是单边主义和多边主义的矛盾。第二次世界大战之后美国主导建立的国际秩序、国际规则使全球保持了几十年的和平发展，这样的一个国际秩序和规则是多边的。但是现在美国的一系列做法，都是单边主义的。采用的所有这些措施，都是用国内的法规、国内的标准，然后凌驾在其他国家的利益之上，凌驾在全球的规则之上。所以，现在单边主义和多边主义，经济全球化和逆全球化，以及这些规则、行动之间的博弈，是空前激烈的。

第六个矛盾是开放和封闭之间的矛盾，现在比以前更加激烈了。改革开放 40 多年，我们走了一条开放的大门越开越大的道路。从 1978 年开始，广东最早承接了第一单加工贸易。到 2001 年 12 月中国正式加入世界贸易组织，开始了制度性的开放、高标准的开放，和世界真正接轨的开放。我们国家非常好地履行了加入世界贸易组织的承诺，我们废除了 20 多万部地方的法律法规，废除了 2000 多部国家和相关部委的法律法规。2006 年 12 月，5 年期满的时候，我们国家的关税从 15.3% 降到了 9.8%，开放领域达到了 102 个。2006 年的时候，世界 500 强有 480 个已经落户到中国。有的国家还说中国不开放，还要走回去？中国从开放中获得了这么大的好处，获得了这么多的发展机会，为什么要回去呢！相反，有些国家原来是开放的经济体，有成熟的市场经济机制。现在呢？正在走封闭的道路，修墙，这是物理上的隔离；高关税，是在关税的高墙上隔离；限制高新技术产品出口，是在产业链上的隔离。开放代表着未来、代表着光明、代表着发展，封闭肯定是要后退的。

第七个矛盾是实体经济与虚拟经济之间的矛盾。世界经济是由两种基本经济形态构成的，实体经济与虚拟经济。但是两者必须要匹配，实体经济是产生虚拟经济的基础，而虚拟经济是实体经济产生的增量。实体经济和虚拟经济不存在谁优谁劣的问题，也不存在应该有谁、不应该有谁的问题，两者必须都有，但是不能失衡。当虚拟经济超过实体经济、过度膨胀的时候，虚拟经济的大厦就会坍塌。有一些炒家用区块链技术做比特币，把这个虚拟的大厦建得非常宏伟，在这个过程中他赚了钱、出来了肯定就发了；但是那些没赚钱的，肯定被这无形的、坍塌的大厦永远地淹没了。

第八个矛盾就是老龄化和社会保障之间的矛盾。美国和欧盟这些发达国家在1950年就进入了老龄化社会，日本在1970年就进入了老龄化社会，美、日、欧现在叫"深度老龄化"。未来老龄化和社会福利保障之间的矛盾是全球性的。

第九个矛盾是多元文明和文化的冲突。它既有宗教之间的鸿沟和冲突，也有不同价值观之间的鸿沟和冲突，也有代际的冲突，也有不同文化习俗的冲突。所以，在这样一个多元的世界中，没有一个文化是可以替代另一种文化的。这种多元文明的存在，是世界经济相互借鉴、扬长避短、形成世界发展的组合动力，是非常重要的文化渊源。哪一个国家，没有发展的要求？哪一个国家，没有发展的梦想？都有！但这种梦想和要求，要建立在多元文化、文化的包容、文化的交融之上。只是这种矛盾远远没有解决。

二、全球经济格局正在经历怎样的变革？

1. 国际贸易格局正在发生调整与变化

第一，多边的贸易规则正在受到挑战。美国从2017年开始一直宣称世界贸易组织对美国不公平，它主张取消世界贸易组织规则中的差别对待。世界贸易组织规则中，发展中国家和发达国家采用的是有区别对待的政策。发达国家税率一般比较低，发展中国家的关税比较高。美国认为，世界贸易组织的这些规则对它不公平。2018年5月，第一场辩论会在瑞士的世界贸易组织召开。主辩是由我们驻世界贸易组织大使张向晨，和美国驻世界贸易组织大使谢伊，共有三场辩论会，20 多个国家参加。这 20 多个国家几乎都是站在世界贸易组织多边一边，都是支持中国的。所以，这个多边代表谁的利益，用什么样的多边原则，世界贸易组织改革向何方去，都摆在世界面前。

第二，贸易会随着产业的转移、要素的重组，贸易的方向、贸易生成地都会发生很大的变化。原来是出口导向，现在是进口战略。2018 年中国在上海举办了首届中国国际进口博览会，3600 家企业参展。我们既买全球又卖全球，我们在中国搭建的这个贸易平台，就是未来全球的国际贸易枢纽，就是国际贸易的中心、国际贸易的集散地。所以未来我们要配置新的贸易资源。

第三，全球贸易结构发生了非常重大的变化。第一次世界大战的时候，甚至到第二次世界大战时期，贸易品基本都是最终产品。但是现在不同了，全球制造，产生了全球的产业链，大量的进出口是中间品。

第四，贸易方式发生非常重大的变化。过去主要是三种贸易形式：一般贸易、加工贸易、小额边境贸易。现在由于互联网、物联网的发展，大数据无障碍地传输使跨境电商成为平台，无数产业链上的企业、消费者、供应商能够集聚在平台上。因此，它就变成了一种市场集成、贸易集成、贸易流量发生改变的新的贸易方式，我们管它叫"E 国际贸易"。这种贸易方式会倒逼世界贸易的规则进行改革，比如说要形成跨国界的大流通体制，无障碍的大通关体制，使参与贸易的所有国家、所有企业、所有环节的贸易成本下降、贸易效率提高。

2.国际制造业格局正在发生调整与变化

第一，制造业格局将发生重要的调整和变化。贸易之争关键在于制造业之争。从世界产业格局来看，大体上经历了四轮产业转移。第一轮，制造业的中心是英国。第二轮，在美国，它的制造业产值曾经占世界制造业产值的 50% 以上。第三轮，从美国转移到日本和德国，还有亚洲"四小龙"。第四轮就转移到了中国。第五轮产业转移正在开始，向东南亚、南亚、非洲、拉丁美洲这些地区转移，特别是服装、鞋帽、箱包。可以到全世界的日本优衣库连锁店去看一看，现在的纺织、服装、鞋帽，里面的中国制造已经不太多了，有很多是越南、马来西亚、印度尼西亚、孟加拉国等国家制造的。而导致产业转移的主要原因有三个：第一个是科技革命；第二个是资源环境的承载能力；第三个是成本驱动。所以这五轮产业转移，我觉得每一轮都有它的机理。

第二，全球的产业链将重新布局。产业的高端会越来越集中在创新能力强的地方，而产业的中低端会越来越集中在那些资源密集的地方，配置成最终产品的环节一定会靠近市场。我们原来有六个国家实验室，未来还要建立一批国家实验室。我们就是要使产业链的高端，或者顶端能向中国转移，就必须有这种核心技术的研发能力，必须有原创性的研发成果。所以，对中国来说，面向未来的整个国际产业格局的变化，既是挑战也是机遇。

第三，智能制造、人工智能的普遍应用将改变生产方式，替代人的体力劳动，部分地替代人的脑力劳动，它将使制造业发生非常大的变革。中国制造现在是全世界最完备的制造体系，我们从中低端向中高端迈进，有些已经走到了高端或者顶端。在这种情况下，中国的智能制造将得到极大发展。例如，日本的机器人，1/3 是中国在进口；中国现在也有接近 200 家机器人的制造工厂。我们无人机的制造在全世界排第一位。所以，智能制造未来在中国、在世界，都是制造业发展、制造业格局发生变化的非常重要的方面。

第四，高端制造在向知识高地、创新高地、知识保护高地转移。以新加坡为例，2016 年世界银行关于全球营商水平的评价，它排在全球第一位。新加坡的知识保护体系是全球最完备的，企业投资环境也是全球最优的，全球 1/10 的芯片企业现在集聚在新加坡，全球 40% 的高端硬盘产品也源于新加坡。所以，要真正使我们国家的产业迈向中高端，就必须使我们成为创新高地、知识产权保护的高地。我们国家建立了三个知识产权法院：一个在北京，另一个在上海，还有一个在广州，建立了 16 个知识产权的法庭。所以，现在的制造业之争，它不仅仅是贸易之争，也包括产业创新能力和知识产权的保护能力、保护体系、保护水平之争。

3.全球能源格局正在发生调整与变化

第一个变化，世界能源的转型处在十字路口，能源从总体上的短缺将变成总体上的过剩，或者是供大于求。原来谁掌握石油，谁就掌握世界，因为那时候石油是稀缺的。但是现在，石油被快速发展的天然气替代一部分，被风能、水能、生物质能，还有其他的可再生能源替代一部分，被清洁能源、核能替代一部分。供给是多了，不是少了。

第二个变化是能源的供求关系和结构发生了非常大的变化。美国的页岩油革命，使美国现在成为出口国，它的日产量已经超过1100万桶，超过了沙特，超过了俄罗斯，排在第一位。还有水能，比如说老挝，几年前还是一个极其缺电的国家。"一带一路"倡议提出来之后，中国有13个能源企业进去，现在的老挝成为能源输出国，向缅甸卖能源、向泰国卖能源、向越南卖能源。所以，未来的能源供给，总的来说是过剩的。

4.全球金融格局正在发生调整与变化

第一个方面，美元作为准世界货币的体系现在受到了质疑和挑战。现在说美元是张纸，它不再跟黄金挂钩，不再跟任何实物挂钩，石油结算又必须用它，所以它就是实际上的国际货币，它印一张货币就能换得同等价值的实物量，所以美国就可以"割羊毛"。现在美元在贸易结算货币分布中占不到40%，在储备货币中占62%。现在有十个国家，已经决定石油结算的货币不使用美元了，包括俄罗斯、委内瑞拉、安哥拉、巴基斯坦等。欧盟主席就提出来要用欧元结算，要创立欧元结算体系。特别是石油输出国，现在开始用本币，或者是像我们国家现在建立了"石油人民币"，就是人民币石油期货可以和黄金挂钩。所以我觉得美元体系现在正遭到质疑和挑战。

第二个方面，多元货币体系、多元结算体系、全球的债务体系都会发生变革。特别是货币互换，我们国家现在已经和28个国家签订了货币互换协议，和日本是2000亿元人民币，和英国签了3500亿元人民币。我们现在货币互换的协议已经超过4万亿元人民币，人民币的使用价值在快速地上升。

5.经济发展动能与动力源正在发生调整与变化

第二次世界大战以后几十年，拉动世界经济增长的火车头是美国。但是从 2008 年国际金融危机以后，中国成为世界经济增长的火车头。中国近十年年均对世界经济的拉动占世界增量的 30.6%，是对世界增长贡献最大的国家。最近国际组织对各个国家的创新能力进行排名，中国从过去排名几十位以后，现在上升到了第 17 位。现在各个国家都在出台创新的政策、国家战略，包括美国出台了 3 次国家创新战略，印度出台三年行动计划、七年设想、十五年蓝图，以及印度尼西亚的海洋支点城市，各个国家都在走创新发展道路。但是整个世界的创新，不是说一个国家就永远是创新源，平均 60 年到 70 年有一次大的转换，将由这种颠覆性的技术、原创性的技术，带来研发、创新、技术变革，从而引发新一轮创新源的变化。

三、中国经济如何化危为机、随机应变?

党的十九大报告已经提出了未来几十年中国发展的宏伟蓝图。2035 年实现社会主义现代化，到 2050 年本世纪中叶要建成社会主义现代化强国。第一个方面，未来几年，中国的经济会延长四个周期。

第一，会延长我们的战略机遇期。党的十六大文件提出，未来 20 年，中国处于重要战略机遇期，目前这个战略机遇期没有结束，新的战略机遇期正在开始。新的战略机遇就是现在一系列的重要战略布局，包括"一带一路"、京津冀协同发展、长江经济带战略、粤港澳大湾区等一系列国家大的战略安排。

第二，会延长经济发展的周期。我国经济高速增长已经持续了 40 年，40 年的平均速度是 9.2%，近 5 年的平均速度是 7.2%。但是我们现在的 7.2%，每上升 1 个百分点，相当于 5 年前的 1.5 个百分点，相当于 10 年前的 2 个百分点。而我们现在的每个百分点，就是 1226 亿美元，我们 7.2 个百分点，就是 8000 多亿美元，相当于一个中等发达国家的经济总量。"十二五"期间我们定的目标是 6.5%，那么"十四五"期间，在未来 10 年我们如果能够持续到 5% 以上的增长速度，那样的话，我认为中国的中高速增长将保持半个世纪，这是人类发展史上的奇迹。

第三，会拉长制造业繁荣的周期。如果说我们原来的产业转型升级强调的是服务升级，那么在某种程度上，这又很可能产生我们制造业的"空心化"。这一次世界级的贸易摩擦，使我们懂得了一个道理：制造业是强国之基、是强国之本，所以我们制造业的繁荣周期一定会拉长。

第四，会延长每一个消费者的生命周期。预期寿命延长了，消费周期就会延长。因此，我们现阶段基本矛盾的变化，就是满足人民群众日益增长的对美好生活的需求和发展不平衡、不充分之间的矛盾。这个需求是全生命周期的。

这四个周期，我觉得会延长，这个延长就是我们综合实力的提升，就是中国真正强起来的过程。

第二个方面，未来几年中国经济会迈向四个"中高"。第一是经济会保持中高速。第二是产业会迈向中高端，有一些会迈向高端，个别的可能会在短期内实现突破，到顶端。第三是我们将实现全体人民的中高收入水平。第四是劳动者会向中高级人才为主的劳动队伍迈进。我们现在大学生每年有800万人，硕士生、博士生每年几十万，有一个非常巨大的人力资本容量。我们现在有600多万高级技术工程人才，这在很多国家是难以找到的资源。

我们未来的目标，在10年之内，我觉得我们会实现四个100%。第一个100%，我们会实现全中国14亿人100%脱离贫困。全球还有8亿多人是绝对贫困，处在饥饿之中，而中国14亿人100%脱离贫困，这是对人类的重大贡献。第二个100%，我们将实现100%的全民社会保障。第三个100%，我们会实现100%的网络全覆盖。而这个网络全覆盖，是指未来5G的全覆盖和下一代信息技术的全覆盖。下一代信息技术实际上已经开始推行了，包括下一代的智慧城市、无人驾驶、下一代的语音技术。国家的创新体系，加上企业的创新能力，中国将成为世界上信息基础设施最完备的国家，这是非常了不起的。第四个100%，希望金山银山全变成绿水青山。现在实行河长制、湖长制，水、空气都在发生好的改变。要实现100%绿水青山，是我们的梦想，需要我们共同努力。

坐稳扶好，中国经济如何完成"起飞"?

· 海 闻 ·

北京大学原副校长、现任北京大学校务委员会副主任、北京大学汇丰商学院院长。1977年考入北京大学经济系，毕业后即赴美留学，获得加州大学经济系博士学位，并在福特路易斯学院获得终身教职，而后成为最早"海归"的几位经济学家之一。海闻参与创建了国家级智库北京大学中国经济研究中心（现北京大学国家发展研究院）并担任院长，使之成为中国最国际化的商学院之一。2017年，海闻为诺贝尔经济学奖得主在中国建立了研究所，又到牛津创建了北京大学汇丰商学院英国校区，把教学科研平台搭到了现代经济学的发源地。

导 语

改革开放 40 多年来，中国经济高速增长，以年均 9.5% 的增长速度创造了令人瞩目的中国奇迹。然而近年来，面对错综复杂的国际国内环境，民间投资乏力、居民消费疲软、一些企业生产经营困难，GDP 增速放缓，如何理解中国经济的现状与未来？ 2018 年 12 月 19 日，中央经济工作会议指出：当前的问题是前进中的问题，既有短期的也有长期的，既有周期性的也有结构性的，要增强忧患意识，抓住主要矛盾，有针对性地加以解决。特别强调，我国发展还处于并长期处于重要战略机遇期，经济长期向好的态势不会改变。未来我们靠什么提振经济、持续发展？

扫描二维码即可观看完整视频

坐稳扶好，中国经济如何完成"起飞"？（上）

◆ 录制时间：2018 年 11 月 18 日

◆ 编　导：马宁

坐稳扶好，中国经济如何完成"起飞"？（下）

今天我讲的题目是"中国未来经济"。题目看起来很普通，但是我们现在所要面对的问题，其实是比较具有挑战性的。

一、如何看待当前的经济指标？

首先我们来看一下中国当前的经济。中国经济目前所处的时间，应该讲是我们改革开放 40 年以来经济增长遇到比较大挑战的一段时间。短期的原因当然跟我们经济周期有关系，只要搞市场经济，每过十年左右，它就会有一个周期、一个调整，这是一个很正常的现象，所有的市场经济国家都会出现这种情况。加上中国 2018 年的经济增长还受到了外部条件变化的影响，包括中美之间的贸易纠纷等，是我们一个短期的因素。那么除了长期的放缓和短期的波动以外，中国还有一个特殊原因，是我们正好进入了一个中等收入阶段。为什么这个中等收入重要呢？所谓中等收入就是说当人均 GDP 发展到了 5000 美元左右或者以上的时候，经济会遇到一个新的挑战，是个转折点。这个转折点实际上是从人们追求物质生活为主转变成追求生活质量。需求已经上去了，供给到底能不能满足？在中等收入以前人们关心的是物质生活，如 20 世纪 70 年代末，改革开放首先解决的是要吃饱饭；80 年代主要解决的是穿衣服、戴手表，我们叫轻工业；到了 90 年代，我们追求的是耐用消费品，当满足了自行车等以外，我们需要有电视机、冰箱还有空调等。当这些解决了以后，21 世纪以来我们追求的最主要的物质是汽车和住房，因为到了一定程度以后，我们要改善我们的居住条件，要改善我们的出行条件等。那么这些东西基本上称为物质方面的需求。我们现在追求什么呢？我们开始追求生活质量，比方说清洁的空气，优质的服务，包括健康、文化、教育等，它跟早年发展初期的需求是不太一样的。所以这时候产业结构到了一个需要进行大转型的阶段。这是我们现在存在的一个主要问题。

这就是为什么我们现在要提供给侧结构性改革。因为现在需求到了新的阶段，但是供给现在不能跟上。比方说我们对教育的需求，它并不是说我给学校盖了个房子就有教育，而是需要有优秀的老师，需要有科技的发展；比如说衣服，追求的是品牌、时尚、独特；比如说家具，追求的是环保等。

所以说现在的产业转型和以前的产业转型是不同的，它不完全是质的变化，更多地取决于技术；现在不光要高科技，还要有高素质的人来提供这样的服务，所以这个转型并不是那么容易。

总而言之，我们来总结现在的经济状况。有些省份的地区生产总值增长超过10%，包括福建、广东、浙江、江苏仍然超过8%；但是另外一些省份是2%、3%。看行业的话，农业的增长速度是3.9%—4%；制造业是6%左右，而服务业仍然能保持8%左右的增长。所以每一个行业是不一样的，每个地区也不一样。有一些地区刚刚开始起步，像西藏、贵州、重庆这些地方，它们增长非常快；但是有一些地方增长非常慢。那么增长快和慢的背后是什么问题？背后是产业结构问题。那些仍然处在以传统产业为主的省份，它的经济增长就很慢。因为它的需求已经受到了影响，人们已经不再需要这些低端的产品了，所以它就缺乏市场。但有一些地区，比方说像深圳、广东，它的产业结构基本上以高科技、高端服务业为主，看不出经济有衰退的迹象。所以我们评论中国经济的话，不能像盲人摸象一样，用一个地区或者一个行业，甚至一个企业的状况来简单下一个结论。

所以当前中国经济面临着一个产业转型的问题，就不简单的是一个宏观周期问题，也不简单的是一个总需求不足的问题，也不简单的是一个外部环境的问题。这个转型比以往要困难一些，需要更长的时间，需要科技的发展和人才的培养。所以当前经济要想成为一个新的增长点，需要有一定的时间，要比以往经济衰退的过程可能要更长一些。

二、如何保障中国经济持续增长？

我们从40年前开始改革开放，前30年平均增长速度都快到10%，最近这几年开始放慢，那么是不是意味着中国的这次增长奇迹已经进入尾声呢？因为东亚奇迹从20世纪60年代开始，亚洲"四小龙"包括其他一些国家发展特别快，也是百分之十几的增长；然后到了八九十年代，它们大概平均8%的增长；到了1997年东南亚金融危机，所谓的东亚奇迹基本上就结束了。当然它仍然会有增长，但是不像以前增长那么快了。

中国是不是已经到了这个阶段？有经济学家说，中国经济本来增长就过快，以前不正常，现在回归正常了。我觉得衡量中国经济不能简单地横着去和其他国家比，比如说跟发达国家比；也不是横着去跟其他不怎么发展的国家比，因为每一个国家的经济增长速度，跟它所处的历史阶段有关系、跟它自己国家的状况有关系。比方说美国、欧洲和日本，它们是一个高度发达的经济体，它要改善的空间是越来越小，所以它的经济增长速度不会很快。发达国家按照经验数据来看的话，它们正常的增长空间应该是 0—5%，要超过 4% 不容易。低于 0 的话，出现经济衰退，所以不能低于 0。但是它有 2%、3% 的增长的话，就相当于我们起码有 8% 的增长。美国曾经也有过我们这样一个快速增长的时期，我们将来也会到像欧美国家那样增长的一个比较慢的时期，比方说 2%、3% 的增长。但是中国现在还没到这个时候，所以说中国现在的 GDP 不要认为百分之六点几就是高了，中国还会继续保持一定高的增长率。

三、中国经济处在怎样的特殊时期？

1. 为什么说经济发展就像飞机起飞？

我们是一个转型中国家，我们还处在改革之中，这是有别于其他国家的一个特点。美国有个经济学家叫罗斯托，他认为一个国家在历史上有两个大的阶段：一个叫传统经济，另一个叫现代经济。传统经济基本上是以自然资源为基础的经济，自然资源的丰富程度决定经济的发达程度。现代经济就是不完全靠自然资源，更多的是靠科学技术。比方说新加坡、日本、北欧一些国家，它们的农业资源很少，但它经济很发达。工业革命是人类历史上的一个分界线，在工业革命之前人们基本上完全是靠自然条件。工业革命以后，一些国家发生了巨变，它的发展速度是过去几千年都不能比的，这是人类的一个突变。

罗斯托把这个比喻成飞机，他就说飞机有两种状况：一个在地上，要么停着，要么在地上滑行；要么就在空中。当然从地上到空中，中间有一个突变过程，就是起飞。一个国家，他认为或迟或早都会"起飞"，"起飞"以前必须具备什么样的条件才能"起飞"？最早"起飞"的是欧美国家，战后"起飞"的主要是东亚和南美。韩国和中国台湾，它们的经济跟中国大陆的经济是非常相似的，农业为主，人均 GDP 一百多美元。在 20 世纪 60 年代以后，它就发生了突变，整个 60 年代它们就开始引进外资、搞经济特区、然后通过出口贸易拉动经济。60 年代、70 年代、80 年代到 90 年代，通过将近 40 年的变化，它们都进入了新兴的工业经济，就不再是一个发展中的经济。

2. 中国经济如何"起飞"？

那么中国从什么时候"起飞"呢？可以说中国是从 20 世纪 90 年代初开始"起飞"的。1978 年我们开始改革开放，但是改革开放的初级阶段，80 年代是首先对人民公社进行了改革，然后对民营企业、个体经济进行了放松，所以说 80 年代的经济增长还不算"起飞"。它是恢复过去被破坏的机制。那么这个阶段虽然经济增长很快，但它不是一个根本的变化。中国的"起飞"从什么时候开始呢？是从 90 年代开始的。有几个特征：第一，我们工业发展越来越快，大量引进制造业；第二，农民开始进城，这是一个很重要的标志。英国工业革命的时候工业化和城镇化同时进行，就是说当我们在工业化的过程中、加速工业化过程中，农业相对变得不那么吸引人了。当工业部门起来了以后，它的劳动生产率更高、工资更高，所以更多的人被吸引到城里来，农民工开始大量进城，这才是中国经济"起飞"的开始。

3. 中国经济什么时候才能完成"起飞"？

经济"起飞"阶段它有两个特征：一个是速度很快；另一个是结构有变化。首先是产业结构的变化，"起飞"开始的时候，基本是以农业为主，然后以制造业为主，最后变成以服务业为主。到起飞结束的时候，这个国家的服务业起码要占百分之六七十，才算进入了一个现代经济。我们现在服务业刚刚过 50%，所以从这个意义上来讲，我们在产业结构上还有距离，还没有完成"起飞"所需要的结构变化。其次是社会结构的变化，在"起飞"刚开始的时候，大部分人是住在农村的，然后开始向城里面移民。到了"起飞"结束的时候，90% 以上的人口是居住在城镇的。中国现在城镇化率不到 60%，我们要达到 90% 左右的城镇化率，相当于还有 5 亿的人口要居住到城镇。这个需要多少年？韩国完成"起飞"用了 40 年。我们现在才用了 30 多年，这是中国历史上前所未有的特殊的历史阶段。我们很幸运正处在这个历史阶段上。

4. 在"起飞"过程中经济增速还重要吗?

在"起飞"阶段,经济增长速度仍然会很快。就像我们飞机还没有到一个比较安全的地步,这个地方就需要一定的增长速度。大家不用太担心GDP增长太快了,是不是过热?不一定。我们这个历史阶段,它就是GDP增长比较快,除了必要的动力以外,我们有一些额外的、这个特殊的历史阶段所产生的GDP。我们更注重的是要增加就业机会,能够吸纳从农村里转移出来的劳动力。中国是一架大飞机,我们"起飞"的过程可能需要比别人更长,一旦"起飞",我相信也需要更长的时间来完成。其实我觉得中国还不是一架飞机,实际上是一个机群。我们有几架飞机已经飞到了快要接近发达国家了,像沿海一带;但是有些飞机刚刚开始"起飞",像重庆、西藏、贵州。所以这是"起飞"当中的中国机群,特别对于年轻人来讲,中国还是有很多的机会,经济仍然会有一个很快且保持相对高的增长。

四、如何为经济"起飞"持续输入动力?

很多人总觉得中国现在这样发展的话,资源不够了,包括劳动力资源和自然资源,觉得将来不可支撑我们的持续发展。实际上对经济学家来讲,资源很重要,但更重要的是机制。改革是我们未来经济发展的重要动力,要把人的积极性充分调动起来。

中国的改革释放了人民群众创造财富的动力。改革的原动力都是普通老百姓。我们现在处在改革过程当中,并没有完成改革,我们离真正的社会主义市场经济还有相当长的距离,我们还有地方要改。我们要通过改革来创造新的经济增长动力。

五、我们得天独厚的竞争优势是什么?

在农业社会,国大不大无所谓,它更多的是一个国家的军事实力表现。但是在现代经济里面,尤其是科技成分越来越高的时候,它意味着市场大小决定你这个企业规模有大有小。诺贝尔经济学奖得主克鲁格曼当时最主要的贡献是什么？他揭示了现代贸易当中规模经济的重要性。克鲁格曼提到国家的规模、企业的规模很重要。为什么企业的规模很重要呢？因为高端的产品、高科技的产品需要有大量的投入。比如说现在的手机，它每生产一种新款的手机、每生产一个新款的电脑，或者每生产一个新款的汽车要投入大量的研发。大量的研发下固定投入的比重越来越大。如果我们没有足够的生产量、没有足够的市场，就无法从产品当中把这些成本要回来。当年有一个铱星公司，它科技非常发达，在全球有很多卫星，在任何一个地方都可以接收到信号。但它的投入很大，当时最低需要 7 美元一分钟。有谁愿意付 7 个美元去打这一分钟电话？很少有人有这个需求，所以它无法把它的科研成本和生产成本，通过卖这个产品来弥补。又比方说你投了 10 亿元研发一款新的手机，如果只卖一部手机，那是没人买得起的，它的研发成本就 10 亿元。但是如果生产 1 亿部手机的话，那研发成本分摊到每部手机里面只有 10 元，所以这就是为什么一个大的市场有如此重要。

总的来讲，中国面临很多挑战，但是从长期来看，中国仍然非常有潜力，只要我们坚持改革开放，相信中国仍然能够在 2049 年的时候，实现中华民族伟大复兴的中国梦。

六、中国经济未来增长靠什么？

1. 大力发展服务业

第一个重要的是服务业。因为人们的物质生活满足是有限的，再有钱的人不会每年增加一定比例的汽车，买多了也没地方放。物质生活到一定程度，不会增加太多，我们的差距就是服务业。美国的服务业占 80%，它的制造业非常发达，有飞机、有汽车，但是它的制造业只占 20% 左右；它的农业非常发达，但农业只占 1%。韩国 20 世纪 50 年代跟我们中国大陆差不多，但是它起飞以后有一个变化：人均收入上升，然后服务业上升，非耐用消费品在不断下降。

中国现在服务业仍然有发展的潜力。举两个行业：第一个是健康医疗。

经济越发达，人们愿意花在健康医疗方面的收入比重就越大。目前中国只有6%，很低，这是一个发展空间。第二个是文化产业，美国文化产业占比比较高，有25%，包括了电影、音乐、体育等。日本和韩国的比重也比较高，中国虽然也不错了，但在整个经济的比重当中，是比较低的。那么服务业为什么会成为我们经济增长的一个新的关注点呢？

首先服务业本身就是一个产业，它是经济的一个组成部分。服务业要发展的话，本身会推动经济增长，也会创造很多就业。我们也从服务业得到很多收入，同时服务业又帮助我们，通过为消费提供更多的便利，进一步地拉动经济。一个国家越发达，拉动经济的越是靠市场的消费，而不是靠投资。美国70%左右的GDP来自消费，我们现在的比重刚刚过50%，所以说，怎么能够让大家更多地消费，然后通过消费去拉动生产呢？服务业起了很大的作用。现在互联网对中国的消费起了一个很大的作用。

其次，服务业本身还会提高劳动生产率。比方说大数据本身是服务业，大数据需要人们来收集和运用这个数据。运用大量数据以后，生产效率就更高了。

最后，服务业还会增加产品的附加值。产品的附加值是由什么组成的？它不光是由制造业组成的，很大程度上它来自品牌。比方说中国的包和法国的包，价格差别在哪儿？其实质量的差异没那么大。之所以路易威登包卖那么贵，不是制造业的贡献，而是它的品牌。比方说某网站卖假货，假货的质量也不差，但是它假在品牌上。中国现在从科技和制造能力来讲，要生产路易威登的包绝对没有问题，但是你不能卖那个价格，你是假的。所以说现在这个商品，已不仅是它的使用价值，人们追求的是它的品牌，经济学里叫炫耀性消费。这个品牌的附加值不是来自制造业，而是来自服务业。服务业是增加附加值很重要的一部分。因此，服务业对经济的推动作用会越来越大。

2.加快实施城镇化

为什么说城镇化能继续成为拉动经济的动力？最主要的是城镇化本身会带来新的消费。城镇化是个必然趋势，我国现在起码还有30%的人口将来要居住在城镇。那这30%的人口就相当于还有将近5亿人将来要生活在城镇，那么城镇里面需要提供大量的基础建设。为什么农民一定要进城？因为我们农业的产值已经降到了只占 GDP 的 8%，但是我们农业的劳动生产力仍然超过 40%，什么意思呢？我们讲贫富差别，贫富差别很大的根源来自我们城乡产业之间的差别。

中国的城镇化率 2017 年年底的时候是 58%，这个问题需要改革，我们的城镇化是滞后于工业化的，城里是一个户籍制度、农村是一个土地制度。如果不进行改革的话，我们的城镇化会继续地脱离我们的工业化，这个问题会越来越严重。所以农民进城有两个必然的需求：第一个是工作的需求，他将来要致富，一亩三分地种的这些粮食是不能让他过上现代人生活的，这个差距很大；第二个是他的生活需求，农民也要追求生活质量。他不是说我在农村里买个汽车就可以了，我这个房子住的比你城里大也可以了，他需要在大城市里得到健康服务、医疗服务，还要文化、教育等。所以说发展城镇化，方兴未艾。

3. 创新整合制造业

中国的制造业并不是说不行了，而是到了一个转型升级的时候。一个是创新，另一个是整合。我们制造业在不断创新，既有科技的创新、商业模式的创新，还有新需求的引领。除了这之外，我们现有的制造业怎么办？中国制造业的特点是小而全，我们每一个行业有很多的企业。我举一个例子，中国的制造业——汽车。美国三大家、日本三大家、韩国三大家，而中国是 130 多家，但每一家生产的量都很少。那么要怎么样？要整合。每个行业有很多的企业，但是每个企业又涉及很多行业，现在一个企业和集团，里面业务很多很多，甚至建筑公司它也要搞金融，然后制造电脑的也会去投资，也有一个金融公司。这在初期没问题，因为初期市场空间很大，竞争没那么激烈。可是到了发达程度的时候，竞争越来越激烈，稍微差一点就会被淘汰。所以说，在全球化的背景下，这些企业尤其是制造业企业必须要专注。为什么要专注呢？有两个原因：第一，它有能力去搞研发。世界上的大公司每年的研发费用大约一百亿美元。我们公司小还在到处投房地产、分散搞这个搞那个，怎么可能跟这些专注研发的企业去竞争？第二，是降低成本的需要，中国未来的十年可能到了制造业需要兼并重组的阶段。美国在 20 世纪 90 年代末的时候，为了针对全球化的挑战，掀起了一场非常大的兼并重组。这个不是政府主导的，而是企业之间意识到的。比方说波音和麦道的合并，照理说波音很大，美国也就这两家主要生产民用航空飞机，它居然合并了。为什么呢？它看到的是空客、看到的是中国未来和俄罗斯未来的航空业的竞争，所以它进一步地合并。康柏和惠普合并，然后银行界又大量地合并。上市公司还在不断地重组兼并，最后形成更强的科研能力和市场能力。所以，中国的制造业未来要想适应我们的需求，既能创造很好的产品，同时又能降低成本，就要兼并重组整合。那么我们现在讲到供给侧结构性改革，确实是行业太多了，所以产能过剩，需要重组，所以我们还是要坚定让市场起决定性作用，我们企业要兼并重组以获得更好的效益和规模。

4.推进"一带一路"建设

"一带一路"既是我们将来发展的空间，也是我们发展以后的国际社会责任。我觉得中国也像企业一样，到了一定程度以后就应该承担一定的国际社会责任，因为只有这样的话，才能够大家共同地、更好地发展，也同样使我们能够更好地发展。而不是说全世界对我们都羡慕嫉妒恨，这样的话不利于中国的进一步发展。"一带一路"是一个非常好的倡议，因为它的增长潜力非常大。"一带一路"沿线国家和地区的人口总量基本上占世界人口的一半，它占的世界人口基本上到一半了，可是它的 GDP 只有全世界的 1/4，它的贸易总量大概也只有全世界的 1/4，所以相对来讲比较落后。从另外一个角度来讲，它还有更大的发展空间。

七、未来该如何释放经济潜能?

中国增长的潜力只是潜力，那么怎么能够把这个潜力变成现实呢？很大程度上取决于我们未来的一些做法。

1.深入推进改革开放

首先是改革开放的深入。40 多年的改革，我们取得了很大成绩，但是我们也出现了一些问题，包括我们前面关注的环境问题、贫富差别问题，这些问题是不可避免的。任何一个国家在经济增长过程当中都会产生一些副作用，但是怎么来解决这些问题？是回到过去的路上？还是进一步地深化改革？这是摆在我们面前的一个选择。从根本上来解决这些问题，就需要我们进行深入改革，这里面包括对政府作用的改革。我们讲市场经济，市场经济里面一个很重要的方面就是政府的作用。政府是监管、调控还是干预？政府的主要职能是监管和调控。在危机的时候，不得不干预的时候才干预，这是一个我们讲了多少年的理论问题。为什么我们当年能够改革开放？就是把人民群众的这种创造力、积极性调动起来，特别是创造力，创造力最主要是有一个宽松的环境。第二个就是民营企业的作用，习近平总书记特别强调对民营企业的重视，民营企业真正的问题，不是融资，真正的问题是环境和市场准入。不是说只要是民营企业就给钱，这不解决问题。民营企业同样要受制于金融的监管，当它融资的时候，仍然要有好的产品、要有好的前途，不能从一个极端走到另外一个极端。所以说改革开放一个是政府的作用，另一个是民营企业的积极性和创造力。当年我们之所以取得了这样的成就，就是充分发挥了民营企业的作用，尤其是它的创造力和积极性。还有一个就是我们前面讲到的，为什么有一些产业我们现在跟不上人民群众的需要，比如说文化、医疗健康。我再举个例子，每年有 50 万人到海外去健康旅游，去体检，看看病，为什么国内就不能做呢？因为国内没有这样的水平，也没有这样的能力。每个人花 5 万元，50 万人每年花 5 万元，这是多大的一笔消费？这也反映了我们现在不能满足人们的需求，这个完全可以通过发展我们的医疗行业来满足人们的需求。未来的十年二十年，我们更加要改革。

其次，开放也很重要。开放不仅仅是为了应对外面人的需求，就像企业一样的，企业弱的时候，人们不会对它有很多的要求。可是当这个企业做得很好，很有钱的时候，人们自然对它的要求也不一样了，希望它负起一定的公益责任。所以，对外开放，不仅仅是为了我们当前的发展，也是为了我们更长远的发展，同时也是我们一种国际的社会责任。

2.面向未来培养人才

我特别强调人才的需要，不仅仅因为我们是搞教育的。我从几个方面来讲人才问题：创新要人才。我们现在的教育体制基本上还是以考试为主，并没有激励大家的创造力，另外，包括文理没有很好地结合。将来的创新，它不是一个领域的突破，可能是很多领域综合的一个结果，所以教育要进一步地改革。还有国际人才。中国越来越融入世界，我们现在怎么能够有更多的国际人才，不光是英语，你要懂得别人的文化、你要跟别人打交道、你要参与国际事务。我们在国际机构里的代表性，跟我们第二大经济体的代表性不相匹配。我们需要什么样的人才？人才是个体系。光有尖端的科研成果，是不行的；光一个诺贝尔奖得主，他没有一批博士后、年轻教师给他组成一个团队，把一些想法落实下来，是不行的；光有几个非常懂投资的人，没有一些真的能够把想法落实下来的人，也是不行的。从另外一个角度，随着产业结构的变化，有些人如果不教育是没办法跟上新产业的。我们在科技发展的同时，一定要让人能跟上这个科技发展，那就是教育。教育除了正常的中小学、大学的学位教育以外，还要有很好的继续教育的机制，让人随时可以回到大学里面上课，而不是现在非要高考才能上。而且大学不再是一个宝塔尖，大学是一个普及的，尤其是像社区大学，人们能随时回到学校里面来学习，他才能够适应新的变化。你这个工作被机器替代了，那你干什么呢？你必须帮助他学习新的技能，否则的话，技术进步了，人们的收入反而降低了，社会差距反而扩大了。尤其在未来产业发展的过程当中，我们要发展人工智能、我们要发展新的科技，同时我们要让我们的人能跟上。比方现在两亿多农民工，他刚进来的时候是做鞋子、做袜子、做衣服、做玩具，后来做电脑。将来这些东西都被机器替代了，干什么？原来盖房子，房子也盖完了。现在还可以送货，将来送货都用无人机，他们干什么？这是我们在设计整体未来的时候，必须提前想到，不能到时候再来想。

还有农民工的子女教育。亚洲"四小龙"经济"起飞"的时候，20世纪80年代他们的高中普及率达95%以上。我们现在的高中普及率，城市的刚刚过90%多，农村的不到40%。如果这些人没有得到最基本的教育，那么将来怎么适应我们未来的产业，这是一个很重要的挑战。你不要以为机器代替人，就省事了。科技要发展，人一定要跟上，人如果不跟上科技的发展，反过来可能未必会促进人类的发展。

还有一个，就是婴儿的教育，就是儿童的教育。因为你大脑的发育不像以前，以前农村里带小孩都是米汤喂喂，但是现在需要牛奶蛋白质，他要有一定的营养，让它大脑在0到5岁发达到一定程度。还有一个叫早期的婴儿教育，婴儿他不会说话，0 岁开始要给他唱歌，要给他讲故事，要陪他玩，然后他智商就会提高。《2019 年世界发展报告》专门讲了变革，就是当你工作性质发生变革的时候，社会怎么来适应，最关键是人力资本的培养，从婴儿抓起。以前农村里，你要识个字、自己名字会写，然后算个数字，别被人家骗了就行了。现在这种工作没了，城里要没有高中以上的文化程度，找工作是根本不能适应的。如果将来的农业也是要变成现代农业，靠这种人工的、用锄头赶牛做的农业，是要消失的，而且很快会消失的。

所以说，我们的教育，从创新人才的培养、国际人才的培养、劳动力技术的培养以及婴儿的培养，这都是一大串的教育问题，如果解决得不好，我们将来根本不可能有一个发达的经济。

3. 维护稳定的国际环境

任何一个大国崛起，它一定会面临国际挑战。有人做了很多研究，比方说历史上 16 个大国崛起的过程当中，有 12 次战争。因为从逻辑上也可以理解，大国崛起是在打破原来的平衡，从 20 世纪 90 年代开始，中国已经面临着国际环境的变化。中国一直在承诺改革，特别是我们加入世界贸易组织。我们为此在党的十四届三中全会的时候，专门修改了《中华人民共和国宪法》，说我们要搞社会主义市场经济，这是一个非常重要的改变。我们一直讲社会主义计划经济要变成市场经济，到党的十八大的时候我们仍然讲市场是资源配置的决定性力量。我们可以通过市场化的深入，和更加深化改革开放来消除国际上敌对的势力，而且要不给这些敌对势力有任何的借口来阻止我们的发展。这里有很多事情要做，我们自己要深入改革。我们要在国际上树立一个大家都认为中国的发展对它们都有利的一个形象。同时要很好地处理各级关系，处理得好，敌对势力就不能成为真正反对中国发展的势力。

总的来说，我们未来的经济增长，能不能实现未来一二十年继续增长，真正进入现代经济，成为发达国家，我们有潜力，但是这个潜力的实现取决于我们能不能深入地改革开放，能不能更好地搞好教育培养人，能不能很好地处理好国际关系。

如何建设现代金融，打通经济"血脉"？

·戴相龙·

曾任中国国际经济交流中心副理事长，博士生导师，曾任交通银行行长、中国人民银行行长、天津市市长、全国社会保障基金理事会理事长，长期在金融领域领导岗位工作，深入研究金融业改革开放和健康发展等重要问题，著有多本工作文集。

📖 导 语

根据第二届"一带一路"国际合作高峰论坛发布的最新消息，中国金融机构为"一带一路"建设提供资金超过 4400 亿美元，其中，金融机构自主开展的人民币海外基金业务，规模超过 3200 亿元人民币。中国金融市场开放程度、竞争力和影响力不断提升，正朝着现代金融、强国金融的目标快速迈进。但国内外经济金融形势依然错综复杂，如何适应不断提升的金融业开放水平，建成与之相适应的金融风险防控体系？怎样提高金融服务实体经济的能力？如何完成金融现代化建设的主要任务？怎样深化金融供给侧结构性改革、实现经济高质量发展？

扫描二维码即可
观看完整视频

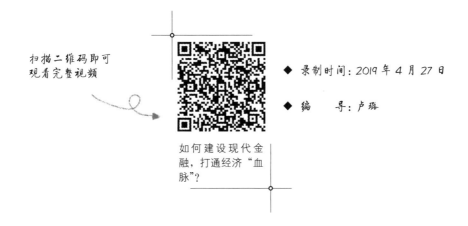

如何建设现代金融，打通经济"血脉"？

◆ 录制时间：2019 年 4 月 27 日

◆ 编　　导：卢璐

我今天讲的题目是中国现代金融建设的六项任务。

习近平总书记在党的十九大报告中提出，今后 35 年分两个阶段发展，从 2020 年到 2035 年要基本实现社会主义现代化，从 2035 年到本世纪中叶要把中国建设成富强、民主、文明、和谐、美丽的社会主义现代化强国。金融是为经济服务的，因此就应该先后建立中国现代金融和中国的强国金融。中国的现代金融，既是中国金融业改革开放的继续和发展，也是我们建设强国金融的第一个发展阶段，同时也是中国的社会主义市场经济金融体系的国际化。

中国现代金融建设的六项任务，第一项任务就是要健全货币政策和金融调控政策双支柱的调控框架，维护人民币的币值和金融体系的稳定。

一、如何维护人民币币值和金融体系长期稳定?

中央银行的货币政策，可以管理调控物价但是无法调控股票、房地产、资产价格。货币供应量大，物价提高；货币供应量小，物价下降。但货币供应量跟股市就不相关了。股市的波动并不是中央银行货币政策形成的，我们的物价跟城市的楼市也是不相关的。

这里我讲一个故事，2008 年美国发生了金融危机，2009 年我访问了美联储的前主席格林斯潘先生，他很热情地招待我，我问了他一个问题，"现在人们都说，你当时当美联储主席的时候，没有提高利率，造成房价上涨"，他说，"不，戴先生，我很早就提高利率了，在这次美国出现金融危机的时候，我们美国的物价是稳定的，问题出在房地产市场，房地产市场又出在大量的次贷，又将次贷包装起来，去发行次级债券，又有人对次级债券的买卖进行担保，从而造成了泡沫，发生了金融危机"。

这个道理说明什么? 要保持一个国家金融体系的稳定，不但要发挥中央银行调控货币政策的作用，更需要发挥中央银行在金融体系中的防范顺周期的危机和防范银行、保险、证券风险的传递问题的作用。

2017 年 7 月，中央金融工作会议上，中央就已经宣布要成立国务院金融稳定发展委员会，到了 2017 年习近平总书记把建立中国的货币政策和宏观审慎政策双支柱的调控框架写在党的十九大报告里面，因此就带来了我们国家宏观金融监管的一个大飞跃。

现在我们的宏观审慎监管框架是这样的，由国务院的副总理任全国金融稳定发展委员会主任，这个委员会统筹负责金融业的改革发展和监管，要发现处置系统性金融风险，同时让人民银行行长当金融稳定发展委员会的副主任兼办公室主任，办公室设在人民银行，人民银行设立专业的司局，来对大型金融机构进行监管，这个监管不是管具体的，是管它的资本充足率、流动性、营利性这些大的指标，同时设有专门的机构来监察、报告，按授权来处置金融风险，这样就形成了一个框架。我相信这个框架的建立，对我们国家的金融调控和金融稳定，将会起到重大的制度保障作用。

二、为何提高股本融资比重迫在眉睫？

30 多年来，我们国家多次提出扩大直接融资的比例，现在的直接融资比例是扩大了，但是很多直接融资还是债务融资为主，股本融资占社会融资的比例非常低。

从 2002 年开始一直到 2018 年，我们股票的融资占社会融资规模平均只有 3.39%，最高的年份是 2016 年达 6.97%。所以，我觉得建立中国现代金融制度一定要改变这种状况，争取到 2035 年，我们股票融资规模占社会融资规模的 10% 以上，规模以上工业企业的资产负债率能够降到 50%，国有企业的资产负债率能够降到 60%。

应该采取什么措施呢？要提高证券市场上机构投资者的数量和投资能力。我算了一笔账，2018 年我们国家社会保障基金、社会保险基金、商业保险资金、在银行一年期以上的存款，大概有 84 万亿元人民币，按照过去十年增长的速度，再打一个折扣 80% 来预测，今后十年这四项基金约会达到 280 多万亿元人民币，如果 1/4 可以用来搞长期投资，这四项基金可用长期投资的就是 70 万亿元人民币。因此，我们国家有能力发展机构投资者，有能力通过机构投资者把这些长期不用的钱变成社会资本。

我们国家现在有 131 家证券公司，但是每个证券公司的平均营业收入就只有 23 亿元人民币。所以我非常建议，要以现有办得好的大型证券公司为基础，通过国有资本的推动和市场机制原则，来组建几家具有国际竞争力和国际品牌的大型投资银行。

三、如何大小兼顾，提供差异化金融服务？

在 2017 年世界 500 强的排名中，中国已经拥有 120 家，比排名第一的美国（拥有 126 家）只少 6 家。我们很多大中型企业，很多跨国集团，需要我们提供综合服务，同时也有很多中小企业，还有微小企业，所以今后 15 年，我们建立的金融体系，应该是以大型金融集团为主导、众多中小金融企业为基础，多层次、多功能、有差别的服务体系。

现在我们经常说，我们工、农、中、建四大银行，早就是世界十大银行中排名前几位的了，有时候是一、二、三、五，有时候是一、二、三、四全包了，高兴不高兴？高兴。但是你要想一想，我们跟外国大型金融企业比，我们还有很多差距，差距在哪里？我们的国际化程度低。

中国五大银行境外业务收入，平均只有 10%，说明还是境内办业务，出去很少。再看看美国四大银行控股集团，它们的境外业务是 21%，比我们大一倍，实际还要大得多，因为为什么呢？它们的银行有的统计不说境外业务，叫美洲以外的业务，所以它实际的境外业务要比 20% 大得多。

再看看银行综合经营程度。中国五大银行非利息收入占 26%，保险收入、证券收入只有 5%。而美国四大银行集团，它们本身的非银行利息收入达 61%。

我问过汇丰银行的一个老总，他说我这个银行不赚钱，我就收支平衡保本就行了，我说那你吃啥？他说我是靠非银行金融业务，我那个大楼内，有办保险、有办证券、有办这个有办那个，他说我靠这个赚钱，而我们大楼那么大，就靠坐在柜台办银行的业务，光这个我们就竞争不过人家。所以我们要进行改革，要把现在大型商业银行逐步发展成为银行集团公司，除了办银行主体业务以外，要成立全资的或者是控股的投资银行、保险公司等，这样就可以达到跟国外金融机构竞争的目的。

四、如何推进人民币国际化？

我们人民币的国际化步伐正在加快，但是在国际上的影响力还是比较小，再通过15年的努力，形成由美元、欧元、人民币组成的三个主要的国际货币。

人民币国际化是中国经济开放的客观需要，也是国际金融市场的需要。银行卖外币给我们，我们拿人民币去买外汇，有2.5‰的汇差。2018年国际贸易是30万亿元人民币，10%用人民币结算，90%用外币结算，我算了一下，仅仅这个汇率差价，中国的企业就要付出将近7000多亿元人民币。不仅如此，外币汇率的变化会给我们企业带来更大的损失。还有我们用外币，也容易受到外币发行国家政治、经济、法律的限制。所以说，我们中国是第一大贸易国，我们的投资也是很大，我们应该理直气壮地推进人民币国际化，这是中国企业对外开放的需要，也可以让外国选择一个它认为币值稳定可靠的货币。我们不是主动挑战美元，我们更没有想代替美元的目的，我们相信今后相当长的时间，美元仍然是世界最主要的货币。

要使人民币国际化步伐加快，很重要的一条是使人民币成为可兑换的货币。1996年年底国务院召开会议，批准中国人民银行对国际货币基金组织（IMF）承诺经常项目可兑换，当时我国对资本项目可兑换有着积极的期待。但是亚洲金融危机、美国金融危机的发生，使我们认识到人民币的资本项目可兑换要审慎进行。尽管如此，现在的国际收支7大类40项中可以兑换、基本可以兑换、部分可以兑换已经达到36项了，剩下的主要是外国企业不能到中国来发行股票等。下一步，我们国家会在这个资本项目可兑换方面加快步伐，使人民币到15年以后基本上成为可兑换的货币。

人民币要想国际化，要完善汇率形成机制。东南亚国家为什么会出现金融危机，就是美国的利率降低，大量钱到了东南亚，东南亚国家实行的又是固定汇率，外汇储备很少。当美国提高利率的时候，大量的资金又回流到美国，使东南亚国家造成大幅度的货币贬值，利率提高，发生经济危机、政治危机。所以，我们国家从1994年开始就取消固定汇率，实行人民币按照市场供求决定的有管理的浮动汇率。经过2005年的改革，我们的汇率按市场机制来决定基本已经形成。2018年人民币贬值很高，但是随着国际收支的改善和我们经济的更快发展，加上美国经济下跌，人民币又回到原来价位。这充分说明，人民币的汇率已经开始由市场机制形成。中国在人民币汇率政策上，始终坚持不搞以邻为壑。在亚洲金融危机和美国金融危机出现的时候，很多国家的货币都贬值了，但是人民币没有贬值，今后我们国家也会坚持不搞竞争性的贬值，让汇率由市场供求来决定。

要做到人民币国际化，还要维护我们国际收支平衡。2018 年经常项目的顺差加资本项目的顺差，共计达到 28000 多亿元人民币，应该说有较大的不平衡，但是我们中央银行买进了外汇，那么投放人民币多了，又通过法定存款准备金，让商业银行向中央银行交存准备金这种对冲的办法，使市场上人民币减少，也保持了人民币的稳定。所以说即使国际收支不平衡，如果我们采取措施能够达到平衡，对宏观经济发展没有影响，那么可以说还是基本平衡的。

五、上海能否建成全球领先的国际金融中心？

把上海建成国际金融中心是邓小平同志在 1992 年就提出来的，此后党中央、国务院多次下达文件，要把上海建成国际金融中心。2009 年国务院发了 19 号文，也提出到 2020 年年末，要把上海基本建成与中国经济实力相适应的国际金融中心。

现在上海国际金融中心建设按照有关专业机构评估，它的综合指数在世界上已经达到第五位。到 2035 年，我相信上海国际金融中心的地位会升至世界第三位或者第四位。从上海的金融机构来看，有 30% 是外国金融机构，另外中国的直接融资有 80% 来自上海，2018 年上海市金融增加值占全社会增加值的比例，已经达到 17%，是中国比例最高的城市。

如何加快上海国际金融中心的建设呢？第一，要改善我们国家国际金融中心的布局问题，要集中金融资源和力量打造上海国际金融中心，就要正确处理好金融产品交易中心在上海、大型金融企业总部在北京的这个矛盾。我相信，随着上海国际金融中心建设步伐加快，在上海做金融交易的比例会越来越大，这时会有更多的国内和国外大型金融机构，把它们的总部、二总部或者附属公司落在上海。

第二，要扩大上海金融的对外开放。2018年年底，外资持有的上海、深圳的流通股也只有3.2%左右，而外资持有我们的利率债，也就是3.4%左右，所以，上海国际金融中心不但要做大我们国内的业务，也要做大境外业务。所以要运用上海发展自贸区，扩大我们的金融开放，要根据习近平总书记在2018年4月博鳌论坛上的讲话，吸收更多的全球著名的投资银行，对它们的股本几年以后就不再限制，同时我们要加快资本项目可兑换。比如说我们外国境外合格机构投资者要到上海来买股票，不再要审批它机构的数量，不再要审批它投资的限额。只留一个限制，就是外国合格机构投资者，投资我们上市公司的股票的最高比例。经过15年的努力，我们资本项目就可能基本放开，人民币就成为可以自由兑换的货币，上海就会在境外开放方面走在全国第一，应该说它的金融产品的交易量不但大，而且境外的比例会大幅度上升。

六、如何在国际金融治理中贡献中国力量？

所谓国际金融治理，就是国际社会，当然主要是通过有代表性国家对国际金融体系进行管理调控，来促进经济全球化的发展。

第一个问题，就是当前国际金融治理存在严重的弊端。第一个弊端是什么呢？这个美元的使用占全世界外汇储备的60%左右，结算货币也占全世界的60%左右，但是它的经济总量已经从1945年的60%左右降到23%左右，另外它的债务率非常高，这种情况和美元的主要地位有些不相称。

第二个问题，就是主要国际货币特别是美元，它的货币政策和财政政策会产生一些负面的效应。

第三个问题，就是经济总量和货币影响力来决定其在国际金融机构的份额，中国在国际金融机构的份额，虽然有所提高，但是和经济实力不相适应。特别是美国在国际货币基金组织讨论国际金融重大事项时，它有一票否决权，只要美国一票反对，其他国家即使全部同意也都通不过。

中国当前在国际金融治理中的地位怎么样呢？从人民币国际化来讲，人民币在支付货币方面在世界上只排第五位，有时候还会下降到第六位，世界上用人民币做外汇储备的国家越来越多是好势头，但是还是不到 2%，所以中国的这个影响力还是不大。另外，我们国家的货币政策、财政政策对世界的影响还不是很大。我们在国际货币基金组织设立的特别提款权中比例，在世界银行的比例，以及在亚洲开发银行的比例，都是比较低的。

我们应该努力提高中国在国际金融治理中的地位和作用。关于这个问题，在 2018 年二十国集团峰会上，习近平主席发表了重要讲话，对他这些重要的讲话，我们要认真地学习。

第一，要促进国际货币向多元化的方向去发展，中国在这一点上是明确的。1999 年欧元要问世的时候，当时欧元地区有六七个国家的首相到过中国，也访问过中央银行，我也接待过，他问我们的态度怎么样，我说我们中国对欧元的使用肯定是支持的、赞同的。欧元问世不久，当时欧元大幅度贬值，我们用新增加的外汇储备购买了欧元，保持和促进了欧元的稳定，同时我们的投资也得到了很好的回报。2009 年发生欧洲债务危机的时候，一些国家的金融权威人士都说欧元要崩溃了，当时我就认为，欧元会在不断的调整中完善和发展，现在也证明欧元还在稳定发展。除了支持欧元国际化，我们也推进人民币国际化，在 1994 年进行外汇体制改革的时候就提出来把人民币改变成可自由兑换的货币，我们同时也支持其他货币区域的货币发挥作用，加强跟其他金砖国家、上海合作组织的联系，来共同推动国际货币的多元化发展。

第二，要通过二十国集团峰会，和新兴经济体、发展中国家一起，促进主要国际货币发行国在执行它的货币财政政策问题上降低它负面的溢出效应。

第三，要逐步地提高中国或者其他新兴经济体、发展中国家在国际金融机构中的份额。随着中国经济地位的提高和人民币影响力的提高，我们也希望国际组织、机构，包括国际货币基金组织、国际货币基金组织的特别提款权、世界银行、亚行，都逐步提高中国的份额，也发挥中国的影响力，也让中国承担应该承担的义务，我们也建议国际金融机构要加强国际金融的监管，我们也遵守国际组织对我们提出的金融监管的要求，增加国际货币基金组织的资金力量，改善它的用款机制，来更早地发现和更好地处置金融风险，以促进经济的全球化。

金融改革为何势在必行？

· 曹远征 ·

国务院政府特殊津贴
获得者，中国宏观经济学
会副会长，"中国经济50
人论坛"成员，中银国际
研究有限公司董事长，曾
担任世界银行、亚洲开发
银行、联合国开发计划署
专家，从事经济改革与金
融发展具体实践30年。

导　语

　　现代社会中，金融与经济密不可分。运用得当，金融就是激发经济活力的蓬勃能量，但是，一旦失控，金融就会变成经济体系的破坏之王。从1637 年荷兰郁金香危机，1720 年英国南海泡沫事件，1837 年美国金融恐慌；到 1907 年美国银行业危机，1929 年美国股市大崩盘，1987 年席卷全球股市的黑色星期一，再到距离我们并不遥远的 1994—1995 年墨西哥金融危机，1997 年亚洲金融危机和 2007—2009 年美国次贷危机，这些历史上著名的金融危机给社会经济都造成过巨大混乱，并对后世产生了深远影响。如今，金融产品极大丰富，国际间的金融交往越发密切，金融风险的发生概率、传导速度和破坏力也随之水涨船高，如何稳定金融系统、控制金融风险不断考验着各国政府的金融政策和监管水平。到底什么是金融？它为什么会有如此威力？我国的金融走过了怎样的发展历程？未来金融改革的重点又在哪里？

扫描二维码即可
观看完整视频

金融改革为何势在
必行？

◆　录制时间：2018 年 5 月 15 日

◆　编　　导：吴安定

今天我们讨论的是金融问题。金融现在跟老百姓的生活日益密切相关，大家在每天的日常生活中，会碰到金融。于是我们说从更深的角度、更全面的角度理解金融就成为很重要的一项工作，在这个工作中间，我们就来讨论一下，金融改革是怎么进行的。

一、什么是金融？为什么要监管？

在讨论金融时候，都说金融是个融通，是个资金的配置。我们说是投资者与被投资者之间架的一个桥梁，说得不错，但不完全。我们通常讲金融的时间价值，它产生的是个利率，利率是个时间的价值。但是除此之外金融更重要的是它是个风险价值。未来是不确定的，那么不确定就是风险，那么金融很重要的工作，就是来讨论这种风险，辨认这个风险，并来控制这种风险。其中控制的最重要的手段，就是各种各样的金融合约。每个金融合约，实际上就是个风险控制的合约。比如存款，看到的贷款看到的股票，看到的债券在金融活动中间有两类完全不同的金融机构：一类是我们天天接触到的商业银行；另一类就是资本市场，比如炒股、债券。发达市场还会有各种各样的衍生工具，当然，有了这些机构，有了这些工具才有交易。任何一个金融体系，是个交易规则，是根据规则进行的一种交易以及在外侧有监管的一整套交易体系。这样就变成了我们说一个现实的金融体系。那么对一个国家来说，如果在这个结构中间它的融资安排，更多的是靠银行，它的金融工具更多是存款贷款。那么它的交易规则自然就会是按照银行的这种规则来进行制定和监管，那么这种结构就叫间接融资结构。反过来，如果这个市场上融资的工具更多的是股票债券，融资的机构，更多的是证券公司、基金管理公司。那么市场的规则，更多的是直接交易的规则，这个机构就叫直接融资机构。中国到目前为止，还是以间接融资为主，但是我们的方向，向直接融资方向过渡，发展直接融资。发展资本市场就成了这样一个推动金融结构，间接融资向直接融资方向转化的重要手段。从这个意义上来说，资本上的发展就变成了金融改革的一个很重要的方向。为什么金融需要监管，为什么需要外部监管？如果内部风险管理能力很高的话，为什么需要外部监管？我给大家讲一个故事，有一次在国外去卫生间的时候，看卫生间有一个小贴士，上面写了一句话，这句话很有意思。说小偷和银行家都需要被监管，因为他们都在使用别人的钱。你看这句话好像很幽默，但它道出了实质。用别人的钱什么意思？外部性。外部性构成了监管的全部原因，因为是储户把钱存到银行，银行把这个钱贷给其他的人，那么这时候不管是贷款人的失误，还是你的失误，给第三者储户，带来了很大的风险，因为储户是无辜的，不能说是这个有了问题会对无辜者带来伤害，这构成了监管的全部要义，就是外部性。就是消费者权益保护。所有的监管中间都有一条，叫消费者权益保护，然后在证监会层面，就是投资者权益保护。这是牵扯着第三者的，所以必须得有一个外部性。我们说尽管金融机构，可以通过种种金融工程的手段，能把风险管住，但是你突然发现在外部性上，风险是可以外溢的。而风险外溢后，它是可以互相传递的。金融监管首先产生于 1933 年大危机后的美国，1933 年的大危机，首先是这个资本市场出了问题，股价跌了。但资本市场是靠杠杆融资的，是从银行借的钱去投到这个资本市场上，那么资本市场垮，然后银行就跟着垮，那么银行跟着垮，整个经济就跟着垮，于是变成全面的危机。从那以后人们发现这个金融机构，尽管能管住自己的风险，但管不住外溢性的外部的风险。那必须有外部监管，而外部监管假如说管理风险的话，如果监管能力不强，最好的办法就是把它断开，这就是大家讲的分业监管，银行业跟资本市场业务不能发生往来，至少除了风险不会传递，不会伤及大家，这是局部的。请注意在这次中国金融监管体制改革前，中国采取的是分业经营，分业监管的体制，于是你会看见三个监管委员会，即银监会、保监会、证监会分业断开，避免传递，以此来控制金融风险，中国现在正由分业监管走向综合监管。

二、金融危机和经济危机有何不同？

什么是金融危机？怎么理解金融危机？为什么说我把 2008 年危机称为金融危机，而不称为经济危机？金融危机跟经济危机有什么区别？

过去说经济危机，是指的生产过剩危机。我们经常看到的说是把牛奶倒到河里，这是牛奶太多了，生产过剩，它是产能过剩，这叫经济危机。那么这种经济危机，它产生的原因也很简单，就是市场的扩张赶不上生产的扩张，销售困难，这种情况会定期出现。由于定期出现，它变成周期性的问题。所以以经济危机为标志，经济是有周期的。但是金融危机不一样，金融危机它是资产负债表衰退危机。请大家注意资产负债表衰退危机，资产负债表就是杠杆。

我们知道在任何一个社会中间只有四张资产负债表，第一个是政府的，政府借不借钱，政府借多少钱，这是政府的杠杆。第二个是我们金融机构的，金融机构本身就是杠杆经营。第三个就是企业的，非金融机构的杠杆，就是他是不是在借助资本经营，而借入的资本有多少，这是你经常看的他的所谓资本跟负债的比例关系问题。第四个就是我们在座每个人都有家庭资产负债表，你们买房子借银行的钱这就是你的资产负债表。用借入资金来实现你资产配置它是资产负债表，那么这四个部门它都有资产负债表，都有杠杆出现，那么意味着杠杆都有可能出现衰退，那么一个部门的衰退，可能会引起另一个部门的衰退，只不过金融是用杠杆操作的，金融的杠杆最长，于是这种衰退最敏感，衰退起来速度最快。也就是说去杠杆，杠杆越长去得就越快，去得就越厉害，于是把这种去杠杆的危机叫作金融危机。因为它首先表现在金融机构上，表现在金融市场上。但是，并不必然意味着金融机构出了问题，金融危机更可怕、更深刻、更全面。

如果说经济危机还可以控制在某一个局部的某一个范围的，但金融危机，没有一个能独善其身。我们可以讨论一下阿根廷的危机。阿根廷这次危机，就是由于某种原因，资金的大幅流出引起本币跟外币的大幅贬值，然后导致了宏观经济的困难。这跟阿根廷的经济结构是高度相关的。拉丁美洲跟亚洲不一样，拉丁美洲尽管也是在努力发展经济，但它是借钱来发展本国的工业，在亚洲国家尽管也引入外资，但引入外资很快发展起来以后，把这个产品出口，这叫进口替代转向出口导向，然后出口导向创造外汇然后再来偿还上层的进口替代，再进口新的机械设备再替代新的工业，把新的工业进来，又把它出口导向，相互不断地促进，就构成了亚洲经验。中国改革开放40多年的经验，尤其是沿海地区的经济发展就是这样一个经验，先通过引进把一些基本的消费品取代了，取代以后把这个消费品出口，出完口我赚的钱，我要买能生产这种消费品的机器，当这个机器我能生产了，我们机器又出口，机器出口我再去买能生产机器的机器，中国电视机工业就是这么走过来的。

拉丁美洲最大的一个问题，尽管有进口替代但从来没有实现出口导向，于是借的钱就还不了了，这就出现了债务危机。其实这不是第一次，就阿根廷本身来说这大概也是 20 年的第二次了，20 世纪 90 年代末期 21 世纪初期曾经叫阿根廷金融危机，那会儿有个很有名的歌剧叫《阿根廷不相信眼泪》，我们说那时候阿根廷挺住，阿根廷不相信眼泪。20 年后眼泪又出来了，那么不合理的经济和产业结构，然后导致的这样一种扭曲，是它出现了国际收支的问题。而国际收支难以偿还，出现了债务问题，从而阿根廷的比索又急剧贬值。金融危机爆发以后，全球兑付的办法是极度宽松的货币政策。在美国，就是通过极度宽松的货币政策，就是开动印刷机印钞票，买国债然后来支持，现在经济复苏了，美联储需要加息和缩表。美国的这个利率变高了，资金就往那儿去了，那么资金从发展中国家流出，就出现了阿根廷的危机，所以我们说从短期的国际经济形势来看要高度关注美国的加息缩表的过程，它像是当前金融风险的一个风向标，这是阿根廷金融危机给我们带来的启示。由于经济危机的存在，需要有总需求政策，由于金融危机的存在需要有宏观审慎的管理政策，那么新的管理就是宏观审慎跟宏观调控政策的结合，构成了新的管理框架。这个框架在中国体现得非常明显，就是党的十九大以后我们提出的人民银行双支柱框架，两个支柱宏观审慎和货币政策。

三、为什么要进行第三次金融改革？

中国改革开放 40 多年，40 年前中国采取的高度集中的计划经济，那么在这样一个体系下，所有的财务活动都变成了财政活动，利润要全部上交，支出全部是财政拨付。可能年纪大的人都知道，如果在 40 年前一个企业要想花点钱，比如说盖个厕所，这是需要申请财政拨付的，那叫基本建设投资，那么在这样一个体系下它是没有金融的。当时邓小平同志说穷不是社会主义，那么我们再不改革开放，我们的现代化道路就会被葬送，于是要杀出一条血路，这构成了改革开放。市场经济跟计划经济相比，它的区别在哪儿呢？它是竞争性价格来引导资源配置。老百姓的话说，利大大干，利小小干。

在这种情况下谁也没法控制你的财务活动，然后你的财务实际上被一只"看不见的手"在引导，这就是金融，于是，这样一种财务活动由财政主导性就变成金融主导性。我们看看40年前，在计划经济体制之下说中国没有金融，一个很重要的标志是当时中国只有一家金融机构——中国人民银行，但是中国人民银行是隶属财政部的。

中国的金融改革是从1978年以后开始的，经历了两个阶段。第一个阶段是1978—2003年，工农中建四大行从人民银行分离出来。1984年1月1日工商银行从人民银行分离出来，那么这时候才建立了双层银行体制，就有了中央银行，有了商业银行，此前中国是没有的。从那儿开始到2003年以中国银监会成立为标志监管的权力，从人民银行分离出来变成独立的第三方监管，于是1993年首先出现的是证监会，后来是保监会，再到2003年的银监会，所有的金融监管不再附属于行政，这一阶段称为第一阶段。

第一阶段最重要的一个标志就是建设独立于财政的金融体系，金融不再作为财政的附属物，不做财政的一个组成部分，而是独立的金融活动。1993年国务院关于金融体制改革决定，其中要把专业银行办成真正的商业银行，那么就意味着我们过去的银行不是商业银行，坦率地说，2004年以前中国的银行业全技术性破产，资本充足率平均只有不到4%，坏账率平均20%。我刚到银行去的时候，看到一个科目，安定团结贷款，我们非常理解也确实要安定团结贷款，但那不是银行责任。这是财政的责任，但财政这种困难国有企业这种困难下，银行不能见死不救，但放出去的钱肯定收不回来，这都是改革中间的代价，这个代价银行分担了相当大的一部分，这构成银行坏账产生的很重要的原因。从2004年1月1日起中国银行业重组改制上市，以当时我服务的这家银行中国银行和建设银行为先导，2004年1月1日到2012年以光大银行上市为收官，历时八年中国银行业进行了彻底的商业化改造。这个商业化改造是通过公司化改造来进行的，而且这个改造的过程是非常艰难的，是惊心动魄的。你注意一下现在所有的这些银行都叫股份有限公司。

什么是股份有限公司，政府以出资额为限承担有限责任，不再是过去的国有企业政府承担无限责任。另外，要清理资产负债表需要树立一个机制，再有良好的法人治理结构，公司化改造，于是有了股东会、董事会、管理层，仅此还不够，还需要靠市场纪律约束上市，要小股东来进行约束，如果中国的市场约束纪律还不够的话，境外国际市场来约束，所以中国的银行业无一例外的全部是境外上市，它由国际标准来进行约束。

所以我们说这是成功的标志，在那样一个基础上中国改革就进入了第三个阶段。SDR 是特别提款权，国际货币基金的一个安排。能加入 SDR 的货币，就是国际货币，那么全球现在有美元、欧元、英镑、日元、人民币这五种国际货币。以此为标志，中国的金融市场已经开始国际化。那么它要求更高程度的开放，要求更加市场化的平台。人民币作为国际货币，它有国际使用。那么就一定意味着这个国家要对外，要有逆差出现，逆差出现称为国际流动性补充义务。2014 年以后开始，中国已经告别了双顺差。那么换言之，也就是说，从直接投资中间，外商对华投资小于中国对外投资，或者中国对外投资大于外商对华投资，中国在这个意义上不仅仅是商品输出国，也变成资本输出国。那么与此同时，在这个经济投资方面，也就是大家看到国际收支中间的资本项下的金融科目，也出现资金的来回流动。而这个来回流动，也影响了汇率的变化。那么其中流动的主要一个币种，就是跨境人民币。

当跨境的这种流动开始出现，就要求金融市场对外开放，金融服务业对外开放。那么如果人民币是国际货币，那么处理人民币业务就是处理国际业务。那么中资机构由此就有可能成为强大的国际金融机构，如果我们从这个角度理解，金融开放就是必然的。

从某种意义上来说，在当代世界上发达不发达的区别，已不仅在 GDP 的含义上。发展中国家的 GDP 跟发达国家的 GDP 比重差不多各占 50%。如果说发达与不发达还有差别的话，那就是金融市场，发展中国家金融服务能力比较弱，发达国家金融服务能力比较强。因此，发展这样一个金融服务市场，提升市场的效率，那么发挥市场在金融资源配置中决定性的作用就叫深化改革。

四、新一轮金融改革的任务是什么？

中国经济要发展必须开放金融，人民币国际化已经意味着资本项目开放先迈出一步，那么下一步就是金融服务业的开放必须跟上。

面对新的发展阶段，我们需要一个新的体制和新的机制。海南能不能在这个方面作出探索，然后提供可复制、可推广的经验？于是我们经常说的南海南北雄安，它是打开一个增长的空间，但是请注意这不仅仅是一个地理的问题，它更是一个体制的问题。能不能打造现代经济增长的新体制，从未来看随着中国经济的发展，中国现在已经成为世界第二大经济体，中国居民的人均 GDP 已经超过了 9000 美元，那么说离进入高收入社会已经不远，高收入社会基本是 10500 美元。那么中国金融在新时代，就需要有新任务。那么这个新任务我觉得有几条，第一，金融应该是国际化的，而不再是一个拘泥于国内的。

第二，金融必须是普惠的，是能惠及每个人的，是人人能享受金融服务，而不是金融服务仅仅是少数人的。那么普惠金融就是它很重要的一个方向。

第三，中国的金融需要有精细化，向内涵式发展方向去发展而不是粗放的，那么这依赖于利率的市场和汇率的自由化，而利率的市场化核心是金融产品的发展，必须认识到这个短板，而不是在一味地说我们过去在产品上大规模，而是如何创新。比如，现在我们说要建设现代经济体系，建设现代经济体系是实体经济、科技引领、现代金融和人力资源相结合的经济体，其中创新是最重要的，金融能不能支持创新？知识产权能不能资本化？知识产权能不能作为质押？人力资本能不能得到支持？这是新的金融创新的问题。

第四，金融是风险配置，金融的核心竞争力是风险管理，这既是金融机构的核心竞争力也是金融监管的核心要点，它构成金融运行区别于其他供应商企业的最重要的特点，那么加强风险管理能力就变成了打造中国有竞争力的金融体系的重要任务。从这个意义上来说，我们还在路上，那么这次去杠杆在某种意义上就是一场考验，因此我们要把防范风险，尤其防范金融风险在未来三年中安排，是在锻炼中国金融的风险管理能力，这个风险管理能力不仅仅包括机构的管理，也包括宏观的监管。相信通过这一系列的改革和努力，我们希望在未来两个一百年的目标中间，在中国进入现代化的同时实现中国金融现代化。如果按目标 2035 年中国应成为现代化的国家，那时候的金融也应该是现代化的金融。

银行如何从"坐着挣钱"到"无处不在"？

· 王洪章 ·

中国建设银行原董事长、党委书记。掌舵建行期间，实现建行转型发展，总资产首次突破20万亿元。他从事银行经营与监管40年，对银行业有深厚的理论思考和丰富的实践经验。

导　语

2017 年 7 月，在全国金融工作会议上，习近平总书记强调，要坚定深化金融改革。要优化金融机构体系，完善国有金融资本管理，完善外汇市场体制机制。

商业银行是我国金融业的主体，商业银行改革是整个金融改革的核心组成部分。在 2017 年《财富》杂志发布的世界 500 强排行榜中，四大国有商业银行全部上榜且名列前茅，总体实力今非昔比。然而近几年，随着经济转型，商业银行原来依靠信贷高投放促进发展的模式逐渐过时，以存贷利差为主的赢利模式受到挑战，迅速崛起的互联网金融更是让传统商业银行备感压力。截至 2017 年 12 月 31 日，阿里巴巴的余额宝规模已达 1.58 万亿元，客户数超过 4.74 亿户，从传统商业银行分流了大量的客户和资金。中国银行业正在告别高增长、高息差、高利润的"三高"时代，未来该何去何从？如何创新业务模式？怎样防范金融风险？

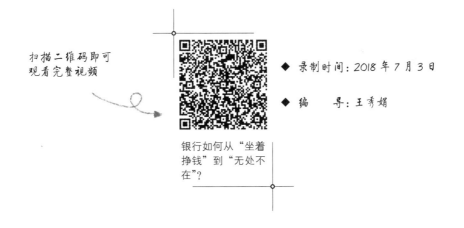

扫描二维码即可观看完整视频

◆ 录制时间：2018 年 7 月 3 日

◆ 编　　导：王秀娟

银行如何从"坐着挣钱"到"无处不在"？

今天给大家讲的是关于金融改革、商业银行经营和如何预防风险。

当前有几个重大事件大家可能都非常清楚，一个是美国挑起贸易摩擦，另一个是中国的金融风险，还有一个涉及银行的最重要的事件，就是中国人民银行在博鳌论坛上已经宣布了中国的金融业要进一步地改革和进一步开放，这应该说对中国的银行业、对中国的金融业来讲是一个重要的政策导向，是一个重要的进一步发展和防范风险以及进一步改革开放的好契机。

2014 年习近平总书记在给一家中国的大型商业银行庆祝 60 年成立的时候有一个批示，希望这家大型商业银行提高服务国家建设的能力，防范金融风险能力和参与国际竞争能力，提高"三个能力"建设。那么从这一点来看，我们大型商业银行参与国际竞争的能力还是很弱，管理机制上、管理意识上、风险防控上，包括管理理念上、业务流程设计上，在精细化程度方面我们差距较大。所以中央这时候提出来进一步推进金融的改革开放，取消外资机构入股中国金融机构的一些限制，我认为是非常正确的，这种的开放和改革会带来中国商业银行的进一步腾飞。

一、中国为什么必须发展资本市场？

中国的商业银行经过改革开放 40 年，已经成为一个全功能的，能够参与国际竞争且走向世界的现代化商业银行。那么在这些商业银行的经营过程当中，我们走向世界的商业银行基本上都是综合化的商业银行。那么综合化的商业银行，对于大家来讲，可以满足多元化的金融服务和多功能的金融需求。为什么要有综合化？一个重点，为什么？经济是多元的，对银行的需求也是多元的；企业是多种结构的企业实体，那么需要银行也要有多种的服务功能，那么中国企业"走出去"，也需要中国的商业银行能够"走出去"，为"走出去"的中国企业服务，这也需要我们综合化的服务功能和服务体系。

2014 年以后利率市场化，依靠存贷利差来赚取银行利润的这种方式，已经不能持续下去了，所以也就逼迫银行在建立现代企业制度之后，通过综合化服务来实现自己的规模增长，实现自己的利润增长。大家知道国外的商业银行中间业务收入，非利息收入要占整个收入的 45% 以上，有的甚至是

60%。我们在改革之前，建立现代企业制度之前，中国商业银行的利息收入要占80%以上。那么经过2005年，我们进行现代企业制度的改革，走综合性经营这一条道路，现在大型商业银行的非利息收入的占比达到了20%以上，有的商业银行达到了30%。所以我认为综合化经营是现代商业银行体系的一个重要的组成部分，也是大型商业银行走向国际化，参与全球竞争，同时为社会提供更多服务的必由之路。

二、利用科技让服务无处不在

第二个问题是关于金融科技问题，大家现在听到最多的就是关于智慧银行问题。智慧银行这个概念，实质上也是在2005年以后建立现代企业制度，我们才开始研究和推广，而且现在看线上的智慧银行，已经是越来越普遍。

客户到银行网点办业务排队的现象，现在基本上没有了。为什么现在很快地就解决了我们网点的排队问题？为什么很快地大家感觉到，现在银行网点的服务范围和过去比有了很大的提升？你现在到大型商业银行网点，不光问存款取款现金，你还可以问一下基金的事情，还可以问一下信托的事情，还可以问一下保险的事情，还可以问一下小额贷款的事情，还可以问一下换汇的事情，还可以问一下国际业务的事情，这是因为我们有了智慧银行。就是因为我们有了金融科技，现在线上的服务、线上的交易，要占到大型商业银行账务性交易的95%以上，那么只有百分之几在线下交易，就是大家通过网点的高柜来去交易取存现金，而且主要是取存大额现金。那么线下的金融科技，大家可能也看到了，很多银行在推广智慧柜员机，这个智慧柜员机是综合柜员，依靠客户自己操作。过去大家需要在柜台上，和柜台的人员、客户经理进行交流办理业务，那么有了智慧柜员机之后，大家通过智慧柜员机，可以办理转账、办理结算、办理查询、修改密码，而且对公业务对私业务，通过一台机器，都可以瞬间完成。现在很多银行已经布置了这个。还有就是无人银行。现在有的银行已经推广了无人银行，无人银行就没有客户经理，不用银行工作人员，我们客户自己去做就可以了，24小时服务的。

可能有的人会问，是不是银行要裁员，银行要减人？并不必然，为什么呢？因为现在银行的工作人员和银行的职员，都是大学本科以上学历，那么现在大型商业银行采取的办法是，替代下来的人工转变为客户经理，可以极大地提高这些银行职员的业务能力、工作水平和他的知识面。转变成客户经理以后，他为各方面的客户提供各方面的服务。所以现在银行的网点，今后可能是一个什么样的网点呢？是一个与客户交流的网点，是一个向客户提供信息的网点，是一个客户在这里面体验智慧银行、无人银行的网点。所以我们讲中国的金融科技，有人说我们比国外的先进，实质上我们和国外的大型商业银行，在智能服务方面还有较大差距。我知道的像美国的富国银行、汇丰银行、包括像摩根大通，它们的智能服务已经是非常深刻了。我曾经见过摩根大通的董事长，他讲，它的智能服务已经嵌入银行信贷合同的审查，银行信贷的分析和银行风险的识别和提示，基本上靠智能服务。我们现在还有差距。那么在管理上，现在是云计算、大数据、区块链，在商业银行的管理已经是大幅度运用，这里面有这么几个问题。

1. 别把计算机当算盘用

计算机、金融科技，在发展过程当中怎么把它使用好，这里面有个理念问题。商业银行在开发金融科技过程当中，破除了一个最主要的过去陈旧的思想，就是把金融科技、把计算机当算盘用。因为过去的制度、流程，大部分是在人工的条件下制定出来的，那么为了提高效率，再把这些制度流程输入计算机里边，由计算机来进行识别操作，这大大提高了效率。但从金融科技这个角度，这是不对的，应该用科技和计算机的思想、用计算机的头脑来规划整理和重新设计所有的业务流程、业务制度、业务方向，这样可以大大地提高计算机的效能，提高计算机的能力。

2. 系统开发完不是万事大吉

金融科技需要系统思维，需要大幅度的投入，并且保持长久的创新能力。现在我知道的大型商业银行以及小的商业银行，都有自己的一套信息科技和产业（IT）系统，而且有的用了很长的时间来开发，开发完以后可能会达到国内，甚至在国际上可能取得一些领先的地位。在完成各种的系统，成套的系统建设之后，需要保持一个持续的开发能力，我们在这一点上，做得还是远远不够。

3. 科技部门和业务部门要形成一个整体

另外，金融科技在开发过程当中，科技和业务如何把它形成一个整体，这是金融科技的关键点。金融科技再往下发展，最关键的就是业务部门、科技部门要形成一个整体，而不是把它分开来，这样肯定会严重制约我国的商业银行。随着我国金融业的改革、金融业的开放，智慧银行的路，一定会越走越宽，一定会越走越广，也一定会让客户更多地享受到银行的高水平服务。

4. 打造金融服务生态

金融服务生态对商业银行也是至关重要的。现在每个商业银行通过系统的建设，都有一个多功能服务的平台。一个商业银行多功能服务当中有很多的平台，像建设银行有几十个平台。那么在一些平台的构建过程当中，通过吸收国外的先进技术来使我们平台的各类业务组件，包括托管、支付结算、代收代付，可以相互融通。除了相互融通之外，还有一个更重要的，就是每个环节、每个业务、客户的每个需求，都可以通过系统建设把它联系在一起。一个平台可以做很多事情。那么多个平台把它完成以后，大家在使用过程当中就可以形成一个完整的金融生态圈。打造一个金融服务的生态圈，就意味着银行的功能要发生重大的变化。是什么变化？银行通过金融服务的生态圈，它已经不是一个物理的存在，而是像空气一样无处不在。那么大家看到，包括现在我们的手机银行，包括我们现在的网上银行，包括现在我们微信的系统，都可以通过这些功能，来实现金融服务生态圈内部的良性循环。所以大家感觉到的就是，移动终端，今后可能会无处不在。

三、高度重视金融风险

20 年前，中央曾讲了三大安全问题——能源安全、粮食安全和金融安全。现在，能源安全通过我们的全球化战略，通过中国企业"走出去"，通过我们提高能源技术，提高能源的科技水平，通过和国际上能源国家的战略合作，现在没有出现太大问题。粮食安全我们也守住了。现在看金融安全，中央把金融安全问题提升到国家的核心竞争力，提高到国家的安全建设，提高到国家的基础性制度层面，这是习近平总书记讲的三个方面。所以金融风险不可以不重视。2017年的中央经济工作会议上，专门把防范风险列为2018年的第一大任务。

防范风险最重要的是防范金融风险。当前金融风险，有这么几个问题。一是非法机构乱办金融，还有没有经过批准的跨业经营，虽然金融机构是合法的，但是跨业经营是没有经过批准的。二是经过准入的这些机构，有些可能不符合市场的标准，所以这些机构违规经营。另外比较受人关注的是影子银行、内控和风控不健全、穿透不够、层层嵌套，包括理财资管这方面的问题。三是信用风险，包括信贷规模庞大、突破监管红线。四是风险的理念、意识、人才、机控等和管理的信贷规模不适应。

1. 金融乱象多

当前的金融风险主要是乱象丛生。金融乱象丛生确实有多种的表现，大家已经经历过的各种"宝"、各种贷、各种非法集资。比如各种"宝"，各种"宝"通过自己制造和创造的这些并不实际存在的产品和项目，甚至是并不实际存在的企业，向社会进行集资，允诺7%、8%、10%甚至30%的回报来吸取资金，最后跑路了。有很多的投资者、很多的消费者，因为金融乱象问题，自己的资金受到了损失。大家看到社会上、网络上、媒体上，暴露了很多这样的问题，还包括各种贷款。这种金融乱象，在很大程度上破坏了社会的稳定，损害了公众的利益。

另外还有一些没有经过批准的金融产品和金融业务，在社会上的一些合规的机构和非法的机构，在社会上从事金融行为，销售金融产品，所以大家很难去辨别。因为这样的金融乱象，使整个社会客户不清楚哪个是真正的金融行为、金融产品、金融机构，哪些是社会上的非法机构、非法组织甚至非法人员从事的非法行为。所以这里面的金融乱象，最近几年应该说是暴露得非常充分。

金融科技和互联网技术在我们国内的推广和应用，加速了问题的发生，同时也加快了这种产品的销售和这种经营行为的或者叫非法行为的产生和确立。所以各种金融乱象丛生现在已经严重地威胁了金融体系的安全，尽管这种金融乱象在整个金融规模当中的比例很小，但是影响面非常大，可能少的也是几千人，多的甚至是几十万人。

2. 风险意识弱

商业银行的经营者要有风险理念，要有风险意识，这是第一位的。大型商业银行，在2005年建立现代企业制度之后，到2008年，有三年高速的增长期，到2011年增长得也还算可以。但是从2012年以后，大型商业银行，包括其他商业银行，净利润是往下走的，为什么？不良贷款的冲销，要冲销掉利润和收入。所以没有风险理念，没有风险意识是不行的。

监管最重要的是什么？要保护存款人的利益。证券监管部门，要保护投资人的利益，保险监管部门，要保护投保人的利益，这是监管的目标。一切都要围绕这个目标，设计监管制度，设计监管思路，履行监管职责。消费者自身也要有自我保护意识。

现在，我们面对的是一个动荡的国际环境，面对的是一个复杂的国际经济金融形势，同时我们要认真贯彻中央提出的"三去一降一补"的经济发展的战略原则，所以中国的商业银行要时时地按照中央要求，在经营好的同时注意防范和化解重大金融风险。我国现在没有出现系统性风险，我们有信心也有能力防范和化解重大金融风险。我们相信在中央的领导下，在中央的金融改革开放的政策指引下，中国的商业银行、中国的金融业一定会越办越好。

如何重新认识 GDP？

获得孙冶方经济科学奖著作奖等多项重大学术奖励。

· 刘　伟 ·

中国人民大学校长，
兼任国务院学位委员会委员、中国人民政治协商会议第十三届全国委员会常务委员、曾任中国人民银行货币政策委员会委员等。主要研究领域包括：中国特色社会主义政治经济学，经济发展和经济增长理论等。发表学术论文逾300篇，出版学术著作数10部，

📚 导　语

以 GDP 为核心指标制定经济发展战略，是我国改革开放之初确定的发展思路，在此发展观的指引下，我们从贫困国家一跃成为世界第二大经济体，迈入上中等收入国家的行列。而如此有效的发展指标，在进入新发展阶段后，为什么不再处于唯一重要的核心位置？发展中的种种困境与弊端暴露出 GDP 怎样的缺陷？下一步，要想跨越中等收入阶段，进入高收入发达国家行列，需要建立怎样的评价体系？我们该如何重新认识 GDP？

扫描二维码即可
观看完整视频

如何重新认识
GDP？

◆ 录制时间：2018 年 10 月 12 日

◆ 编　　导：卢璐

我今天给大家讨论的题目是关于 GDP 与中国的现代化。

一、GDP 的增长与跨越贫困的陷阱

在 1979 年年末的时候，当时日本首相大平正芳访问中国，问邓小平同志，中国开启了一个改革开放新时代，要实现新的发展战略有什么样的规划和目标？邓小平同志当时讲了著名的"三步走"的战略：第一步用 10 年左右的时间，20 世纪 80 年代解决温饱问题，或者叫基本解决温饱问题；第二步到 20 世纪末，实现初步小康；然后第三步，邓小平同志说到 21 世纪中叶，也就是 2050 年前后，实现现代化。他提了这个"三步走"的战略。提出来以后，大平正芳就问，这"三步走"的战略以什么为指标？以什么为标志？怎么知道你每一步是否实现了？邓小平同志说当时大平正芳给他提这个问题，把他问住了。所以他说，为此他要感谢大平正芳，提了个很好的问题，迫使他去思考。他做了一番考虑之后，他回答就是以 GDP 为核心，80 年代基本解决温饱，10 年，人均 GDP 翻一番，当时是 260 美元，翻一番就是 500 美元的样子；然后第二步实现初步小康，以什么为指标呢？人均 GDP 再翻一番，那么达到或接近 1000 美元；那么第三步，赶上中等发达国家，什么东西赶上呢？人均 GDP 的水平。他提出这个 GDP，就开启了中国围绕着 GDP 这个核心指标，制定高速增长的发展战略，这样一个时代。

GDP 这个理论本身并不是邓小平同志的创造，也不是他提出来的，应当说是西方学者提出来的。早在第二次世界大战之前，西方的一些统计学家、经济史学家和经济学家们就已经开始提出 GDP 这套核算方法、核算体系。这套核算体系一经提出之后，人们就认为它是一个很了不起的成就。所以萨缪尔森在 20 世纪 60 年代，这套方法刚刚公布的时候，他有一句名言，说 GDP 是 20 世纪人类最伟大的发明。

那么，我们知道中国改革开放以后的经济发展是从贫困出发的，所谓贫困，也就是说以 GDP 为标志的。当时中国 GDP 的总量占全球 GDP 的比重是 1.7% 左右，我们当时排在世界的第 11 位，应当说和我国作为世界上一个人口最大的国家这个地位是非常不相称的。那么，我们人均 GDP 的水平

是人均 260 多美元，世界银行统计的当时 196 个国家按人均国民收入排序，我国当时是和世界著名的穷国扎伊尔并列，排在世界的第 189 位，可以说是世界上最为贫困的国家了。

2018 年是改革开放 40 周年，40 年我国在经济发展方面取得了巨大的成就，这 40 年 GDP 的总量，年均增长速度保持了 9% 以上。我们 GDP 的总量 2017 年达到了 82.7 万亿元人民币，把它按汇率换算成美元，大体 12 万亿美元。12 万亿美元在全世界 2017 年 GDP 的总量当中，我们占了 15% 左右。40 年，我国从占世界 1.7% 上升为占世界 15%，这是一个巨大的、结构性的提升，这个变化是相当深刻的。

那么从排序上看，我们按照汇率法折算，实际上是 2010 年，折成美元的话，我们 GDP 的总量就超过了日本，成为世界第二大经济体。一个国家在世界上占 1.7% 和占 15%，在世界上排第 11 位和排第 2 位，那这个国家的经济对世界经济的影响、世界经济对这个国家经济的影响，相互之间的作用的程度是不能同日而语的。

从人均 GDP 的水平上看，我们这将近 40 年的时间，我们平均每一年增长 8% 以上。我们人均 GDP 的总量大概接近 5 万元人民币，把它换算成美元的话，大体上是 8000 多美元。按照世界银行现在的、通常的划分办法，现在世界上有 70 个高收入国家，高收入国家划分的起点线，在 2017 年是人均 GDP 12235 美元，如果在这个之下，但是在 4055 美元以上，它叫作上中等收入国家，那么现在世界上是 54 个；如果在 4055 美元以下，但是，在 1025 美元以上，叫下中等收入国家，也就是解决了温饱问题的国家，那么现在这个世界上，也是 54 个国家；那么如果是在 1025 美元以下，它叫作低收入的贫困国家，现在世界上是 36 个国家，加在一起一共是 214 个国家。在这 214 个国家里面，我国现在的排序，按 2017 年的水平排序，以人均 8000 多美元大体上排在世界的第 95 位，从大的阶段上看，我们现在是一个当代上中等收入阶段的发展中国家。

回顾历史来看，中国改革开放的一个巨大成就，或者是令世界普遍尊重的一个事实是什么呢？我们成功地跨越了贫困的陷阱。

反贫困这个问题，主要是作为一个经济话题，提出来是第二次世界大战以后，第二次世界大战以后很多国家、民族独立之后，政治上独立了以后，它面临的主要的问题就是经济发展，那么经济发展，当时的难题就是如何摆脱贫困。战后持续高速增长首先创造纪录的是日本人，日本 20 世纪 50 年代到 70 年代，它保持了 20 年持续高速增长，人们称作什么，日本的"神武景气"，实现了战后日本的恢复和重新崛起，成为世界第二大经济体。那么接着打破这个纪录的韩国，从 60 年代到 90 年代，它持续 30 年高速增长，人们把它称作韩国的"汉江奇迹"，实现了韩国从贫困落后向现代化的飞跃。

接下来打破这个纪录的就是中国，而且确确实实在这个过程当中我们创造了中国的经验。我前不久去贵州，最近贵州做的主导产业，群落当中一个非常重要的部分就是大数据。我们这些同学你们谁能想象得到？说贵州这样一个大山里的省份，它在现代发展当中，居然是大数据的这个产业，能在贵州作为一个新兴的、支撑性的产业，所以我们叫作什么呢？叫作"无中生有"，它毫无优势、毫无基础、毫无可能的情况下，那就是创造出来了。为什么？我当时问他们当地的人，我也去参观、学习，它很重要一条是什么，就是贵州的气候。它全年的气候非常稳定，二十几摄氏度，这个气候不冷不热，因为大数据这个地方，那个东西要堆在那个地方的时候，对于空气的温度要求很高。它把大自然赋予它的这个温度，作为最宝贵的、不可替代的资源，它就在这儿，所以在这儿做大数据。我们那些大数据的云集，一些大数据的开发商的数据库等，现在很多集中在这个地方，它有这个优势。这样，我们大家一举就是超越了人们的想象，没想到贵州这个地方现代发展当中，可以有一个大数据的产业链在崛起。

我们之所以能取得这样的成就，我们可以从很多方面去总结它，原因在哪儿？其中非常重要的一条——改革开放，我们树立了一个正确的发展观。那么具体地讲，就是以 GDP 为核心，推动中国经济高速增长，实现 GDP 的倍增计划，迅速地使中国摆脱贫困。

二、GDP 的局限与中等收入的困扰

现在世界上有 70 个高收入国家，这 70 个高收入国家在历史上它们达到

上中等收入阶段的起点，然后从这个起点，到高收入阶段的这个起点，在这一阶段平均它们是用了 12 年 4 个月的时间。这其中的大国——就是人口超过 1000 万人以上的国家，有 20 个穿越这一段的时候，平均用的时间短，它用了 11 年 9 个月。这个大国经济它起步慢，就是摆脱贫困的时候它面临的问题多，但是它一旦摆脱贫困之后进入了工业化城镇化那个加速期的时候，这个后期它的速度比小国快，这就是大国经济的一个特点。

那么问题在什么地方呢？世界上还有 100 多个发展中国家，它们实际上有一些到了上中等收入阶段，但是它不是经过十几年，十一二年时间实现穿越，它几十年穿越不过去。比如 20 世纪 70 年代，拉丁美洲的这十几个国家，它的经济发展水平是达到了当时世界上中等收入这个起点水平的，但是到了这儿之后呢，它由于种种原因不仅没有实现向高收入阶段的穿越，而且从 70 年代以来，这些国家危机不断，从 70 年代开始的墨西哥危机一路下来，阿根廷、巴西、委内瑞拉等，所以一直下来，后来人们把这个叫作什么呢？叫作"拉美旋涡"。

还有一个表现比较典型，像 20 世纪 80 年代东亚的一些国家，在日本、韩国、新加坡等这些国家经济起飞之后，它们作为亚洲工业化"雁阵模型"的第二梯队，前面那几个算"领头雁"，它们跟在后面，承接它们淘汰的转移的产业，依靠自己的要素成本低、劳动力便宜等这些因素，推动经济规模迅速扩大，很快速地成长。所以在 80 年代，像马来西亚、泰国、菲律宾、印度尼西亚等，它们也是达到了上中等收入的这个水平，同样，到了这儿之后面临着新的问题难以解决。所以到现在算下来，30 多年了，它们没有实现向高收入阶段的跨越，不仅没有实现，特别是 1997 年亚洲金融危机爆发之后，这些国家落后的产能过度依赖出口，这种规模扩张引领的增长模式遇到了挑战。所以在亚洲金融危机的打击下，这些国家的经济迅速倒退，形成了我们所谓的"东亚泡沫"。

还有第二拨，20 世纪 90 年代，西亚、北非的一些国家，像埃及、叙利亚、利比亚、突尼斯、也门等，这些西亚、北非的国家，有石油、有矿山资源，然后在当时和中东周边国家比，它们的政治是稳定的，所以外国资本当时是信任的，大量的外资是进入到这儿，所以在 90 年代，它们达到了上中等收入这个水平。同样，到了这个阶段之后，它们没有可持续的能力，特别是 2008 年国际金融危机爆发之后，这些国家过度依赖外资、产业结构单一、过度依赖出口、依赖世界市场的经济模式和战略，遇到了尖锐的挑战，所以经济发生了严重的衰退。在经济衰退的情况下，它过去长期积累，但是由于经济发展比较好能够得以缓解的一些其他矛盾，像社会政治问题、社会文化问题，甚至军事冲突问题现在就汇集在一起，形成了一个全面的动荡。所以人们把这个叫作"西亚北非危机"。

从 20 世纪 70 年代以来先后出现的拉美旋涡、东亚泡沫、西亚北非危机，发生的年代不同、地区不同、表现形式也不一样，但是从经济发展角度来说，一个共同的原因就是这些国家达到了中等收入阶段之后，面对中等收入阶段出现的一些新的变化，它们的发展方式、发展理念仍然在沿袭贫困时期的那种发展理念、发展方式，不适应新时代的新变化，因此经济不具有可持续的能力，所以就深深地陷在这个地方，不仅没有实现跨越，动荡、危机的进程什么时间结束，现在还看不到一个明确的时间表。

因此我们现在就必须根本改变发展方式，发展方式要改变，当然首先就要树立新的发展理念，所以党的十八大就系统地提出了新发展理念——创新、协调、绿色、开放、共享。如果我们还沿用过去传统的以 GDP 为核心高速增长翻番式的倍增计划，那这就有问题了，因为这个 GDP 它有四大局限。

局限一：注重数量和规模不注重质量和结构

第一个局限，GDP 这套核心指标和体系，以它来引领的话，强调的是数量翻番，容易忽视经济结构，不同的结构完全可以有不同的 GDP 水平。比如 19 世纪的前半期，1820 年前后，按现在的统计方法，中国当时的 GDP 占全球 30% 多，是世界第一大经济帝国，但是不到二十年，到 1840 年第一次鸦片战争，中国就沦为半殖民地半封建社会，你是一家一户的自然经济、小农经济；它是现代化的企业制度、现代化的市场制度。你是什么样的社会联系呢？你是鸡犬之声相闻、老死不相往来、自给自足的社会经济状态。它是什么呢？充分交通、充分发达的市场网络，它是现代工业时代，你是传统农耕时代。这两个时代碰在一起，虽然你大，但是不堪一击，道理在这儿。

局限二：容易导致公共服务领域形成"短板"

第二个局限，这个 GDP 它只能考核核算经过市场交易的量、交易的经济活动、交易的资源配置，因为它按价格统计来核算，但是人类社会很多活动实际上是市场失灵的，但是社会又需要的。你比如说军队、警察这些服务，政府、官员这些服务，现代社会肯定需要，为人们提供安全感。但这些服务领域就不能市场化。那么还有一些领域很难市场化，比如一些严重的信息不对称领域，比如医疗领域，医疗领域里面的大夫，关于病的知识他肯定比患者他了解得多，你很难跟他讨价还价，很难在市场上约束他。所以如果让它市场化，这就很麻烦，市场化就意味着医院企业化，医院一旦企业化，就意味着它的行为目标是实现赢利最大化。因为信息不对称，就需要政府、法律，各方面制度的、非市场制度的介入监督，严格地规范它的行为。光这些还不够还要提倡医风医德，就是说要自觉。这些大夫、从业人员要有基本的道德约束，要靠自觉。

局限三：容易导致经济活动的目标短期化

第三个局限，这个 GDP 它的核算方法虽然包含流量和存量，但是它是以一年为时间期限的，就是一年之内你这个国家、海关以内生产者生产的附加值加在一起，GDP 是这样子的。那跨年度的这种穿越式的财富积累和资本积累它核算不进来，所以以 GDP 为核心，它就可能使经济行为超短期化、年度化。就是我们在教科书上讲的一个例子，一条河，在这个河上修桥，今天造了个桥，施工队、材料商、设计师都付出了劳动，这个劳动都创造了价值，计入到今年的 GDP；明年再炸这个桥，炸药商、爆破队、施工队、运输商付出了劳动，明年要计一次 GDP 炸这个桥对不对。这个河还是这条河，什么都没有。这可不是什么都没有，每一年为修这个桥、炸这个桥，各都计了一次 GDP 的，那最后财富累积围绕这个桥，零。这就是它的局限，它是一个短期、年度的。那么我们到了一定时间的发展，我们要强调可持续、强调财富的积累、强调资本的积累的时候，你用 GDP 这种年度的核算方法它就有了严重的局限。

局限四：难以体现"幸福"和"绿色"

第四方面的这个局限，这个 GDP 它不能全面地去衡量发展的一些问题。

第一个方面，比如绿色。绿色 GDP 是个很先进的理念，但是到目前为止，在核算体系和方法上没有任何一个国家把绿色 GDP 还原为国民经济核算体系，没有纳入它的实践，为什么？因为这个绿色就是考核发展中的环境成本，这个考核它是个减项，这个核算方法非常难，边界非常难。目前实施起来很难。

还有比如说社会发展，不只环境，还有人们的幸福。所以当年 GDP 这套指标一提出来，虽然有的学者说是 20 世纪人类最伟大的发明，但同时就有人提出尖锐的批评。比如当时美国总统，60 年代初，肯尼迪他当时看到 GDP 这套方法之后马上就有一个质疑，他说 GDP 没有告诉人们什么是幸福，没有告诉人们什么是高质量的教育，什么是没有疾病，什么是优良的环境，什么是快乐。

所以后来我们就提出来一些别的修正指标，比如人类发展指数，把综合的寿命、健康、受教育的程度反映进去；比如说幸福指数，就是把人们的满足感、幸福感包含进去。当然我们知道，这种幸福指数也好、人类发展指数也好，也有它的局限，幸福感怎么核算？方法倒很简单，问卷。问卷的题目也很明确，你幸福吗？然后你去划，划完了之后，再去做数据统计处理，对吧，是这样子的。这种东西主观性应当说是很强的，所以我们说困难就在这儿。

GDP 有它的局限，但是现在还找不到一个比 GDP 这套指标体系更科学、更全面、更系统的核算方法。我们穷的时候，要摆脱贫困当时别说呼吸新鲜的空气，先要解决的是吃饱的问题。但今天，摆脱贫困之后，我们的发展观必须转变，从以 GDP 为核心引领的发展战略一定要转变到新的发展理念，转变发展方式，这样才能够根本上适应新的需要，克服或者是在一定程度上限制 GDP 本身的局限。

三、GDP 的增长与现代化的新征程

我们中国现代化进入一个新的阶段，新的阶段我们刚才讲了要树立新的发展理念，要根本转变发展方式，那么转变发展方式其实核心要解决的问题是什么？一个是公平，让大家能够充分地、公平地享受到发展带来的好处；

另外一个就是效率，就是经济发展的效率、要素效率、全要素效率来推动增长。公平没有解决好，社会不稳定；效率没有解决好，经济不能持续，社会不能持续发展。

那么转变发展方式，从过去的单纯或者主要追求 GDP 快速增长的这个模式，要脱胎换骨地改造，树立新的发展理念。那么怎么树立贯彻新的发展理念呢？党的十九大的报告里讲得很清楚，就是要构建现代化的经济体系，实现我们叫作"五位一体"的新的发展目标，使我们闯过关口，也就是闯过中等收入这样的历史阶段，实现我们国家发展的战略目标。

实现这样的一个过程，需要一系列的政策、制度安排。那么很重要的制度创新，恐怕是这样的几个方面：一个就是市场，现代市场化，市场不是不要政府，越是竞争充分的市场，越要求有效的政府，所以我们叫作发挥市场机制的决定性作用，同时更好地发挥政府的作用。接着下来导致了进一步的问题和要求，就是要加快和推动法制化，而法制的特点是什么？是私权保护、公权制约，也就是对市场竞争主体——所谓私权，法律上要保护，保护它的权、责、利，调动它的积极性。但政府的公权要有约束，要有规范，把权力关进制度的笼子里。法制化、市场化，在现代治理结构当中，如果解决不好的社会很难获得公平和效率。

所以中国现在要实现现代化，转变发展方式，构建现代化的经济体系，很重要的是要有制度保障，而制度保障就要全面深化改革，包括经济改革、法制化建设等方面，这样通过制度创新，来推动发展方式的转变，通过发展方式的转变，来保障发展理念的调整，贯彻落实新的发展理念，这样把握我们历史的机遇，推动中国现代化的历史进程能够顺利地实现。

市场究竟该如何监管？

·姚 洋·

北京大学国家发展研究院院长、中国经济研究中心主任，教育部长江学者特聘教授。他长期致力于中国经济发展、新政治经济学等领域的研究。曾经两度获得孙冶方经济科学奖。

有人说市场是万能的，它像一双"看不见的手"，可以自发调节和支配整个社会经济生活，实现社会资源的最佳配置，事实果真如此吗？改革开放以来，中国的市场经济释放出了巨大的能量，但是，种种问题也在不断考验着政府和市场之间的关系。政府监管缺位，市场产品或服务的质量就无法保障甚至欺诈横行，危害百姓健康、影响社会稳定；政府监管过度，又会导致效率低下、创新乏力、严重制约市场活力和经济发展。"一放就乱，一管就死"的怪圈该如何破解？

近年来，政府"放管服"改革持续深化，政府监管改革的目标是什么？

扫描二维码即可
观看完整视频

市场究竟该如何
监管？

◆ 录制时间：2018 年 7 月 31 日

◆ 编　　导：李晓东

我今天要给大家分享的话题是"如何建立理性的监管体系"，这里要先讲一下我们为什么要监管？

一、市场为什么需要监管？

要谈监管，要谈市场经济，最好的办法就是回到经济学的鼻祖亚当·斯密那里去。亚当·斯密生活在 18 世纪的苏格兰，这个苏格兰启蒙运动里头，一个非常重要的人物就是凯姆斯勋爵，他是个承前启后的人物，启蒙运动告诉我们人是有理性的，个体是有价值的，那到了凯姆斯勋爵他就提出来人的根本的一个特点是什么？是占有欲，我们生来就想着要占有东西，但这里就有一个悖论。你想占有，我也想占有，所以亚当·斯密在写《国富论》的时候，实际上就是试图来解决这个问题。他说市场就像一只"看不见的手"一样，我们每个人出于自己的私利做的事情，到最后加总起来可以最大化我们社会的这个福利，在这里我想给大家念一下亚当·斯密最著名的那句话，他说："任何一个想与别人做买卖的人都可以先这样提议：请把我所要的东西给我吧，这样你就可以从我这里得到你想要的东西。"这就是交易的通义。我们按照这个办法，可以取得所需要的大部分帮助，屠夫、酿酒师或面包师供给我们每天所需的食物和饮料，不是出自恩惠而是因为他们自利的打算。

那如果"看不见的手"是工作在起作用的话，那么我们当然不需要对市场进行任何的监管，我们每个人都出自私利，但最后的结果呢？是我为人人，人人为我，你不需要监管，但是问题在于 19 世纪英国的工业化，还有资本主义的发展告诉我们，不是这样的，英国资本主义的发展实际上是非常残酷的。我们今天到伦敦去看，伦敦漂亮得不得了，泰晤士河里头都有鱼，水清见底。可是两百年之前，泰晤士河是污染得一塌糊涂，有很多贫民窟。我不知道有多少人读过《雾都孤儿》这部小说，或者看过那部电影，它讲的是一个小孩叫奥利弗，奥利弗从乡下，实际上从救济院逃出来，最后到了伦敦落入了一帮盗窃团伙的手里头，那里描述的是一个真实的伦敦。资本主义当年的发展是以牺牲农村，把农民变成城市的赤贫的无产阶级为代价，所以才会有了无产阶级和资产阶级长达一个世纪来回的拉锯战。

卡尔·波兰尼，这是一个非常著名的历史经济学家，他在 1942 年写了一部书叫《伟大的转型》。他写的就是英国的资本主义是怎么发展到今天的，它是怎么成功的？他跟我们的解释不一样，我们通常说英国的资本主义发展是因为效率非常高，他的解释刚好是相反的，英国资本主义之所以能存在到今天是因为社会起了一个反动作用，因为把社会的纤维都给打破了，破坏了社会。那社会就会有个自发的反动，那么这个反动，就会提供很多的保护，保护像奥利弗这样的小孩不被市场，不被这个残酷的资本主义所摧毁掉。那么资本主义社会，它是会建立起来一套保护机制，一种自保护机制，那么这种自保护机制好像对资本主义发展是不利的，因为对市场进行了一些限制，但是卡尔·波兰尼告诉我们正因为这样的限制，市场才得以延续下去。但是整个 19 世纪的历史基本上还是无产阶级和有产阶级之间来回拉锯战这个历史，整个欧洲所谓的阶级的大缓和要等到第一次世界大战之后。第一次世界大战是 1914 年爆发的，在此之前，欧洲经历了 100 年的和平，以前是说我们无产者可以跨国界联合起来，今天突然发现要在不同的战壕里头互相作为敌对的势力来打。这个最关键的是在每一个国家里头，无论是英国还是德国还是法国贵族和这个无产者要在同一个战壕里头来打仗。第一次世界大战是我们人类历史上第一次炮与火的战争，是非常残酷的。最惨的一次战役，大概在五六分钟里头死去了五六千人。第一次世界大战结束之后，大家回到了国内，以前是贵族和无产者是敌对的，突然他们发现变成了战友。这时候大家会想我们还是英国人，我们还是法国人，我们还是德国人。我们不仅仅是有产者、无产者，所以这时候才有了所谓的阶级的大缓和。那我们的社会保护呢？才刚刚开始，我们今天谈欧洲的福利社会，其实它的起点就是第一次世界大战之后。比方说英国的女性一直就没有选举权，什么时候她们有了完全的选举权呢？1919 年第一次世界大战结束之后，所以第一次世界大战是非常重要的。那么即使是这样，很多这个监管的建立实际上还要付出血的代价。比如美国，在 20 世纪初的时候，在华盛顿广场上有个纺织厂，叫三角纺织厂，它是一栋楼，它发生大火。大火发生之后，厂主为了维持秩序，把这些女工都锁在这楼里头，结果 148 个女工就被活活地烧死，因为那件事，美国才开始了工厂安全的立法，血的教训才能有这样的立法。还有另外一个故事，有一天早晨罗斯福总统，他边吃香肠，边看报纸，结果这一天报纸上登的消息说有一个香肠加工厂，一位工人的这个手指头被机器给切掉了，结果这截手指头就搅拌到肉里头去了。他看到这个消息的时候，他把香肠给扔了，从此以后美国才开始了食品安全的监管。所以我们今天看到的发达国家监管的过程，也不是一蹴而就的，是一步一步来的。

二、我国的市场经济走过了怎样的道路？

我讲这些历史是想让大家对我们中国现代的市场监管体系有一个比较清醒的认识，中国的市场经济是怎么走过来的？我们的市场经济是从计划经济走过来的。我们的计划经济是学苏联，苏联的计划经济是搞得非常精密的。它为了搞这个计划经济，它把这个线性代数，还有这个规划问题研究得非常透，比如，农村地区养猪场，它不是一个养猪场就完了，它有这个种猪厂，有仔猪厂，还有肉猪厂都分开来，要分工非常细致。然后这中间的协调完全是靠计划来协调的，所以这个计划者就非常重要。一切都是从头到尾计划好了。等到经济转型的时候，就发现它整个崩溃掉了。这个种猪厂找不到母猪去配种，母猪生不出猪仔来，那这些肉猪厂就生产不出肉猪了。

那么中国虽然没有完全照搬苏联的这样的一种计划经济，但是我们的计划经济也是搞得比较彻底。我们的计划经济时代，所有的生产基本上全是政府给你安排好了。所以知道这一点我们就可以理解，我们40年的市场化改革就是一个破的过程，我们要破除这个计划经济所留下来的那些僵化的东西。我们这个破的过程在很大程度上是成功的。如果说中国是成功的典范，那么菲律宾就是失败的典范。20世纪60年代，菲律宾的人均收入是中国的5倍，今天我们的平均收入大概是菲律宾的2倍以上，我们一线城市的收入大概是菲律宾平均收入的3倍以上。

我是听一个朋友讲的，他说他有个大学同学在西安，20世纪90年代刚毕业的时候想捞第一桶金，那时候捞第一桶金怎么捞啊？他就去做导游，他接的第一个单就是一对菲律宾的夫妇，他陪着这个菲律宾的夫妇，大概三四天的时间，他得了100元。大家会想这100元太少了吧，可是你知道，100

元在当时就是一个月的工资。我一个月的工资在当时就是 100 元。所以这是他的第一桶金。20 多年之后，他的儿子到上海成家立业，他请了一个菲佣，你知道这个菲佣是谁吗？是他接待的那对夫妇的女儿，这是命运的反转。那大家会问菲律宾为什么失败呢？当然它失败的原因非常多，其中一个重要的原因就是管制太多。菲律宾没有搞过计划经济，但是它把计划经济的很多管制都学去了，就没有一个创新的动力，全是靠特许权在那里经营。马来西亚其实也是一样的，马来西亚的双子星是 1998 年建成的，在 1998 年的时候马来西亚的人均收入大概是中国的 3 倍，今天我们的人均收入基本上能够赶上马来西亚。我们一线城市的人均收入超过了马来西亚，那么它的问题其实也是同样的。所以中国的市场化改革是成功的。大家知道党的十九大提出了建立现代化经济体系的这样的一个目标，那按照我的理解，所谓的现代化经济体系就是市场化改革走到今天，我们已经到了立的过程。破了 40 年，我们应该到了立的过程，我们应该建立一个什么样的市场经济制度？这就是现代化经济体系的内涵。那么其中很大一部分就是建立怎么样的一个监管体制？因为这个监管体制实际上是定义了政府和市场的一个边界。

三、好的监管和坏的监管分别什么样？

我们国家在过去 40 年里经济上是非常成功的，我们有比较好的监管案例，这些监管都和我们经济发展是相关的。我要举的第一个监管做得比较好的例子就是汇率制度。稍微回顾一下我们汇率制度走过的历程，差不多是三个历程。第一步是从 20 世纪 80 年代初期到 1994 年的汇率双轨制，有两种汇率，一种是市场汇率，另一种是政府制定的汇率。我们为什么要搞两种价格呢？就是一方面要鼓励出口，另一方面要限制进口。第二个阶段就是固定汇率阶段，从 1994 年到 2005 年，我们是固定汇率，我们计算过固定汇率对我国人均 GDP 的累计的贡献大概是 11% 左右。第三个阶段就是从 2005 年到现在，是有管理的浮动汇率。但我自己的解读就是过去 40 年来，我们的汇率制度在绝大多数情况下是支持了我们经济的发展，同时也满足了一定的社会的目标。

第二个例子我想给大家讲的就是资本项下的管制，直到今天，我们仍然没有取消资本项下的管制。我国从来没有发生过国际金融危机，跟我们国家对短期资本的管制是高度相关的。我们曾经出现过资本的外流，但是由于资本管制控制了这种资本外流的速度，把这个问题给它限制在可控范围之内。那其他国家，特别是发展中国家好像有个资本的自由流动，但最后一旦遇到了风吹草动，那结果是非常糟糕的。

我去美国读书，巴西同学告诉我说要找到世界上最好的经济学家，一定要到巴西去。为什么？巴西当时的通货膨胀率每个月20%。所以你月初拿到工资，如果不花掉，月末20%的购买率自动消失了，所以巴西每个人都必须是很好的经济学家。但卡多佐当上总统之后，把恶性通货膨胀抑制住了，他的声望非常高，结果莫名其妙，亚洲金融危机波及，因为索罗斯到处筹集资金，造成了巴西资本外逃。那巴西"雷亚尔"就是狂贬，这时候克鲁格曼，著名的经济学家就跟卡多佐说你应该学马哈蒂尔，把资本自由流动控制3个月。马哈蒂尔在亚洲金融危机的时候，在马来西亚就是让资本3个月不准自由流动，所以马来西亚是受到影响最小的。但是卡多佐的回答是什么？我们巴西不想堕落为亚洲的三流国家，克鲁格曼的回答也是非常的尖刻，都快死掉了还有什么自由可言。阿根廷在这之前也是恶性通货膨胀，它采用了一个所谓联系汇率制度，实际上把自己本国的货币比索美元化，是固定汇率，一下遏制了恶性通货膨胀，因为政府不能乱发钞票了，通货膨胀没了。但是它的出口基本上只有一个国家，就是巴西。巴西的经济一垮掉，阿根廷的经济也跟着垮掉，它的这个外汇来源就不足了，尽管它的政府的负债很低，可是它的这个比索就是支持不住了，要贬值，大家开始挤兑。阿根廷发生危机是在2001年年末，从12月20日到2002年1月1日，20天时间里换了五个总统，所以发展中国家，短期资本的流动实际上是非常具有破坏性的。

第三个比较好的监管的例子就是我们的劳工保护制度，我国1995年出台了《中华人民共和国劳动法》，但是在那个时候出台《中华人民共和国劳动法》的执行条件是不太成熟的。有两方面原因：第一个在那个时候我们的收入水平还很低，我们的发展还是第一要务，所以要去严格地执行《中华人民共和国劳动法》，企业就受不了。那另一方面我们的剩余劳动力非常多，工人为了一个小时可能1元，他就可以从一个工厂，跳槽到另外一个工厂。所以《中华人民共和国劳动法》的执行一直比较差。那么到了2008年的时候我们出台了《中华人民共和国劳动合同法》，那么这个时候我们国家的整个人口状况还有经济状况是不同的。在那个时候，我们开始出现了用工荒，劳动力开始紧缺了，劳动工资大涨。那么新一代的工人也进城了，他们的意识和老一辈的工人是完全不一样的。那我们的企业在上一轮的经济增长里头，他们的财富，他们的能力大大加强，他们对这种比较严格的劳动标准的承受力也增加了。所以我们《中华人民共和国劳动合同法》颁布之后，我们过去这十年执行是越来越好。所以《中华人民共和国劳动合同法》告诉我们立法一定要跟经济还有社会的现实情况结合起来，你不能过早，过早就无法执行。

那我们国家不好的监管例子。第一个例子就是我们小区的停车问题，我们那个小区是北京开发比较早的一个小区，它这个停车位的安排还是比较多的，当时是按照1:1.2来设计停车位，当时觉得应该足够了。可是这十几年发展下来，那很多人家都有两辆车，那停车位就不够了。那么地下车库不够了怎么办呢？大家就停到了街上，停得乱七八糟。突然有一天来了一个胖子，他开始划界，划得非常好，然后他开始收费，而且他不光收日租，他开始收月租。一个月交他150元，你这一个月就可以停了，他在小本上都记得很清楚，车号是什么？最后他都认识我们了，这几年我们的停车位就停得非常好，井井有条。自打前年开始，突然有一天胖子消失了，他不来收费了，大家又开始乱停了，现在停得乱七八糟，我们那里一到早晚高峰的时候就开始堵车。为什么堵车？因为道路都被车给占了，没有道路了。后来我了解到为什么这个胖子不能再收费，是因为他乱收费，他自己跑去设了一个卡，他自己收费。没有人让他来收费，我们国家有一个法律叫小区道路不能用作收费停车场，也就是说应该免费停车。可是免费的东西大家知道会是什么？供不应求对吧？它就会产生租金，租金就是价格，大家会去竞争那个租金。胖子来收费，他就把这个租金给拿去了，在某种意义上是给我们建立了一种产权。我们交了费的人就说我们应该有个停车位，那些没交费的，他在某种意义上就承认了我们这样的一个产权,他不会来乱停,所以这个例子告诉我们,作为住户,这个小区道路我们不应该再付钱。但问题是没有仔细地去思考资源的稀缺性的问题。

我要讲的第二个例子,就是我们知假买假的问题。拼多多很火,创造了上市的奇迹,可是这个拼多多它卖的东西都是似是而非的。比如,小米新款,小米新款到底是小米呢,还是另外一个品牌,不知道。我想起来,这个十几年前大家听说过王海这个人,他打假打了十几年,去年不能打了。但是要想一想,那些造假货的,如果没有人去监控他们,它的这个损害到底有多大?而且像这种知假买假的,是不是他内心就是恶的?就像王海一开始,也不是说带着这种恶意去的。我们能不能用道德问题或者说唯一地用道德作为标准来评判我们的这些监管?这是需要我们考虑的。好的监管和坏的监管之间,其实就是能不能理性地思考,只要理性地思考,这个监管就会做得比较好。

四、理性的监管要做到什么?

党的十九大提出了建立我们现代经济体系这样的一个目标,党的十九大报告里头提出要加快完善社会主义市场经济体制,要打破行政垄断,禁止市场垄断,要放宽服务业的准入限制,要完善市场监管体制,也就说我们对这个市场的监管已经提到一个非常高的高度了。

一个理性的监管有哪些要素?第一个就是应该弱化事前的审批,这个事前审批是计划经济时代遗留下来的东西,因为计划经济时代,所有的东西都计划好了,那么这样的一种监管,直到今天我们仍然在做。这样的一个监管为什么不好呢?我记得大概 20 年前,我就写了一篇小文章,实际上是个小寓言,99 个好蛋和 1 个坏蛋的例子。这个寓言就是一个老太太拎了一筐鸡蛋到市场去卖。这筐里头有 100 个鸡蛋,可能有一个鸡蛋是坏的。事前的监管是什么意思呢?就是把每个鸡蛋都放在显微镜下看一看,看它是好蛋还是坏蛋,这叫事前监管。100 个鸡蛋都是好的,我才允许你进去,那老太太走了好几里路,把鸡蛋拎到了这个市场上,那么这个检查可能要 2 个小时,最后市场已经关门了，她拎着一筐鸡蛋又回去了。今天你看到她拎着鸡蛋回去了，明天她就不来了。在经济学上我们将这个叫作"无谓损失"。这些损失是不可见的，因为监管太严厉了，所以我就不来你这个市场或者我变成一个灰色的市场。沿着这个思路下去我们就应该实现负面清单管理，我们金融的管制就是这个负面清单进一步缩短。我记得应该是缩短到 30 来项，那在这之外的呢外资都可以进入，那么这样的一种监管思路和我们以前的计划经济时代的这个监管思路是完全不一样的。我们以前就是不让你做，你就不能做。现在我们要完全改过来，法无禁止即可为。那么这样是可以鼓励创新，特别是在我们这个互联网领域，这样的一个负面清单可能是更加重要的。因为互联网领域，你不知道哪个地方能冒出来创新。

比方说网上购物，我们看来几乎是饱和的领域，竟然能从里冲出来拼多多，你能想到吗？你根本想不到，如果你从一开始就要审批，拼多多就出不来。

那么第三方面就是我们要强化事中的监管和事后的惩罚，要放宽一些进入的管制，要做负面清单管理。那这样可能会有一些坏的项目就进来了，它通过了审批就进来了，那么在这种情况下我们该怎么办呢？我们应该加强事中的监管还有事后的惩罚。

在美国有过这样一个案例：一个老太太到麦当劳，她摔了一跤，结果法院判麦当劳赔偿这个老太太 50 万美元。那你可能会说，我也跑到麦当劳摔一跤，没有把我摔坏，我白赚 50 万美元，这就误解了惩罚麦当劳的初衷，惩罚麦当劳不是要复仇，不是要奖励这个老太太，是一个警示作用。我们经济学里头有成本分摊的这样一个定理，谁应该来负担这个预防成本，你是让消费者来负担，还是让生产者来负担。如果是我们用道德的标准来评判，那你自己应该为你自己负责，地上有一滩水，为什么不小心？让消费者来负担，但是老虎还有打瞌睡的时候，消费者进去摔一跤，这时候应该谁来负担，其实这个麦当劳它来负担这个预防成本是更加经济的，所以罚它让它长记性。

第四方面就是我们在做监管规则的时候，要做一些成本收益分析，我们能不能把所有的危险都消灭在萌芽上头。当然如果涉及老百姓生命安全的或者是食品、药品，要尽可能地消灭在这个萌芽里，不出一件事这是最好的，但是有一些东西，你是不可能做到，它有所谓的系统性风险。比如说交通事故，再好的监管，交通事故恐怕还是要出。美国一年的交通事故死亡人数大概是 4 万人，还有 200 万人重伤。那美国的交通管理应该是比较严格的，所以不可能说完全消灭交通事故。那应该做的是什么？要系安全带，你加强这样的监管，人人都系上安全带，待在车里是最安全的。哪怕你有重大车祸，只要你待在车里不被甩出去，你就不会有生命危险，骑摩托车一定要戴头盔这个可以减少很多这种死亡的案例，这是一种成本收益分析，最后得出来的结果，还要回到刚开始说的惩罚是管用的。

第五方面就是我们的监管要整合起来，之前出现了要证明"我妈是我妈"这样的怪事，为什么会出现这样的例子呢？一个就是信息不通，我们没有联网起来，这个我们进步非常大，现在我们身份证，可以做很多事情，就是因为联网的结果，现在我国信息技术是领先的。那么第二个方面就是监管体系一定要合理化，像刚才这种证明"我妈是我妈"的这种，就像这个《第二十二条军规》，监管不理性，没有梳理清楚。

那最后我想总结一下，说了这么多，那么到底应该怎么做？监管其实很简单，我把它总结成一句话：就是政府不能缺位，政府不能越位，如果政府缺位了，那么胖子就会出现；如果政府越位了，我们在市场上就买不到鸡蛋了。

中国资本市场如何健康稳定发展？

·吴晓求·

金融学家，中国人民大学原副校长，中国资本市场研究院院长，金融学一级教授，教育部长江学者特聘教授（2006），是中国证券理论研究、证券教学和教材体系的开拓者，在宏观经济、金融改革和资本市场等领域有深入、独到的研究。

📚 导 语

20世纪70年代末的改革大潮，推动了中国资本市场的出现和成长，经历了从无到有、从小到大的迅速发展，在很多方面走过了发达国家市场几十年甚至上百年的道路。今天，资本市场已经成为我国社会主义市场经济的重要组成部分，总市值位居世界第二。但是，中国资本市场本身也存在一些亟须突破的问题，是哪些因素制约着中国资本市场进一步的发展？未来中国资本市场的路该怎么走？

扫描二维码即可
观看完整视频

中国资本市场如何
健康稳定发展？

◆ 录制时间：2018年7月4日

◆ 编　　导：卢璐

今天给大家讲一讲中国的资本市场。

我对中国的资本市场未来还是比较担忧，尤其是在 2018 年、2019 年、2020 年，这三年金融的供给侧结构性改革、金融去杠杆之后，我觉得未来可能中国的资本市场，尤其是股票市场可能会承受一个比较大的压力。

我对中国目前的经济发展非常乐观，所以相应的资本市场是为实体经济服务的，实体经济比较好的话，我对资本市场就非常乐观。

无论是相对悲观还是相对乐观，一定是有它的原因的，下面我就中国资本市场的发展的战略、发展的方略跟大家做一个交流。

我一生研究资本市场，迄今为止我的研究重点没有发生转移。虽然当前我们这个市场应该说有一些低迷，投资者的信心应该说有些不足，情绪也比较低落，实际上在我看来，最低落的时候也是离成功不远了。我们不能因为市场低落，丧失了信心。但是，摆在我们面前如何发展中国的资本市场，始终是一个重大的题目。

一、中国为什么必须发展资本市场？

第一个小问题呢，就是中国为什么要发展资本市场。有很多人他有疑问，他说如果你从融资的角度来看，我们的商业银行可以满足所有企业，包括个人的融资需求，那么为什么还要发展资本市场？资本市场不是充满了一种价格波动，而且充满了一种风险？那这个从理论上就要进行深度的理解。

1. 为资金供给方和需求方"牵线"

第一个原因就是我们的经济发展到今天，市场的发展是一种必然，是因为人民的收入水平提高了之后，希望自己的资产能够有一个良好的增值机制，他想获得一个能够大大超过银行储蓄利息这样的一个收益。还有一些企业认为从银行融资有很大的约束，比如要报各种报表，受到货币政策周期的影响。

金融本质上是一种供给，它必须要满足社会的需求，于是乎就产生了一个现象，这个现象在我们学术界称为"脱媒"现象，或者说叫融资的去中介化，就是说我可以把这个融资通过发行证券的这样一个工具，从社会融资。

这样一来的话，对融资者来说他会发现，第一个他的融资期限长了，他可以避开经济周期的影响，第二个从投资者的角度来看，就资金的提供者来说，他发现买了这些证券化的产品，它的收益率比商业银行的存款收益率要高不少。

那么这种凭证我们通常说有两种，一个是债券，就是企业发行债券去融资，那么第二种就是企业通过必要的环节、程序和条件，它发行股票。当经济发展到一定程度之后，实际上内生出一种现象，即推动了资本市场的发展，这两种金融工具就会应运而生。应运而生以后马上二级市场就要建立起来，因为它要交易，因为它可能需要一个流动性的要求，如此等等，一级市场和二级市场就建起来了。

在中国，实际上我们最早建立两个交易所的时间是1990年12月，那个时候我们把上市当成了一个解决企业困难的重要方法，这是不正确的。

2. 满足百姓财富增长的愿望

在没有资本市场的时候，中国金融基本功能停留在融资功能上，主要通过商业银行，以及后来发展的非银行金融机构来完成这个任务，那么第二是提供支付和清算，这两个是早期我们的金融体系所具有的基础功能。可是随着经济的发展，老百姓的收入提高之后，还是我刚才说的那个原理，他还是希望有一种金融机构能够帮助他理财，实现财富增长这样一个愿望，这个财富增长的收益率，显而易见是要超过你把钱存到银行的那个收益率，所以金融的功能慢慢就开始升级了。

衡量一个国家金融是否发达，我们不是看它的商业银行有多大，甚至也不看它的金融资产规模有多大，主要是要看它的金融的功能，于是乎金融的财富管理就变得非常重要。既然要有财富管理，就一定要有实现财富管理的工具和基础资产，第一是它要有很好的流动性，可以进行组合和配置，第二一定是有风险，如果没有风险的资产实际上它的收益率很低，同时它也难以实现一个最优的配置。所以中国的金融要完成从融资为主，到融资和财富管理并重的这样一个变革，这个变革靠什么来完成呢？只有靠大力发展资本市场。

3. 实现成为国际金融中心的目标

从全球来看，从历史的纵深来看，世界上没有一个全球性的大国它的金融不是开放的，它的市场不是国际金融中心。

早在700年前的威尼斯，罗马时代，那个时候海上贸易非常发达，所以那个时代威尼斯成了全球的金融中心。那个时候金融中心主要是一个支付清算中心，因为它要和国际贸易相匹配。

经过了两三百年的演变，到了17世纪，全球的金融中心开始移到阿姆斯特丹，那个时候荷兰成了一个海上的强国，海上贸易成了一个强国的重要标志，所以阿姆斯特丹在1607年成立了全球的第一个证券交易所。

到了18、19世纪，英国开始在全球成为最有影响力的国家，那个时候说英国是一个日不落的帝国，那是有根据的，英国伦敦，实际上从18世纪中叶之后，特别19世纪，它就成了全球的金融中心。

到19世纪后半叶，美国经济表现出强盛的一个态势。美国慢慢成为全球性的大国了，到了20世纪初，美国已经开始超越英国，有很多指标，包括美元当时的地位，虽然美元全球的国际货币体系核心地位是1944年通过布雷顿森林体系确定的，实际上在1916年美元全球储备的份额和地位已经开始超过英镑，只不过还没有得到大家共同的认可，两次世界大战以后，这样一个趋势已经确立了。实际上在20世纪初，纽约已经开始成为全球的金融中心了，在整个20世纪，美国的经济发展，美国的强盛，可以总结出很多的经验，但是它的金融市场的发达，肯定是一个非常重要的因素，直到今天，纽约仍然是全球排在第一的国际金融中心，它这个国际金融中心是美元计价资产的全球的配置中心。

中间当然发生了一个插曲，就是20世纪80年代到90年代这段时间，日本经济快速地成长，它的金融也开始活跃，在日本泡沫经济的顶峰时期，东京证券交易所市值，曾经短期内超过了纽交所。虽然到今天，东京市场仍然是一个高度国际化的市场，但是它对全球金融市场的影响力在日益下降。

到了20世纪90年代之后，中国经济开始蓬勃发展，基于我们40年来的改革开放推动了中国经济的发展，推动了中国经济的市场化，也推动了中国国际贸易的发展，中国现在是全球进出口贸易量最大的国家，外汇储备最多的国家，也是工业体系最完整的国家。当然一个大国光靠这些是不行的，必须要在它的经济发展上，它的金融实力上有所体现。我记得 2018 年在博鳌亚洲论坛上，习近平主席发表了重要的演讲，他演讲的核心就是要推动中国的开放，他说开放是中国的第二次革命，中国人经过 40 年的改革开放，深知开放对我们的重要性，其中还专门谈到了中国金融的全面开放，表示了我们的信心，所以当然我们在金融体系开放中，我们要充分地估计，我们可能所面临的困难，可能存在的阻力，这个阻力、困难、难度、风险，比我们当年加入世界贸易组织要难很多，他对我们软实力，对于我们软环境的要求是非常高的，所以要推进中国金融体系的现代化，或者说使中国资本市场成为国际金融中心，也是中国现代化建设的重要内容。所以从这个意义上说，必须推进中国金融的改革和开放，我们要构建一个国际化的金融体系，这其中非常重要的目标，那就是我们要构建一个国际化的金融中心，新的国际金融中心，或者说 21 世纪的国际金融中心。

二、制约中国资本市场发展的因素有哪些？

1. 企业不透明

我们部分企业在上市之前，它的账目都是不清楚的，它会有意地规避税，它对税务局是一套账，对股东是一套账，对管理层可能还是另一套账，它的账以至于董事长，以至于它的财务主管，都不知道哪一个是真实的，它想从这里面，寻找它的利益最大化。而这种行为，这种心理特征，这种文化和资本市场是抵触的。而资本市场，它的灵魂就是透明，你必须透明，因为大家拿钱来买股票、买债券，他一定是基于你的信息披露，一定是基于信息的判断，我来作出投资决策，当发现你给我的信息是不完整的，甚至是和事实相违背的、相反的、错误的、滞后的，那我这个市场没法发展。

但是，这个是可以改变的。我们加入世界贸易组织之后，通过无数的案例，无数的事实，发现尊重知识产权，保护知识产权人人受益，有利于社会的进步，有利于经济的发展。通过资本市场发展，如果我们能够推动社会透明度的提高，我认为这就是巨大的进步。

2. 部分法律欠缺

当然中国的法律结构对资本市场发展也有某种约束。让什么样的企业上市，我们一般会选择说它在国民经济中处于特别重要的地位，它有悠久的历史，它的赢利能力很强，它没有权属纠纷，它的规模很大，它为就业做了很大的贡献，当然这些东西都是很好的。而资本市场它要求你及时解决问题，因为我们在法律上的某种特点，比如说我们有些很好的企业就到海外去上市了，是因为它有很多的公司治理结构，以及它的一些企业的特点，不符合我们的法律要求，可是企业非常好，包括早年的腾讯，后来的阿里巴巴，也包括京东，包括现在小米等，这些都是我认为最具有竞争力的企业。但是如果按照当时的状况来看，显然不符合我们证券法要求上市公司的那些要求和标准，于是乎它达不到，它就不选择在这儿上市，它就走了。在这方面，我们应该说是相对滞后。

3. 独特的文化心理

我经常说，在这个文化里面，巴菲特很难产生。因为你要挣那么多钱，大家总觉得你有问题，你这个人有点不劳而获，凭什么你买股票挣钱，你挣了谁的钱，他会有这样一个疑问。而且我们很多人不认为股票是一种基础性的金融资产，很多人潜意识里面认为这是一种投机的工具。所以很少有人说买完股票，我要一直看它未来的成长，他买完以后晚上睡不着觉，看看第二天是不是涨了，涨了赶紧把它卖掉，这种行为特征非常明显。这个潜意识里面想说明什么呢？说明他把股票本质上没看成是资产，他倒是把房子看成资产，我们对资产的一种物理形态的要求是非常强烈的，要看得见摸得着。那房子买了，虽然在那顶峰买的，虽然也套住了，他不着急，说股票说套了他着急，实际上这都是一种文化上的一个特质、一个特点。

像这些实际上潜移默化地对我们的资本市场的发展，会产生某种约束作用。当然资本市场的发展，会把这种约束慢慢转换过来。所以这就是在中国发展资本市场，为什么不容易。这个不容易还体现在我们很重要的制度设计、政策的实施，它有时候和发展资本市场的战略目标是不匹配的，是相悖的。

举个例子，我们一旦看到商业银行的居民储蓄存款增长速度有所下降，还不是说绝对额下降，是增速有所下降，很多人就警觉，说这个问题很大。我经常想，这有什么问题吗？只要中国经济是健康的，中国居民的收入是增长的，它这个增长的收入，它用于银行储蓄的比例增长速度减少，这才是正确的，意味着它有一部分开始投入到其他资产的选择，那就是证券化的资产，包括股票和债券，首先主要是股票，这是一种积极的信号，这是推动中国金融结构变革的重要趋势，但是在我们的政策解读上，会解读这个有问题，必须要采取措施，让居民储蓄存款的增速不至于下降。有时候我在想，如果这么下去，那中国资本市场永远不会得到发展。所以很多人在市场低迷的时候，怀疑中国能不能把资本市场搞好，实际上细细想来，有它一定的原因，但是不充分，我们还是有足够的信心去推动资本市场发展，是因为金融的结构变革的方向、一个重要方向，就是资本市场发展。

三、如何突破当前中国资本市场存在的问题？

刚才我说了，我们中国资本市场发展充满了曲折，离我们心中的目标相去甚远，这是我非常困惑的，也是我非常忧虑的，我们必须找到其中的原因。

1. 提高"免疫能力"

2008 年美国的次贷危机引发了全球的金融危机，这场危机，如果放在其他国家，我认为它会一蹶不振，但是在美国，在比较短的时期内，克服了从大萧条以来最严重的金融危机，而且它的金融恢复能力非常强，它的道琼斯指数最低时候跌到 7000 多点，是非常低的，那么到了现在，它已经最高达到 26616 点。也就是说它是金融危机的发源地，它并没有经过很长的时间就复苏了，而且达到了一个顶峰，这给我们一种什么思考呢？这就说明构建一个什么样的金融体系很重要，这个金融体系一定要有弹性，一定能够面对蜂拥而来的风险，它有很好的防御能力，很好的化解能力，最重要的是有一个再生的能力。有些人感冒之后，他的体力是越来越好，而且他的免疫能力提升了，这就很好，如果一次感冒，让你身体日益衰微，那你肯定是有问题的。应该说美国的金融体系它做到了这一点，因为它是高度市场化的金融体系，它是开放的金融体系，所以它的风险是全球分散的，每个人都在承担，包括我们中国的投资者。

中国是个大国，中国要推动金融体系的现代化，中国要构造一个能够在全球配置资源，同时在全球分散风险的金融体系，这个靠谁来完成，靠资本市场来完成，我们必须在思想认识上知道它对中国意味着什么，它意味着中国经济增长将会获得越来越多的金融资源，能够使中国经济保持长期持续稳定增长。

2. 要加大保护投资者的利益

很多人把资本市场最重要的功能理解成是一个融资的市场，到这里来融资，融完资是否对投资者负责，他不管，所以我们大量的政策的制定都是从融资者的角度去考虑的，没有从投资者的角度来考虑。实际上在监管部门有一段时间也是说，今年首次公开募股（IPO）了多少钱，IPO 了也是从融资的角度，包括我要打开 IPO 的堰塞湖等。

像这个观念本身，还是把融资放在第一位，解决企业的问题放在第一位，而实质上这个市场最基础的远远超过融资功能的是它的资产性质，是它的财富管理的功能，如果老百姓都不满意这个东西，融资目标，融资目的如何实现？

3. 要辩证看待风险

让什么样的企业上市，这个很重要。有一些提法是要纠正的，比如说有无权属纠纷，这是必需的，比如说你的信息披露、财务记录是完整的，这个都是基本的要求，但是否特别重要很难说。

我们在有些时候，比如说钢铁、煤炭，煤炭企业有个阶段很挣钱，煤炭企业纷纷上市，我有时候就很恐惧，我说我就不相信煤炭永远会成为我们最重要的能源，因为科技在发展，新能源在层出不穷，只不过因为价格的约束，它没到这个盈亏点。一个现代化的国家，如果我们的能源还处在一个非常落后的阶段，我不认为这是恰当的。还有一些钢铁企业也很符合要求，可是你会发现它上市的时候，是达到了辉煌的顶峰，各种指标非常好，从一发行上市股票价格非常高，到了创造纪录以后，永远就一蹶不振了，因为它是以它历史的辉煌作为起点的，它迎来的是它的日益衰落，因为它所处的行业是非常传统的，我们科技的进步将会超越它，将会有新的东西、替代的东西出现，而且还有新产业出现。

过去的历史真的不重要，重要的是未来，资本市场关心的是未来，资本市场面对未来进行预期和估值，要让那些有成长性的企业上市，它可能今天亏损，但是它未来不见得亏损。回望到十年前，让阿里巴巴上市，估计没有人会同意，人家觉得他是个骗子。腾讯当时真的不起眼，腾讯是中国上市企业里面应该说是增长最快的一家上市公司。这就是科技所带来的影响，但是我们没有这个判断，规则也不允许它。我们一定要打破传统的观念，要让那些高科技企业，今天虽然亏损，未来也许有成长性的企业上市，今天已经定数了，你让它上市对投资者来说没有任何意义，因为它没有不确定，投资市场、资本市场，它讲究的是一个不确定性。

风险本质上是机会，别看今天我们达到了几年来的新低，我们要辩证来看，有时到了这个时候，人们反而已经觉得这个市场风险很大，也有人说现在的市场风险太大了，我说不对，风险已经大部分释放掉了，2015年的那个5000点，那个风险才大。巴菲特说金融危机是上帝给投资者的一个礼物，什么意思啊？我记得2008年美国次贷危机的时候，花旗银行的股票，每股跌破1美元，大概最低到0.98美元，我心想那个时候要有钱去投资，通通买成花旗银行，因为美国不会让花旗银行破产的，0.98美元1股的花旗银行，那个时候人心惶惶，都在抛，所以，我们要正确地理解风险和把握机会，不要在市场低迷的时候就完全失望，实际上这是曙光已经再现。

4.制度执行不到位

很多规则执行不严格，比如退市机制。市场不可以没有退市，它不断地在那里重复，不断地耗尽我们的资源，人们还不断地抱有希望，果然它还真的弄了一些花哨的东西来了，实际上花哨东西又待不了那么一两年，它最后还是要退市。我觉得像退市这个必须严格，没有任何的弹性。推进中国市场经济体制的改革，还是有一条市场原则的，你不能说有人提出一个莫名其妙的过分的要求，我们就退让，有些必要的和解是可以，但是损害原则的退步是不行的。

所以我想这些，都是中国资本市场发展所存在的问题，也是资本市场这些年曲折的原因所在。

四、中国资本市场未来的路怎么走？

1.更好地助推实体经济发展

实体经济永远是基础，金融也包括资本市场永远要服务于实体经济，所有脱离实体经济的，包括金融创新，金融发展，金融的成长，都是泡沫化的，所以服务于实体经济，是金融的最核心的使命。

我们还是要控制风险，同时要为实体经济提供多样化的金融工具，金融服务。融资只是最初级的，实际上实体经济除了融资以外，比如并购的服务，基于并购的过桥贷款，基于并购的一种投资银行服务，这是一种比较高级的金融服务。比如支付，支付的服务，过去我们是有支票，也有汇票，来完成支付清算，后来发展了信用卡，现在是电子商务、网上购物、网上消费了，这些支付的手段，都不能满足对金融的要求，那金融必须创造一种新的支付业态和人们消费结构、消费方式发生变化相适应，所以第三方支付出现了。

所以我们理解金融和实体经济的关系，不能简单地消极地理解，它一定是在改革创新中，来为实体经济提供越来越有效率的、同时能够推进实体经济的变革和发展的金融服务。

2.从理念到政策的全面改革

第一个重点就是，要以加强信息披露为核心来展开监管，要深刻地理解中国的资本市场最重要的是要为投资者负责，它不是说主要为融资者负责，要转换过来。为投资者负责不是一个口号，它要实现到我们的各种政策设计上，包括让什么样的企业上市，这是非常重要的，要让那些未来有成长性的企业上市。要加快我们相应的立法和法制的改革，因为资本市场发展之后，我们投资者的资产增值了，我们上市公司的发行融资规模也会扩大，人们的财富增长，我们的消费才会扩展，消费增长了，经济才会有发展的动力，这套逻辑是很清楚的，我们不能反过来，改革是非常重要的，在发展中改革中解决问题。

3.推动中国资本市场开放

中国资本市场成为国际金融中心，是我们的目标。所以我们要推动开放。金融的开放比实体经济的开放要复杂得多，所以我们必须要做好我们的基础工作，包括金融的基础架构的设计，金融的信息系统的建设，金融风险的管控措施，金融风险的监管体制的改革等。

4.监管的力度和节奏宜缓不宜急

我们要营造一个资本市场发展的人文环境、舆论环境、理论环境，也包括政策环境，所以把握监管的力度和节奏还是很重要的，保持市场的一个适度的流动性很重要。虽然我们央行又降准又降息的，流动性宽裕，水库里水是多了，可是底下的渠道没了，水库倒是很满，整个金融体系商业银行倒是解决了问题，可是这个水流不下去。我们必须解决这些水怎么流下去的问题，提高金融的效率问题。有一些金融创新它是必要的，它是让日益盈满的水库的水，通过合理的渠道灌溉农田，实体经济需要这些水，可是没有渠道，看似很美，但底下的农田还是渴的，还是干旱。所以我们要正确地、全面系统地理解总书记的那句话，就是要守住不发生系统性金融风险的底线，我理解这是一个长期任务。

总的来说，随着国家的强大，国家的繁荣，以及人民生活水平的改善，人们收入的改善，我认为中国资本市场一定会发展起来，而且在不久的将来，中国资本市场一定会成为全球新的金融中心。

如何立足未来办教育？

·王树国·

西安交通大学校长。被学生们亲切地称为"小宝校长"的他，已经从教40年，先后担任过两所国家重点大学校长。他对我国高等教育事业满怀热忱，其激情与务实给人留下深刻印象。在从事教育行政工作的同时，他曾多年奋斗在科研一线，是我国机器人研究领域的资深专家。2014年他调任西安交通大学校长后，投身中国高等教育改革实践，着力打造以西安交通大学为龙头的中国西部创新高地，为探索21世纪现代大学与社会深度融合提供经验。

📚 导　语

　　教育部统计数据显示，截至 2019 年，我国高等教育学校达到 2688 所，毕业大学生突破 800 万人，高等教育的办学规模和年毕业人数已居世界首位。但规模的扩大并不意味着高等教育质量的提高和效益的增长。纵观世界发展和我国现代化进程，不断涌现的新经济、新业态和新技术对复合型人才、前沿科技人才的需求，比以往任何时候都更为迫切。在科技强国的建设过程中，尖端优秀人才的培养更是至关重要。显然，当前大学传统的学科划分和单一的人才培养模式，很难适应科技的快速发展，每年人数众多的大学毕业生在就业时存在专业不对口、不具备工作岗位需要的技能等现象，折射出供需之间的偏差，深化高等教育改革越发受到社会各界关注。

　　党中央在关于制定"十四五"规划和二〇三五年远景目标的建议中明确提出，到二〇三五年要建成教育强国。面对未来现代化建设的需要，大学教育该如何破旧立新，培养社会各方面需要的创新人才？立足现在，着眼未来，大学如何紧跟时代步伐，做好与国家发展和社会进步的深度融合？大学的"新形态"究竟是什么样？

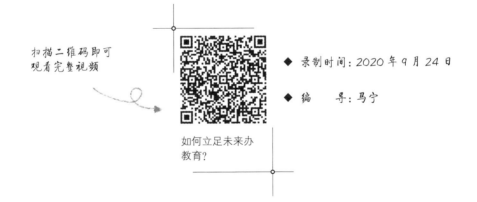

扫描二维码即可
观看完整视频

如何立足未来办
教育？

◆ 录制时间：2020 年 9 月 24 日

◆ 编　　导：马宁

中国高等教育面对第四次工业革命当作何变革？这个问题值得我们大家共同探讨。

一、我们需要怎样的大学？

1. 大学要适应人才需求新变化

坦率地说，第四次工业革命所带来的挑战不仅是针对中国教育，整个世界的高等教育都受到了前所未有的挑战。原来我们大学是引领社会发展，我们的学术研究成果和学术思想都走在了社会的前面。所有的人都对大学充满了崇拜。象牙塔，就是由此而产生的。大家认为如果我不懂，我可以到大学去请教，因为他们是专家。他们更容易把握和理解社会的发展规律，他们的思想成果都走了我们的前面，他们的业绩和思想在引领着社会的发展。而当今 21 世纪，在第四次工业革命背景下，社会走在了大学的前面，需求走在了我们的前面。我们的知识供给没有满足社会的需求，甚至我们的思想知识都落后于社会的发展。

施瓦布是世界经济论坛的创始人，一位非常有名的经济学家。他对第四次工业革命有着独到的见解，他说第四次工业革命正在颠覆几乎所有的行业，这些变革将产生极其广泛而深远的影响，彻底改变整个生产管理和治理体系。供给与需求的直接融合，大学与社会的反向交流，促进了科学的进步。

还有来自欧洲的学者，叫迈克尔·吉本斯和彼德·斯科特。他们写了一本书是这样描述现在的大学状态的。他说领头的教授们瞄准基础研究的国家基金，他的一群研究生和博士后都在连续不断地被训练成教授的替代者。这种组织化的研究方式，控制着整个大学。这本书阐述了一个道理，科学产生的模式发生了改变。原来科学都是由大学的学者们发明创造思考，把知识单向地输送给社会。而现在社会反向向大学提出了需求，即用什么样的理论，能用什么样的技术和知识来支撑人类社会未来发展的需求。

大家看到了很多颠覆性的技术、很多新的产业形态、很多新的经济模式，都频繁地在社会上产生，推动了社会的进步与发展，而这一切是没有基础理论支撑的。社会反向向大学提出需求，你如何解释这一切发生的现象？这叫知识生产的逆向流动。所以由原来大学到社会的单向流动，变成了社会向大学的逆向流动，这是一种完全不同的知识产生的新模式。所以这样一种反向的流动是第四次工业革命的一个显著特点。

在这样一个背景下，大学需要社会深度地融合，社会也需要大学深度地变革。我想在这样一个千载难逢的中华民族与一次新的技术革命如此接近的机遇下，如果我们再不反思，不跟上时代发展的步伐，可能我们要错过一次来之不易的新技术革命的机遇。所以在这样一个背景下，更值得我们去深刻反思，中国大学的未来该怎么走？

2. 大学要培养跨学科复合型人才

习近平总书记在两院院士大会上语重心长地讲，以人工智能、量子信息、移动通信、物联网、区块链为代表的新一代信息技术加速突破应用；以合成生物学、基因编辑、脑科学、再生医学为代表的生命科学领域孕育新的变革；融合机器人、数字化、新材料的先进制造技术，正在加速推进制造业向智能化、服务化、绿色化转型；以清洁高效可持续为目标的能源技术加速发展，将引领全球能源变革；空间和海洋技术正在拓展人类生存发展的新疆域。总书记在这段讲话当中，把第四次工业革命的主要领域都点出来了。所有在大学学习过的，甚至已经走出校门的，你们都会感受到总书记所点的这些领域都没有出现在现在大学的学科目录和专业目录上。但它是实实在在的，是在我们身边的，是未来将会改变世界的若干领域。这些新兴的学科，每一个领域都是多学科的交叉融合。这就是第四次工业革命的特点。不仅是学科之间的交叉融合，也是行业、领域之间的交叉融合，也是自然科学和人文社会科学的交叉与融合。

因为社会之所以设立大学，是希望在基础研究、学科领域、科学技术思想等方面去引领社会，而不是在社会的后面一步一步地跟行，那就失去了大学的存在意义。科学技术从来没有像今天这样影响着国家的前途和命运，从来没有像今天这样和老百姓的福祉直接相关。所以这就是为什么老百姓对中国的高等教育寄予了那么大的期望。因为他们把孩子送到学校，他们特别期待着从高校出来的他们的孩子走向社会的时候，能够站在社会的前沿，成为社会积极的骨干力量。而目前学校恰恰没有跟上时代发展的步伐，这应该引起我们的反思。

3. 大学要深刻理解创新的内涵

再有一个例子可能给大家的警醒会更重一些。美国的竞争力委员会，它是一个由大学校长和著名企业的首席执行官（CEO），以及社会各界的代表人物所组成的竞争力委员会，是一个民间组织。它们的宗旨是：提高美国生产力，提高美国生活水平，确保美国在全球市场成功。面对这样一次大国博弈，我们不期待恶性竞争。但是面对这样一次新技术革命，它们所思考的问题值得我们去借鉴。他们对创新是怎么理解的？他们的定义是，创新是为社会创造价值。而我们是如何理解创新的？有人把发文章当成了创新，有人把登记一项专利看作了创新。但我们是一个有五千年文明史的国家，我们是一个有灵魂的民族，我们应该认真思考创新是什么，这是我们教育工作者的责任。

所以我把前面所看到的其他国家学者专家的思考做一个小结。第一，知识的垄断已经不复存在，所以大学要开放。大学要主动打开围墙，深度地融入社会。第二，产业结构变化催生新的学科组织方式。大家看到了现在任何一个产业、学科、装备、工作岗位，它都需要多学科的交叉融合，而不是单一的学科所能支撑的。而我们现在还沉浸在细分的、非常陈旧的学科的框架体系之内去培养人才，与社会的需求存在脱节。所以现代产业与未来技术将会成为大学需要深度思考的问题，即如何围绕着现代产业和未来技术的发展来重构我们的学科领域，搭建学科之间的交叉融合，并在这个环境下来培养人才。第三，知识更新的高频节奏催生新的培养模式。现在知识更新太快了，技术更新也太快了，你刚拿了一个手机，突然发现又一个新型的手机出来了。刚熟悉了这个功能，突然发现那么多功能在你的手机终端上又出现了。知识更新的速度非常非常之快，发展速度之快，超出我们的想象。在这样的背景下，我们原有的、慢节奏的、长周期的人才培养模式适应不了社会发展的需求。第四，市场对新技术的高度敏感性催生科研方式的转变。我为什么要强调这一点？大家看到了华为，它对5G通信技术的投入，它对5G通信技术的钻研，它的科研的深度广度，它的资金投入的力度，绝不是一个学校所能比拟的。这样的世界龙头企业，它注定会引领这个世纪在某一个领域未来技术发展的走向。面对这样的企业，面对这样高度重视技术甚至是以技术为牵引的高新技术企业，我们大学培养的人才如何能够跟上这个发展的节奏和步伐？如果我们再不主动和这些龙头企业深入结合，掌握他们对未来技术发展的需求，我们大学的存在价值何在？我刚才讲的所有的这些弊端，也不仅仅存在于中国的大学，在现有的世界各国大学当中都存在同样的问题。正像刚才吉本斯所描述的那样，现在在欧洲的大学当中也是如此。所以在这样一个时代背景下，大学如果想继续引领社会，没有别的路可走。必须要主动地融入社会，利用大学多学科的相互交叉优势，利用大学基础研究的优势和企业未来的需求紧密地结合起来。来共同推动社会之进步，来共同培养社会未来发展所需要的人才，这就是大学的新模式，我把它叫作大学的新形态。

二、大学教育未来该向何处去？

1. 回应世界的关切

大学要想进行变革，有几个出发点或者是焦点，必须要回答。

在这样一个新的时代，在第四次工业革命的背景下，整个人类、全球都在关注什么问题？这是我们大学不可回避的。大学作为思想者，作为技术的引领者，作为科学基础研究的主要阵地，我们首先应该去回应这样的关切。我这里说说人类文明的价值观，我为什么谈这个问题？因为这一次新冠肺炎疫情的到来，给整个人类社会带来了巨大的冲击。它不仅仅是对经济的伤害，对生命的损伤，它带来更大的是价值理念的冲击。早之前，一个人类学家在记者提问的时候回答了这样一个问题，人类文明是从什么时候开始的？在回答之前这个记者猜想这个人类学家一定会回答，要么是火的发明，要么是石器的发明等。但是，这位人类学家给他的回答不是这样。这位人类学家说人类文明的诞生是在远古时代，我们的考古学家所发现的一块人类的腿骨。这个腿骨折断了，但是又愈合了。他说这是人类文明的开始，为什么？因为在远古时代，那种恶劣的生存环境下，一个人的腿骨折断就预示着死亡。因为他再没有获取食物的能力。他之所以能够存活下来，腿骨得到愈合，一定是他的同伴帮助他，照顾他，才使他有生存下来的机会。这就是人类文明的起源。人类知道我们作为一个种群，我们要想持续发展，延续生存下去，我们应该互相帮助，互相关爱，这是人类文明的真正价值。如果从这个角度来看待人类文明真正价值所在，我们就会理解习近平总书记为什么反复提及人类命运共同体。因为我们目前所面对的问题来自自然界的挑战，不是我们哪一个国家的问题，是我们整个人类在面对自然界挑战的时候，我们能不能良性地、持续地发展下去的问题。我们是命运共同体这样一个价值理念，如果在我们人才培养过程当中，不去深深地刻在一代又一代年轻孩子们的心中，那我们教育是一个失败。因为他们作为人类未来的继承者，不知道人类真正的价值所在。所以从这个角度来讲，这是一个大课题，更是一个不可回避的课题。

2. 回应国家的关切

在百年未遇之大变局面前，中国的大学如何结合中国的发展和实际，在这样一个变革的过程当中，去回应国家的关切。国家关切哪些问题？习近平总书记已经点得很明确了，四个面向：面向世界科技前沿，面向国家重大需求，面向经济主战场。最近一次讲话，习近平总书记又加了一个面向，叫面向人民生命健康。这样一个四个面向突然理清了我们在 21 世纪第四次工业革命背景下，新的大学形态的办学思路。

3. 回应社会的关切

社会希望大学来向它们提供什么？我们能帮助社会解决什么问题？这是我们必须要回答的问题。社会各界企业说现在新的技术又发展了，大学在这方面能不能提供人才，或者说有没有人才帮助解决未来发展当中的技术问题。如果我们自身就没有跟上时代的发展，我们还停留在过去老的单学科的那种状态下，我们没法回应社会这样的需求。所以这方面我们必须要主动地融入社会之中，去了解社会发展的需求，才能倒逼我们自身科学的进步，进而支撑社会的发展。

邱爱慈院士已经 80 多岁了，仍然奋斗在科研第一线。她最近发明了一个可控脉冲的油气采集装置，能够使我们原有的采油量提高 6 倍。一个巨大的贡献，因为等于再造了几个大油田大气田。我在油田当过工人，我知道一次采油、二次采油、三次采油，非常复杂。我们又不是一个油气资源非常丰富的国家，发现了一个油田气田，恨不得把所有的油气都开采出来。但是开采不是那么容易，开采到一定程度，我们就得采取新的措施。而她这项技术使我们的油气开采率能提高 40% 以上。这完全是一种颠覆性的技术，一种变革性的革命创新。我希望说明的是，只要我们主动作为，实际上在若干领域满足社会的需求是可能的。所以这就需要我们主动融入社会发展之中，才能发现社会的需求，才能把你的聪明才智变成有价值的贡献。

4. 回应人民的关切

我们那儿有一个藏族学生叫白玛央金，她每个假期都要回到西藏。她不仅自己去，还组织了一个西藏雪域女团。她把同学们组织起来就回到她们家乡，去调查研究。用她们学到的知识去为当地扶贫，为当地的孩子们的教育贡献自己的一己之力。尽管那个事情很小，但是体现了我们这一代孩子的那种情怀。她不是那么功利，不是那么物质主义，不是那么金钱至上，她不是精致的利己主义者。她是把自己和生她养她的这块土地，未来的发展紧密地结合起来，所以我非常感动。如果说我们不培养这样的孩子，或者说我们不让我们未来的这些年轻的孩子具备这种情怀，那是我们教育的一种失误。如果说我们的家长把孩子送到学校，而我们学校没有按照社会的需求把孩子们培养成才，那家长们会非常失望，没有一个家长愿意把孩子送到一个不注意孩子品德培养的学校。

有些人说你现在讲这些东西，在面对物质利益引诱的时候，都没有说服力，但是我说好像不是这样。如果这样的话就没有当年的"西迁精神"，就没当年一批老教授，一批从海外留学归来的学者，从繁华的大上海一声号令迁到了大西北。我们的前辈曾经做过，"西迁精神"的核心是爱国主义，家国情怀。这是一个民族一个国家赖以生存之根本，是一个民族灵魂的传承之根本。

三、欧林工学院带来的启示

在第四次工业革命背景下，不是我们在思考，是别人也在思考。不是我们在尝试，别人也在尝试，甚至已经走到了我们的前面。这是美国一个非常年轻的学校，21世纪初才刚刚开始运作，叫欧林工学院。它现在在本科的培养质量方面，在美国名列前茅，一个只有十几年办学经验的小学校，在校生只有350人，取得了如此大的成功。这是用我们现有的大学排行榜的指标衡量不出来的，但是它确实走在了高等教育的前列。

它完全采取了不同的、非传统的人才培养模式。它在招生的时候就问：你有改变世界的愿望吗？你想如何改变世界？它希望每一个人是带着愿景来学习，带着愿景走出学校去工作，而不是没有灵魂没思想的，纯粹是学习一门技能，混得一个吃饭的本领而已。

第二点，它不是按照传统的模式来对学生进行课堂教育，然后教学实践、毕业答辩。然后到工厂实习，走向社会。它不是这样的，因为这个节奏满足不了这个时代技术的更替。它叫项目牵引。如果这个学生说我想在人工智能领域，在机器人领域改变世界。学生从入学之初，学校就和企业联合，给学生立一个项，这个项目是学生自由选择的。说我想做一个智能机器人，那好，企业家认为可以就给他立一个项。从此开始他将围绕着他这个项目，走完在学校的几年学习生涯。而这种学习是主动的，我要做一个机器人，但是我现在不会做，为什么？因为我缺知识。缺什么知识？老师告诉我，我得学数学，我得学物理，我得学化学等。一个完整的课程体系，围绕着这样一个项目产生了——个性化的培养。所以这时候孩子们学起来是主动的，他知道我为什么学，这门知识将在未来我所从事的这个领域产生什么样的作用？这种主动的学习是入脑入心的，他不是被动的学习。被动的学习是我要考高分，我要及格；我不能挂科，我要拿毕业证，否则我就不能毕业。这种学习是极为痛苦，是一种被迫的、不得已的，是为了自己谋生存，而不得已去学，这种学很难入脑入心。即便是考试的时候记住了，一旦走向社会，很快就要忘掉了，因为它没有在你的脑子里扎下根。

同时欧林工学院没有放弃对孩子们人文素养的培养，它们自己没有人文学科，但是同样列出必须要学习的人文社会科学领域的科目。在它们学校旁边有一个非常优秀的大学，可以为他们提供这方面的课程。这叫社会教育资源的共享，和我们现在所提倡的共享经济一个概念。大家看到大学和大学之间又相互地结合起来。

当孩子们具备一定知识的时候，再去做机器人仍然做不了。老师会告诉他，你必须还要有些实践经验，你要到企业去，你要懂得如何制造机器零件，它的加工、工艺、材料的选择等。孩子们突然知道原来专业课也需要补充，而且是跨学科的，仅仅懂一门知识不够。说我是学机械制造，那你只能做机器人的本体，但是机器人还需要有大脑，有传感有控制，所以它需要多学科的交叉融合。大家突然发现这种人才培养很自然地把相关学科在一个项目目标下有机地融合起来，所以他们就是这样培养学生的。

当我看到这些他山之石，确实值得引起我们深刻的反思。一个学校真正的价值在于是不是真正地为这个社会的进步，为这个国家的进步，区域的进步作出了你应有的贡献。

四、大学的变革正在发生

那我们怎么做呢？也就是按照刚才的思想。去做怎样一个平台？内涵是什么？第一个就是变革的指导思想。不用说，一定是"四个面向"，因为这是始终作为我们未来现代大学发展的一个指导思想。那么第二就是变革的目标，变革的目标是什么？我们想办成一个什么样的大学？因为别的学校我也不是深入了解，我还是讲西安交通大学的例子，我们打造了一个中国西部科技创新港。

坦率地说，我们也在探索，和美国欧林工学院一样，我们也在探索 21世纪中国能不能提出或者践行一种新的大学形态，来引领世界未来高等教育的发展。结合总书记提的"四个面向"，我们来做了 4 个板块。这 4 个板块正好是：面向世界科技前沿的国际联合实验室和研发机构研究平台，面向国家重大需求的大科学装置和工程实验中心，面向经济主战场的校企联合实验室和面向人民生命健康的生命科学实验室和区域性的医疗中心。4 个大的板块组建了 29 个研究院，有 300 多个研究所。完全打破了现有的学科界限，是按照社会发展之需求，按照第四次工业革命总书记所点出来的若干重点发展领域，来确立的各个研究院的它的使命、地位和研究范畴。这些名字都不是现有学科存在的。所以我们把总书记的"四个面向"在我们探索 21 世纪新的大学形态当中，物化成我们具体的落实举措。

我们这个平台成立以后，世界 500 强现有 200 多家，已经到中国西部科技创新港签署了合作协议，已经有 50 多家落地，共建校企联合研发平台。所有这些都是原来我们不可想象的。但是当我们这样一个开放的姿态，开放的平台，毫无界限的这种深度的融合，我们突然发现做了一个特别受社会欢迎的事情，都没有想到有那么多的社会的龙头企业，有那么多的社会各界组织，对此给予了足够的关注和支持。因为企业家突然感觉到大学不再那么高高在上了，我们的企业就建在大学，我们的研究室就在研究那些我们关心的问题。我们想解决的问题，我们就和教授在一起解决，而且学生在参与这些项目之中，得到了能力的体现。

世界各国的朋友来到这也感觉很高兴，因为这是一个开放的平台。所以我们刚刚举办了一个关于我们贵重仪器、大型科学仪器面向全球开放的这样一个仪式，明确地告诉全世界，这个平台上所有的科学仪器，所有的科学平台是面向全球科学家开放的。大家都可以在此共同研究，来为人类社会未来的发展做出我们的应有贡献。所以我们自身也感触良多，因为我们通过这些合作及时地把握住了世界最前沿的技术的发展动态。我们也知道最好的企业已经做到什么程度，我们也知道未来他们发展还会遇到什么瓶颈问题，所以这无形当中对我们自身的人才培养和学术研究是一个极大的、反向的推动。

我们还成立了丝路大学联盟，有将近 40 个国家（地区），150 多所大学加入了这个联盟。它们分成若干个子联盟，有关人工智能的、材料的、医学的、法学的，它们自发地组织，非常活跃。现在这个联盟是世界上各个大学联盟中最活跃的一个联盟。这其中也包括来自美国、俄罗斯、欧洲，很多发达国家的院校也都加入进来，是一个倡导人类命运共同体价值理念的联盟。但是它又把自然科学和社会科学非常有机地结合起来，和每一个国家发展所需要解决的问题有效地结合起来。这种思想之间的碰撞，使我们对人类社会整体有了一个更清晰的认识。所以我们未来培养的中国学生应该具备国际视野，而我们应该为他们未来的成长提供一个国际化的环境。如果我们封闭起来，我们老师不了解，我们的学生更不了解，我们会把孩子们装在一个小笼子里，一旦走向社会，面对复杂的国际形势，他们会迷茫和不知所措，他们不知道如何应对，很难成为社会未来发展的脊梁和领军人物。

我们创办了人类历史上第一个储能专业，这个名字并不是十分高大上，和人工智能、大数据等相比来讲，好像它的热词的出现率并不是很高，但它关系到我们人类社会未来可持续发展的一个要害。因为大自然留给我们的化石能源是有限的，也许在未来几十年甚至百年左右，我们的化石能源将消耗得荡然无存。而那时候工业又高度发达，那么人类社会未来如何去发展？那时还有清洁能源、绿色能源吗？那清洁能源、绿色能源如何使用？用的时候没风，不用的时候风来了，能量发挥出来了，结果用不了还浪费了。所以人类社会想要发展，能源是绕不过去的一个坎，没有能源人类社会不能持续发展，而要想利用绿色能源，储能又是一个关键之所在。我们必须要未雨绸缪。一是探寻这方面的关键技术，推动人类社会进步与发展。二是培养这方面的人才，所以我们率先创办了一个储能专业，是学校和若干龙头企业联合创办的学院，也就是顺应了刚才我们所讲的大学与社会深度融合，面向未来世界共同面临的问题，前沿性问题，我们来共同寻求答案，在创新的过程当中去体现人才培养。

所以我想，第四次工业革命脚步越来越近，节奏越来越快，时间不等人，我们在和时间赛跑。所以一定要加快脚步，不仅仅是做强我们自己，实现我们民族复兴之伟大梦想，更多的是要担当起引领世界，走向美好未来的责任。在这其中，中国的高等教育必定会成为引领世界高等教育未来发展的"排头兵"。

高质量发展呼唤怎样的企业？

·刘俏·

北京大学光华管理学院院长，教育部长江学者特聘教授，国家自然科学基金杰出青年奖获得者，国家发改委"十四五"发展规划专家委员会委员。刘俏教授在公司金融、市场微观结构与中国经济研究等方面拥有众多著述。

导　语

　　1978 年，中国还没有一家严格意义上的现代企业；截至 2018 年，120 家中国公司入榜《财富》杂志世界 500 强企业；同样是 2018 年，中国大陆新增实体注册企业 670 万户，平均每天近两万户企业诞生。40 年，中国企业从小到大，上演了一个又一个鲜活的成长故事，也诞生了一个又一个商业传奇，这其中是否有堪称伟大的企业？如今，中国经济已由高速增长阶段转向高质量发展阶段，新时期我们又需要怎样的企业？面对新形势、新挑战，中国企业能否完成从大到伟大的"新长征"？这其中需要怎样的市场环境、商业模式、企业家精神为之助力？

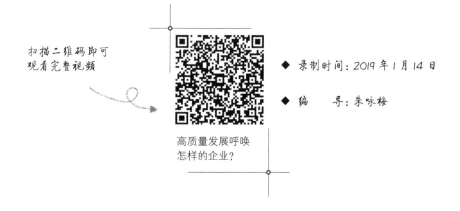

扫描二维码即可
观看完整视频

高质量发展呼唤
怎样的企业？

◆　录制时间：2019 年 1 月 14 日

◆　编　　导：朱咏梅

每一年美国《财富》杂志都会有一个全球 500 强的排行榜,我们既然有 120 家入榜企业,为什么还讲中国需要伟大企业?大跟伟大之间到底有什么样的区别?

一、什么是伟大的企业?

一般来讲,规模上的大,跟能够创造价值的伟大企业,它们之间是有很大差异的。

大家经常会问,怎么定义伟大企业?如果从经济学、从财务角度讲,把那些能够创造价值的企业,能够持续地、长时间地创造价值,给它的股东、投资方、消费者、员工提供合理回报的这些企业,我们称为伟大企业。

大量的研究显示,一个企业如果能够长时期地保持比较高的投资资本收益率,具备了创造价值的强大能力,那么这种企业可能就符合伟大企业的范畴。

回顾整个企业史过去的一两百年,什么样的企业真正做到了能够保持比较高的一个投资资本收益率、能够成为大家公认的伟大企业,有两个例子是比较典型的。一个是大家比较熟悉的通用电气,就是 GE。大家可以思考,过去 130 年时间里面,什么样的技术、什么样的产品是对人类生活质量改变最大的?电对人类生活改变是非常大的,那么通用电气就是一个围绕着电来做业务的企业。它最早的创始人就是爱迪生,大家比较熟悉,他的一个理念就是说,凡是电所到的地方都是我们的业务可以扩展的方向,我们通过电来给人类提供更美好的生活。

那么通用电气在 20 世纪 90 年代之前,这一百年的时间里面,一直保持将近 20% 以上的投资资本收益率,即每一元钱的资本投入进去,能产生两角钱的税后利润。这么大体量的一个工业企业、业务品类如此多的工业企业里面,这是非常难得的。而且它的这种赢利、它的整个估值,一直保持一个持续比较稳定的增长,这是它成功的一个原因。

背后的秘籍是什么?原因很简单,它就围绕着一个主线,一定是跟电相关的,来实现比较好的一个价值创造的能力。

通用电气现在也有很大的争议性，如 2018 年 6 月，它的表现不太好，最终从道琼斯工业指数里面被踢出来了。如国内很多的媒体，或者说是一些企业家认为，通用电气就失败了。但事实上这个企业在过去 130 多年的历史里面，类似的调整经历了很多次，而且保持很长一段时间都是一个以良好的业绩表现，以这种价值创造作为主要诉求的这样一种企业文化。

另外一个例子就是国际商业机器公司（IBM），这是一个大家公认的、在高科技技术领域里面比较好的一个企业，但 IBM 的发展也不是一帆风顺的。

20 世纪 90 年代初期的时候，有一个叫"颠覆式创新"产品出现，即个人电脑（PC）。个人电脑在性价比方面，在当时的这种运用能力方面，已经开始起到了能够替代 IBM 的传统产品，如小型机、中型机甚至大型机的这样一种程度。

IBM 大概从 1990 年到 1993 年连续亏损，基本上没人认为这个企业还能复苏、还能活过来。这个时候他们派了一个 CEO 名叫郭士纳，他后面写了一本书——《谁说大象不能跳舞？》，就讲他接手 IBM 业务之后，所发生的一系列的变革。

这场变革就一个主旋律，就是怎么去提升它的价值创造能力，提升它的投资资本收益率。包括 2005 年把 IBM 的 PC 部门出售给中国的联想，果断地使 IBM 从一个制造商向服务商转型，它做这种咨询服务、做软件，这些行业它们资本占用是非常低的，但毛利是非常高的。它的业务进行这样一种重组调整之后，企业的投资资本收益率一下就上去了，现金流变成正的。那么通过这种方式，这个企业重新恢复了强大的价值创造能力，市值又回到了 2000 亿美元这样一个水平上。他最后卸任的时候，回顾这段历史写了《谁说大象不能跳舞？》这本书。

像 IBM 这样一个业务品线非常多，多元化程度非常强的企业，在面临困境的时候，可以重新回归到最基本的价值创造这条主线上来，围绕着投资资本收益率来重组它的业务，最终通过瘦身、重新转型，跳出优美的舞步。有很多小而美的企业，有很多小而伟大的企业，能够长时期保持比较高的一个价值创造能力的企业，都算是伟大企业，所以伟大企业和规模之间其实没有必然的联系。

二、我们的企业离伟大企业有多远?

1978 年,我们几乎没有现代意义上的企业,有的只是计划经济下的完成指令计划的行政部门。短短 40 年时间,我们把这些完成指令计划的行政部门变成充满活力的、能够在全球市场上竞争的企业。

另外,我们不可否认,就是民营经济的崛起。在过去 40 年,我们看到四次比较大的创业浪潮,从 1980 年温州的章华妹领到第一张个体工商户的营业执照开始,整个 20 世纪 80 年代看到的是乡镇企业的崛起,出现了很多企业家和伟大的企业,如任正非、张瑞敏、鲁冠球这样一些企业家。

第二波浪潮是在 1992 年邓小平南方谈话之后,我们看到大量的学者,还有政府的一些官员下海,形成新的市场派。

第三次创业高峰出现在 20 世纪 90 年代末期,互联网浪潮高峰时期。像大家现在耳熟能详的 BAT(百度、阿里巴巴、腾讯),再加上京东,基本上是这个时期的产物,有了像马化腾、马云、李彦宏这样的一些代表性的人物出现。

第四次创业高峰期,应该是大家比较熟悉的"双创时期",这个阶段还在延续之中。这里面什么样的企业能变成伟大企业,或者是未来引领世界的企业,可能还需要时间去观察、去判断。

用一句话来总结,中国经济在过去 40 年,我们在微观基础方面发生的最大的变化,就是中国大企业的崛起。1996 年,我们有两家企业第一次进入全球 500 强的排行榜,其中一家企业是大家熟悉的中国银行,另外一家是中粮集团。

到 2018 年,包含中国台湾地区,中国进入 500 强企业的数量是 120 家,几乎我们每一年是以 5—6 家的速度在增加,而美国基本上从最高峰期的近两百家一直在往下,按这样一种动态的趋势,在未来的两年我们可能超过美国,成为全球拥有《财富》500 强上榜企业最多的国家。

但强调一点,500 强企业是按照销售收入来划分的。2018 年我们进入

500 强的 120 家企业的前 40 名，这里我把大陆企业列出来，有两个非常有趣的地方：第一个大部分是央企或者地方国企，第二个它们绝大部分集中在提供资金、能源和原材料的这样一些生产要素的部门。

如果看上市公司，这个特征就更明显了。按 2018 年年底的市值选出排名前 10 名的企业，A 股市场 10 家最大的上市公司里面，有 6 家是金融机构，它提供资金；有 2 家是能源企业，它提供石油或者天然气这样一些能源；还有一家是茅台酒，也是提供重要的生产要素。我想这个特点跟美国排名前 10 名的上市公司相比，有很大的差异性。美国排名前 10 名公司的行业结构会更加多元化一些，而且有将近 5 家企业是高科技企业。它还有消费品公司，有金融机构，也有能源企业，会更加多元。

我们在过去 40 年经济增长高歌猛进，我们做大量的投资，那么这个过程中需要大量的生产要素，需要资金、能源、原材料，那就使我们这些领域的企业能够迅速地崛起，形成这样一些大的企业，这也是我们值得骄傲的一个伟大成就。但就回到第二个问题，这些企业是不是伟大企业？大就一定是伟大吗？规模大的企业它是不是一定能够创造价值？

这是从 1998 年到 2017 年，中国 A 股市场上市公司平均的投资资本收益率的一个衡量情况。那么这 20 年平均数字只有 3%。3% 意味着什么？也就是这些上市公司你给它投资一元钱的资金去做它的主营业务，提供产品或者服务，它一年下来之后所带来的税后利润其实只有三分钱。

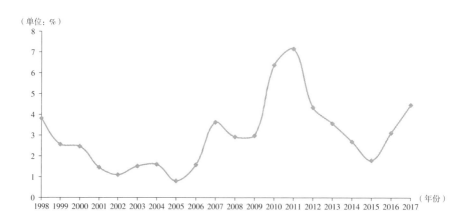

1998—2017 年中国 A 股主板上市公司的投资资本收益率

而美国在完成工业革命时期，就是 1870—1970 年这段时间，上市公司平均的投资资本收益率应该是 10% 以上，我们是 3%。再回到刚才我提到的 500 强企业，我们有 120 家，它平均的资本收益率只有 1.65%，而美国是 4.79%，是我们的 2.9 倍。从这个角度讲，其实也给我们提出一个问题，为什么我们的企业规模很大，但是在创造价值方面并没有展现出足够好的表现？为什么我们高速增长并没有催生出这些伟大企业？

三、培育伟大的企业需要怎样的土壤？

过去很长一段时间，我们在企业经营管理方面，不管是我们的外部环境，还是企业家的认知方面，还有一些局限性，使我们的企业往往把规模放在价值创造的前面。原因主要有五个。

第一个原因，我们在一个投资拉动的增长模式下，我们强调要素投入，比如地方政府是用 GDP 作为一个主要的发展指标。对企业而言的话，把规模做大之后，它基本上有条件、有前提可以得到更多的资源。资源占有导向型这样一种经营思路，就必然使企业在经营管理过程中，把规模放在投资资本收益率的前面，但这种后果也比较严重。企业如果投资资本收益率不高，一个必然的结果就是企业的债务率会越来越高，就是我们讲的杠杆率会越来越高。

中国整个宏观杠杆，到 2018 年的 3 月，按照国际清算银行的数字，整个债务包括企业的债务、家庭债务、政府债务，全部合在一起之后是 GDP 的 2.6 倍，但其中非银行的企业债务是 GDP 的 1.64 倍。1.64 倍意味着什么？企业的平均资金成本如果一年所需要支付的利息是 6%，也就意味着这些企业一年时间里面，它需要用来偿还利息的资金相当于 GDP 的 10%，整个国民产出的 10% 是用来还这个利息的，因为背后是大量的债务来支撑的这样一种企业运营的格局。

第二个原因，金融机构在资源配置方面缺乏效率。过去将近 20 年时间，我们的两个板块，一个国有板块和一个民营板块，除了 1999 年、2000 年之外，在剩下的绝大部分时间里，民营企业相对而言它的投资资本收益率会比国企高一些。当然这里面有很多原因，国有企业可能有很多社会责任，民营企业不需要去承担一些负担。但不管怎样，从客观事实上分析民营企业的投资资本收益率会更高一些。但金融体系在配置资金的时候，还是把超过50%的资金，配置到这些投资资本收益率相对比较低的一些部门、板块里面去。那么导致一个后果就在于整个经济的微观基础，就是在企业层面上，平均的投资资本收益率相对会低一些。

第三个原因是内因了，企业或者企业家在经营管理企业方面存在认知偏差。比如多元化，我们不管做什么样的企业，到一定程度之后就一定要做金融。给大家看这个图，我们根据上市公司主营业务的板块数，把它跟企业自身的投资资本收益率做个比较，是一个线性下滑的关系，是负相关关系，这意味着当多元化程度开始提升的时候，投资资本收益率是在下降的，规模本身并没有带来价值创造能力的相应提升，甚至它是一个背道而驰的发展方向。

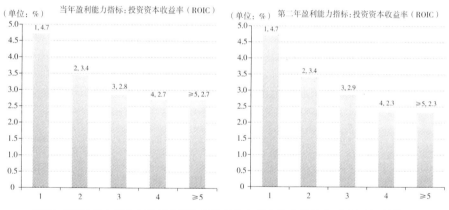

1998—2017 年中国上市公司主营业务板块数与投资资本收益率（ROIC）的关系

第四个原因是公司治理环节。到 2018 年我们整个上市公司 3500 多家，这是 2014—2016 年上市公司根据年报所汇报的叫净资产收益率的分布情况。有趣的是，大量企业的净资产收益率是在 0 的右边，比 0 高一点点。这说明我们很多企业在汇报它的财务报表的时候，是有意识地要把它的财务情况放到 0 的右边，目的是避免亏损。在某种程度上讲，这把中国上市公司在信息披露方面的质量问题暴露无遗。

　　而美国在同期的上市公司的一个净资产收益的分布情况，相对而言更像是我们讲到的正态分布，也就意味着它有好企业，但有很多企业因为经营情况，可能因为市场竞争的情况表现不太好，但不管怎样，它相对真实地把企业的运营情况汇报出来了。

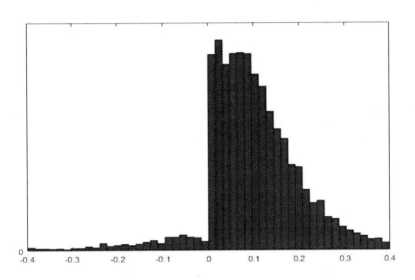

2014—2016 年中国上市公司净资产收益率（ROE）分布图

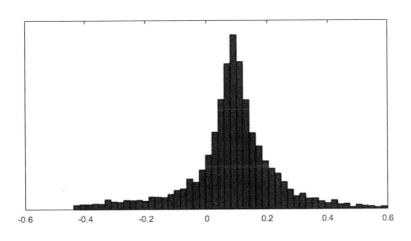

2014—2016 年美国上市公司净资产收益率（ROE）分布图

第五个原因，税负的问题。企业面临大量的制度成本，还有税收和各种各样费用的成本，这些使企业税负非常重。如果这方面做些调整，上市公司的平均投资资本收益率也能够提高到4.3%，从3%提升到4.3%，能够增加将近30%—40%。

我想对企业而言，当投资有回报，能够形成自我循环，能够有自我的"造血"机制，中国经济微观基础的基本状况会发生很大的变化。资本市场上也会有更多的高质量企业、有投资价值的企业供投资者去选择、去投资。

四、伟大的企业如何助力高质量发展？

为什么高质量发展阶段一定要强调投资资本收益率，一定要强调伟大企业，而不是单纯的、规模大的大企业？诺贝尔经济学奖获得者索罗有一个索罗模型，他解释一个国家经济增长的时候，主要是由劳动力还有资本来驱动的。对那些劳动力跟资本不能解释的部分，叫全要素生产率。

中国改革开放40多年，最大的一个成就在于完成了工业革命，这和全要素生产率的提升是联系在一起的。特别是前30年，年均4%以上的增长速度，这是非常高的一个增长速度，因为美国在过去一百多年，它整个全要素生产率的年增速只有2.1%。

进入21世纪的第二个10年之后，我国的全要素生产率开始下降，那么就提出一个新的要求，未来要寻找中国经济继续高速增长，或者高质量增长的新动能，需要把这个动能从简单的要素投入，转换到要素的使用效率方面来。

我给大家做一个简单的分析，为什么它特别重要？中国现在的全要素生产率在改革开放40年，按照美国佩恩表的估计，我国大概是美国现在水平的43.3%。我们2014年是这样的水平，就我们这个全要素生产率的水平是美国的43.3%。

那么大部分的工业化国家，在它们完成工业化进程进入现代化序列之后，这个水平大概是美国的70%—80%，像德国1998年完成这个过程是91%，日本2004年约是80%。

假设 2035 年我国基本上实现社会主义现代化，全要素生产水平从现在的 43.3%，要达到美国当时的 65%的话，我们需要每一年全要素生产率的增加速度，比美国同期的速度高 1.95%，美国现在大概一年平均将近 1%。这意味着我们在未来的十七八年的时间里，全要素生产率需要达到每一年平均 2.9%，接近 3%的样子。

这是很大的一个挑战，意味着企业和微观基础应该作出很大的一个变化，不能再靠过去那种高歌猛进的、简单的投入来拉动的增长方式，把重点应该放到怎么让这些投入、怎么让这些生产要素能够发挥更大的作用。这样的话，它呼应的是完全不同的另外一种价值判断。而我们需要的是什么呢？需要的是伟大企业，就是一大批能够非常好地把这些资源、要素组织起来，能够提供出非常优秀的产品和服务的、能够创造价值的这样一些企业。

那么它最终会反映在什么地方呢？就是投资资本收益率上。著名管理学家德鲁克讲了一句话，他说："没有什么是比正确地回答了错误的问题更危险的。"我想在中国这个阶段一个正确的问题在于，我们怎样去产生一大批了不起的、能够创造价值的伟大企业，这是我们在目前为止最重要的一个任务。

五、中国的伟大企业在哪里？

1. 哪些行业值得期待？

回归到内因，有四点非常重要：第一，一定要找有增长性的行业，就是需求端会决定供给端。到 2030 年我们用最保守的这种估测，就是未来 12 年我们保持 5.5%的这样一个实际 GDP 的增长，达到将近 160 万亿元的样子，人均 GDP 很可能会达到 1.9 万—2 万美元，一个中等发达国家的水平，消费需求是完全不一样的。

那么什么样的企业或行业，能够对这种变化的需求作出及时的回应？比如金融行业。现在的金融行业整个业务模式比较同质化和单一，到 2030 年金融资产的规模大致是整个 GDP 的 4 倍，按不变价格来计算，就是 640 万亿元金融资产。这里面有多少空间，有多少可能的行业机会在里面？

像医疗健康行业，欧盟平均的医疗行业 GDP 占比是 10%—11%，美国最高 18%，2018 年中国的大健康行业占整个 GDP 的比例为 6.2%—6.3%。假如到 2030 年我们达到一个工业化国家的平均水平 10%，10% 意味着什么？16 万亿元的一个行业会崛起。医疗行业因此非常值得我们长期坚持，会看到一批了不起的提供医疗服务的、提供医疗器械的、提供制药的，甚至提供一些研发的这种企业在中国崛起。

这里面还有一个值得我们在未来关注的因素，在于我们的人口结构。到 2030 年整个中国劳动力人口里面，完成了高等教育的劳动力数量是 2.5 亿—2.7 亿人。这 2.5 亿—2.7 亿的人，我们把他们激活了，他们的消费需求能够得到满足的话，这将是全世界在 21 世纪前 50 年无可争议的、毫无对手的、最大的一个消费市场。

除此之外，互联网也是很大一块。同时高端制造业，还有 IT 制造业，跟制造业相关的新兴工业，也是很重要的一些门类。那么在这些领域我们都会有几倍于 GDP 增长速度的成长机会，这些领域通过创新，通过企业家精神，通过商业模式的不断打造，会涌现出一批投资资本收益率很高的企业。

2. 苦练什么内功最有效？

第二点就是坚持不懈地研发和创新非常重要。

华为的研发在最近几年达到了销售收入的 15%。它历年在 10% 以上，最近几年到了 15%。华为 2017 年销售收入 6000 亿元人民币，就有 900 亿元人民币在做研发，相当于 130 亿美元做研发，高过苹果公司、高过谷歌、高过脸书、高过亚马逊这样的企业。它创造价值的能力，它的投资资本收益率，显然是可以得到保障的。希望在未来有越来越多的中国企业向华为学习，增加研发的投入。

这是一个非常长期的过程，但是这种投资是值得的。日本 2000 年前后提了一个口号，第一要增加研发的 GDP 占比。另外一点它们特别强调基础科学跟基础技术的研发。当时有一个口号：在 2050 年之前，就是 21 世纪的前半叶，需要产生 30 个诺贝尔科学奖的获得者。日本 2001 年开始实施这个计划。我们最近看到了，过去十年基本上日本一年一个诺贝尔奖获得者。这些学者、获奖的科学家大部分都没有在国外待过，他们就在日本本土工作，甚至很多是日本本土的机构培养出来的。

在这个阶段，中国如果说开始强调对基础技术、基础科学研发的这种投入，同时保持一个比较耐心的科学态度，我认为十年时间，能看到大量中国的诺贝尔奖级的研发成果出现在各个领域，也包括在医疗健康领域。

3. 企业的核心目标应该是什么？

最后一点其实我强调比较多，就是投资资本收益率，就是企业在经营管理上一定要把投资资本收益率，把价值创造放在简单的规模前面。企业家或者企业经营者在经营管理一个企业的时候，核心目标是创造价值，是提升投资资本收益率的话，那么可以给股东们提供跟中国的宏观经济表现相匹配的这样一个股票市场的表现。那么你是创造价值的，你的企业很可能是一个大家认可的、尊重的、有可能成为伟大企业的这么一个企业。

4. 未来哪些企业能脱颖而出？

大家可能经常问，中国有没有伟大企业？如果按照刚才提供的这些简单的技术指标来衡量的话，像华为、阿里巴巴，甚至包括在香港上市的小米，包括顺丰，它们的投资资本收益率都保持在比较高的水平。因为整个中国A股上市公司平均投资资本收益率是3%，像阿里巴巴过去五年保持在30%；华为保持在将近20%这样的水平上；小米因为第一年上市，只有一年的数据，甚至高达100%的样子。如果说这些企业，在未来很长一段时间，能够把这样一种价值创造的纪录保持下去，那么我想从里面出现一些伟大企业，或者说其中某一个、某两个变成伟大企业，完全是可能的。

在高质量发展阶段，在经济的微观基础层面上，需要有一大批伟大的企业，需要改变我们企业经营管理的基本思路，需要实现从大到伟大的这样一个了不起的迈进。

第二篇

创新突破

科技强国梦，我们该如何实现？

·徐冠华·

中国科学院院士，科技部原部长。他从小就对科学表现出强烈的兴趣。投身科研工作后，他坚持"科技报国"的信念，始终将自己的事业与国家的经济、社会进步紧密相连。他走上科技部部长的岗位伊始，党的十六大确立了全面建设小康社会的目标，要求制定国家科学和技术长远发展规划，"让科技惠及每一个百姓"。他直接参与、组织2000多名来自科技界、经济界、教育界的专家，开始了空前规模的战略研究，用3年时间，制定出国家《中长期科学和技术发展规划纲要（2006—2020年）》，得到党中央、国务院的批准，确立了我国2020年进入创新型国家行列的重要战略目标，并积极推动这个纲要的具体实施。

导　语

2018 年，两只克隆猴"中中"和"华华"诞生，我国成功突破克隆灵长类动物的世界难题；我国第一艘国产航母完成了首次海上试验任务；国产大型水陆两栖飞机成功实现水上首飞，这是目前世界上最大的在研水陆两栖飞机；"当今世界上最具挑战性的工程"——港珠澳大桥正式通车运行；"北斗三号"基本系统完成建设，并开始提供全球服务。2019 年，"嫦娥四号"探测器首次成功登陆月球背面，传回世界第一张近距离拍摄的月背影像图，人类由此开启月球探测的新篇章……

中国的科技进展令世界刮目相看，其惊人的规模与速度，正源源不断地展现出来，成为中华复兴的助力和标志。"科学技术从来没有像今天这样深刻影响着国家前途命运，从来没有像今天这样深刻影响着人民生活福祉。"《国家创新驱动发展战略纲要》明确提出，我国到 2020 年进入创新型国家行列，到 2030 年跻身创新型国家前列，到 2050 年要建成世界科技创新强国，成为世界主要科学中心和创新高地。如今，我们正处在世界新一轮科技革命和产业变革同我国转变发展方式的历史性交汇期，我们应该如何抓住机遇，建成科技强国？我们在科技领域还有哪些亟待解决的问题？

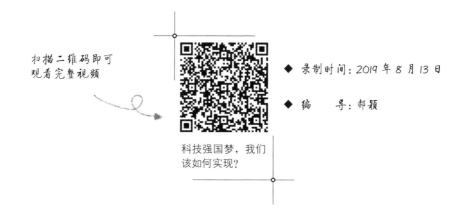

扫描二维码即可
观看完整视频

◆ 录制时间：2019 年 8 月 13 日

◆ 编　　导：郝颖

科技强国梦，我们
该如何实现？

大家都有一个梦想，就是希望有一天能够让我们伟大的国家成为世界科技强国。全球创新指数，我国已经成为全球第 14 名，比 2018 年又前进了 3 名，应当说中国基本进入了创新型国家的行列，这是非常可喜的。

　　我们的成就很多，如载人深海潜水器蛟龙号。

　　我们为成就感到自豪时，还是应当保持一个谦虚的态度，我们和发达国家仍旧有差距，我们现在创新指数，创新的能力排在第 14 名，那我们不能自满，我们必须努力，勇敢地接受挑战，不回避问题，摆在我们面前的一个问题，就是我们怎么样能够成为一个世界科技强国？下面我就想谈一谈，迈向科技强国亟待破解的几个问题。

一、人才、市场、信心，迈向科技强国我们亟待破解三个问题

　　最突出的一个问题，就是我们缺乏世界级的科学家，也缺乏世界级的科技战略家。我们是人力资源最丰富的国家，也是世界科技人员最大量的国家，但是世界级的人才仍旧是缺乏。近几年科技创新的问题越来越引起社会各界的强烈的关注，近年屠呦呦获得了中国第一个诺贝尔自然科学奖，获得诺贝尔奖对一个国家科技实力，科技创新力特别是我们未来的科学技术的发展有重大的意义。

　　美国是世界上获得诺贝尔奖最多的国家，从 20 世纪开始到 2014 年，它获得自然科学的诺贝尔奖一共有 308 人，占全世界获得自然科学方面的诺贝尔奖总数的 47.5%，这是相当大的数目，但是同时大家看一看，美国几乎是所有的新兴产业引领者，从信息、网络、空间、能源、纳米、生物，各个方面它都是开拓者。日本在 2000—2018 年间共获得了 18 个诺贝尔奖。日本几乎每个获得诺贝尔奖科学家的背后都有一个新兴产业来对应，半导体的芯片、半导体的材料、超高精度的机床等，都能够找到这种对应关系。

　　为什么日本、美国，出现这种杰出人才不断涌现的现象？我把它叫作金字塔的现象，即一个国家的顶尖人才越多，那说明它就有更多的积累，科学技术能力的积累、人才的积累、知识的积累。这就像一个金字塔，它的塔基到塔尖有各个层次人才、领军人才、学术带头人、骨干和基础人才，在各个

不同的层次都有人才，而也正是这些不同层次的人才，在科学技术的发展、在新兴产业的发展方面发挥不同的作用，而增强了一个国家的实力，所以从这个意义上来讲，诺贝尔奖获得者的数量体现了一个国家尖子人才的储备、国家知识的储备和能力储备。

中国尖子人才缺乏反映了我国原始性创新能力的薄弱，也反映了我们在未来进行新的新兴产业竞争能力的薄弱，我国如果想赶上世界最发达的国家，从一个国家的竞争力、新兴产业的发展能力，这些对国家更为重要的指标来讲，还要做非常巨大的努力。

第二个问题，科技和经济的结合仍不通畅，市场化的创新环境是突出的薄弱环节。创新的过程，要把它看成一个科技和经济结合的过程，不仅包括科技创新，还包括设计创新、制造创新、管理创新、商业模式创新、市场开拓创新等，这些创新综合起来，形成一个过程，它才是技术创新的完整过程，缺一不可。由于科技的活动和经济活动有很大不同，科技创新的活动，它有两个方面的不确定性：第一方面是技术突破的不确定性，就是想做的和能做出来的结果往往是南辕北辙。第二方面是市场需求的不确定性。对于不同的企业，对于企业处在不同的发展阶段，对于它们有多少的资金，它们有多少未来的需求，它们对产品的要求不一样。那两个不确定性，如何统一起来？市场是一个最好的筛选器，市场的竞争一定把最需要的、也是最有利的这个方案拿出来。

建设世界科技强国还需要解决的一个问题，就是自主创新的信心不足。国内现在一批企业正在成长起来，我们应当建立起民族自信心，我们一定靠自己的力量把国家搞起来。

中国走向世界科技强国的支点在哪里？习近平总书记在 2018 年两院院士大会上特别强调了这一点，自主创新是攀登世界科技高峰的必由之路。中国的经济、中国的科技走到现在这个阶段，自主创新的旗帜必须要高高举起，我们必须要下大力气，走自主创新之路。

二、迫在眉睫，只有自主创新能帮我们突破发展"瓶颈"

我想从几个方面来谈一下中国的经济。

第一个就是在可持续发展方面，我们面临着严峻的挑战。2018 年，中国的煤炭产量 35.46 亿吨，接近全球煤炭总产量的一半，2018 年中国铁矿石的产量 7.634 亿吨，约为全球铁矿石产量的 1/3，这么大资源消耗量，就必然带来越来越严重的环境问题。第二个问题，提高人民生活水平的迫切需求，大家都希望我们的生活过得更好一些，更富裕一些，国家也希望我们的百姓能够更多地购买本国的商品，也就是要扩大内需，首先就是要提高我们百姓的收入，但是确实，我们面临一些"瓶颈"，主要是我们核心技术的缺乏，相应地造成了低附加值的陷阱。当前每部手机售价的 20%，计算机的 30%，数控机床的 20%—40%，都要付给国外的专利持有者，问题就在于企业基本上或者多数都处在低端，那付出来的专利费就是可观的。我们就应当考虑一个重大的问题，中国的产业要向中端、向高端发展，为百姓能够提高生活水平，这需要获得更多的专利，有更多独立自主开发出来的产品，那个时候，国家的财富就会增长，生活就会有更大的改善。同时，从国家的安全来考虑，自主创新更是凸显它极端的重要性。因为真正的核心技术是买不来的。我们应当走自主创新之路，在充分利用全球资源的基础上，依靠自身创造性的努力。自主创新绝不是自己创新，封闭创新，我今天要谈一个很重要的问题就是要把这个观点讲清楚。

三、自主创新，一招解决中国科技发展的三个薄弱环节

自主创新，重点跨越，支撑发展，引领未来，这些现在看来还是经得起考验的，也得到了各界的认同，但是核心是自主创新，我国的科技发展存在三个薄弱环节，原始创新薄弱，集成创新薄弱，引进消化吸收再创新薄弱。

第一，原始创新非常重要，它是一个具有深刻科学内容的表达，通过基础研究获得更多的科学发现和技术发明，这也是我们现在最突出的薄弱环节。

第二，集成创新，它不是一个单纯的科学技术的含义，它是经济和科技结合的含义，甚至它是一个经济学的概念，多项技术集合在一起，才能真正形成有市场竞争力的产品，否则的话是不可以的，因此集成创新同样也很重要，而且也是一个国家发展近代科学技术，特别是新兴的产业不可逾越的，也不可替代的办法，在市场竞争环境下，集成创新是一个重要的手段，包括购买技术。

第三，引进消化吸收再创新，即在技术引进的基础上通过消化和吸收形成属于自己的再创新能力，所以这三个方面的含义，整体上就构成了自主创新的一个完整概念。

引进技术和引进技术的创新能力有本质的区别，技术可以引进，但是技术创新能力不可能引进。引进技术，不等于引进了技术创新能力，因为众多的实践都表明，技术创新能力是内生的，是要通过有组织的学习和产品开发的实践才能实现，我们的产业，要消化吸收国外的先进技术，并且能够转化成为自有的知识资产，就必须建立自主的开发平台，培养锻炼自己的科技开发队伍，进行技术创新的实践。

原始创新、集成创新、引进消化吸收再创新，这三个薄弱环节都是要强调调动自身的积极性，靠我们的努力把这个事情做出来。

四、实施自主创新要把握好五个关键点

1. 要关注"小人物"和"小项目"

在自主创新的实施过程当中，经常遇到一些认识问题。一个小项目，一个小人物的创新，真正是孕育着原始性创新的结果，美国在 20 世纪中后期，基础研究的重大科学成就 75% 来自不为人们关注的小项目，诺贝尔奖的得主也大多是名不见经传的小人物，这不是一个特别的现象。基础研究，可能十几万甚至几十万，就孕育着后面的一个大成果，要给我们青年人机会，要让他们在失败中成长，关注和支持小人物、小项目的创新。对我们的青年科学家，不要轻易地使用一票否决，这是老科学家的责任。

2.企业一定要成为技术创新的主体

企业是技术创新的主体，并不排斥发挥高校、研究院所的作用，产学研相结合，大学、研究所都有自己的优势，最重要的就是原始创新的优势，这是企业不能比的，有很多原始性创新的成果，另外有一批从事技术创新的人才，大学、研究院所也有自己的天空，只有把以企业为主体，产学研结合有机地结合起来，技术创新才有生命力，也才会有结果。

3.要大力支持中小科技企业的创新活动

从科技的角度上来讲，我国 65% 的发明专利是中小企业获得的，80% 的新产品也是由中小企业来创造的。中小企业是诞生大企业的摇篮，要关注中小企业，特别是高技术企业的发展路径，从创新开始，在激烈市场竞争当中大浪淘沙，在市场竞争当中成长壮大，这个应当把它作为企业成长的一般规律，大量面向市场的企业都是这样成长起来的。华为也好，其他也好，都是走的这样一条道路，所以政府要致力于创造一个有利于小企业生长的环境，而且让它们在市场竞争当中大浪淘沙，成长出大企业来，这是很重要的。

4.要积极参与国际科技合作项目

自主创新并不是排斥国际合作。因为科学技术发展到今天，各个国家之间的交流不可避免，各个国家之间的技术共享也不可避免，积极参与国际大科学计划和工程，没有大家的合作，是不能够解决问题的。

5.要充分认识和发挥重大专项的作用

重大专项是一项重大措施，也不是中国特有的，是全世界各个国家普遍采用的，美国的阿波罗计划、星球大战计划、纳米计划、氢能计划、竞争力的计划等，重大专项对于集成各个方面的学科的优势，学科的积累，集成各个方面的人才有重大的意义，我们可以利用我们社会主义制度的集中力量办大事的优势，更多地来组织资源。更重要的，重大专项有很强大的溢出效应。

在重大专项的选择方面，往往是机遇和风险同在，一旦决策错误，耽搁了这个技术它未来的发展，甚至影响我们在全球竞争当中的地位，所以决策非常重要，但是更重要的是要敢于决策，因为涉及一系列的重大问题，有不同意见是不可避免的。我们一定要有担当精神，一方面，做好周密的研究；另一方面，不要犹豫，该决策的就要决策，这样就能够出现各个方面大量的人才，而且也会出现一批重大的成果，这是我们所期待的。

五、几点思考，建设科技强国我们可以这样做

第一，设立中华人民共和国青年科学奖，我们可以看到诺贝尔奖得主得奖的时候，可能已经是老年人，但是他的事业是在青年时期创造的，青年是最有希望的人，我们必须要解放思想，要把青年推到创新的第一线，设立中华人民共和国青年科技奖，鼓励青年人才冲击世界科技的最前沿。

第二，建立财政支持基础研究，可年度考核的固定增长机制。我国最亟须的就是世界级的科学家，这需要基础研究的大力支持，从众多的基础创新的参与者当中，选拔出真正的国家科技的支撑者。

第三，实施振兴创新服务业的计划，要给予创新服务业优惠政策，将其放在与新兴产业同等重要的位置来进行战略部署。

第四，进一步改革落实科研评价体系和奖励制度，各个方面都要有评价制度，而不是整齐划一，都是搞 SCI 论文多少，引用多少。

第五，就是大力支持科学技术的普及，我们深感在中国科学技术的普及还面临着严峻考验，科学技术创新和科学技术普及，是科技进步的两个轮子，是鸟的两个翅膀，但是科普工作只有科普机关来做，是不行的，需要我们全社会的共同的努力。

总之，自主创新不仅仅是一种战略和策略，应当说它是一种民族精神和时代精神，是任何外部势力催不倒的。高举自主创新的旗帜，建设成为世界科技强国，我们的目标一定可以达到。

新时代：中国工业该如何发力？

· 李毅中 ·

第十二届全国政协常委，全国政协经济委员会副主任，中国工业经济联合会会长，工业和信息化部原部长。从中石化党组书记、总经理，到国资委党委书记、副主任，到国家安监总局局长，再到首任工信部部长，他履职的几个重要部门，都与中国工业密不可分。如今，他依然活跃在实体经济振兴、制造业转型升级、供给侧结构性改革等研究领域，并不断发表真知灼见。

📚 导 语

　　1949 年之前，灾难深重的中国可以说没有任何工业体系和技术，处处挨打，备受欺凌。1949 年后，在一穷二白的底子上，我们经过 20 多年的自力更生、艰苦奋斗，终于初步完成了工业化的原始积累。改革开放后，我国工业化进程更是突飞猛进，现在中国已经发展成为世界上唯一一个拥有联合国产业分类目录中所有工业门类的国家，世界制造业第一大国，工业可以说为我国经济发展和国家安全做出了不可磨灭的贡献。但是如今，我们引以为傲的巨大工业体系却陷入"大而不强"的尴尬局面，一方面，我们拥有世界领先尖端科技，能打造出世人震惊的超级工程；另一方面，我们却依然被低端、落后、高能耗、重污染、创新能力不强、缺少核心技术等问题所困扰，调整任务艰巨，转型迫在眉睫。

扫描二维码即可
观看完整视频

新时代：中国工业
该如何发力？

◆ 录制时间：2018 年 2 月 8 日

◆ 编　　导：朱咏梅

改革开放 40 多年来，我们已经建成了门类齐全、实力雄厚的工业体系，过去我们都是赶超，赶超国际先进水平，是"跟跑"。经过多年的发展，现在有些已经是"并跑"了，还有一些在"领跑"，例如大家熟悉的国家名片高铁、核电。首先充分肯定成绩，反过来，重点要看一看在工业领域发展得不平衡、不充分。

一、我国经济三大结构性失衡对工业的影响

第一个失衡，实体经济自身失衡，那其中工业肯定是一个主要战场，我们国家"工业 2.0""工业 3.0""工业 4.0"是共存的，我们在谋划"工业 4.0"，但实际上我们在打造"工业 3.0"，我们还不得不去补"工业 2.0"的欠账，这一点是我们的国情。

另外，我们的产能严重过剩，衡量产能是否过剩，业内有个公认的指标，如果你的产能利用率低于 75%，严重过剩，一般讲应该在 80%—85%，这样一个水平比较好。

第二个失衡，实体经济与金融失衡。资金池里的水并不少，广义货币总量 168 万亿元人民币，是 GDP 的两倍多，我们老百姓也感觉到人民币不少。钱上哪儿去了呢？资金脱实向虚，说这个脱实向虚，首先是资金，当然还有资源，还有人才等。再一个表现就是实体经济，我们工业的、制造业的利润，它的赢利能力低下，和这个金融业形成了明显的反差。中国 500 强企业里，大概制造业能够占据一半，约 260 家，这是制造业的精华。那么这 260 家制造业，一个指标叫净资产利润率，标志着这个行业、这个企业的赢利能力，它不到金融业的一半。

第三个失衡，是实体经济与房地产失衡。这个大家可能感受更加深刻了，人民币贷款余额的占比，2016 年工业是 15%，房地产占 25%。在新增贷款里，工业占 12%，房地产占 44.5%，几乎占一半。2017 年，在人民币贷款余额里，房地产占了 26.8%。由于房地产的炒作，推高了融资成本，推高了人工成本，推高了物流成本和土地成本，造成了工业领域资金、资源、人才等要素的流失。制造业，特别是小微企业、中小企业，贷款难、贷款贵、老问题，下了很大功夫。但总没有什么明显的、显著的改进。

二、我国工业发展不充分的三个集中表现

工业发展不充分，集中表现四个字：大而不强。

第一是创新能力还不强，关键技术、核心技术，我们还有一半没掌握。由于我们企业在研发投入方面不够，因此直接表现是许多行业的经济技术指标，和国际同行比都有较大的差距。

第二是工业的绿色低碳转型迟缓。环境保护这几年力度很大，污水里的化学需氧量（COD）、氨氮，大气里的二氧化硫、氮氧化物，这四个指标，是纳入"十二五""十三五"的约束性指标，它的总量每年要下降，但总量还较大，工业是主要污染源。

再说说能源，我们国家的能源以煤炭为主，这个是从资源条件出发的，在今后很长一段时间也改变不了。而大家知道煤炭的不完全燃烧，是造成雾霾的最主要的原因。煤炭进发电厂，进大锅炉，我们有办法让它完全燃烧。但是一家一户的散烧煤，燃烧不完全且烟气没有任何处理，散烧煤一吨，相当于十吨煤进大锅炉造成的污染，所以造成京津冀上空雾霾挥之不去。我们国家的天然气储藏量是丰富的，但是我们的地质条件差，再加上我们投入不够，技术上还有一些不过关，所以天然气的开发迟缓。太阳能、风能我们发展很快，但是风电、光电在大西北，水电在大西南，要千里迢迢通过特高压输变电，送到东部来，我们一时还跟不上。所以弃水、弃光、弃风，是不是浪费？所以说工业绿色低碳转型不快。

第三个表现，工业经济的质量效益不高。我们缺乏自主知识产权的品牌，我们的质量缺乏竞争力，多处于中低端，规模以上工业企业的营收利润率只有6%左右。要看到我们的不平衡和不充分，改变这种状况，聚焦到供给侧结构性改革这个主线上来。

三、吸取发达国家的经验教训，严防工业脱实向虚

发达国家工业化的历程，值得我们借鉴，它们的工业化比我们早，它们大概是20世纪中叶以后实现工业化的。工业化以后，这些发达国家大概走

了两种不同的路径。

美国走了一条脱实向虚的路子，大量的制造业转移出去，然后过度地依赖虚拟经济。最典型的就是2008年次贷危机，两个房地产大公司倒台，接着雷曼兄弟公司倒台，再接着6个银行倒台，形成了金融危机。由金融涉及实体经济，由美国涉及全世界，这个教训太深刻了。

德国走了另一条道路，它很重视实体经济，从来没有放弃，它的制造业，无论是质量、品牌，在全世界控制在最高点，所以它在应对危机中，它就能够较早地走出危机，而且能成为欧盟的支柱。

看看我国的情况，我们工业占GDP的比例，2005—2008年处于高峰，为42%左右，然后从2009年开始一路下降，降到2016年，工业占比从41.2%降到33.3%。如果还按这个速度降下去，到2020年基本实现工业化的时候，工业占比再降4个百分点，就不到30%了，业界公认不要低于30%这个警戒线。好在2017年有了好转，为33.9%，这是个好的苗头。

我们要从国情出发，第一、第二、第三产业要协调发展，要科学把握，比例要合适。首先积极发展服务业是符合经济规律的，但是工业为服务业提供了物质基础和广阔的市场。产品是工业制造出来的，服务业里接近一半是生产性服务业。我们14亿人口的衣、食、住、行、用，主要靠自己。

其次要建设强大的国防，军事装备谁卖给中国？美国不会卖给我们，俄罗斯卖给我们的也是样机。装备部队要靠我们自己，这是中国的国情。

最后是关于进出口。我们是世界进出口大国，出口第一，进口第二，在出口的货物里，工业占了95%，进口的货物里，72%是工业品，其中很多是我们现在一时还生产不出来的零部件、元器件，其他还包括我们缺少的矿石、石油、天然气等。我认为，工业占GDP的比例，可能还会降低一点，但是不宜再大幅度下降了，一年一个百分点，就有风险。要防止和纠正脱实向虚，防止和避免工业被空心化，被边缘化。

脱实向虚这个现象，2010年、2011年就提出来了，也采取了很多措施，但没有根本转变。最根本的原因，有认识上的误区、误导，有资源要素上的错配，也有我们搞工业的责任，工业的利润低下，不赚钱或者赚钱很少，资本总是向平均利润率最高的领域去流动。

那怎样增加对实体经济的投入？最根本的是要提高工业企业的效益，吸引资本。当然就政府来说，政府投资是导向，起到示范作用、带动作用。国家已从战略上、政策上以及财政上加大了对工业、对制造业、对实体经济的关注。

四、提高发展质量，推动工业增加值合理增长

怎样从高速增长转为高质量发展？我看到前一段报道有的地方提出来，他们不再考核 GDP 了，也不再考核工业投资了，我觉得是不是需要商榷。不要贸然下这个结论，因为 GDP 是全世界通用的，它不仅是一个量的概念，更要理解它是一个质的概念。我们不能唯 GDP，但是也不能不要 GDP。问题是我们要靠什么来增长 GDP，靠什么来增长工业增加值。

首先我认为提高工业增加值，它不单是靠量，更是要靠质。圆珠笔，我们国家的产量一年 400 亿支，世界第一，但是其中的笔尖、圆珠套管我们自己还做不了。这个一时成为爆炸性新闻。夹圆珠的那个套，那是特殊的不锈钢，完全从日本进口，12 万元一吨。而一般的钢三四千元一吨，一般的不锈钢和合金钢是七八千元或上万元一吨。它要 12 万元，为什么呢？因为它要求很高，是用直径 2.3 毫米的不锈钢丝钻孔，切削加工出来的，包圆珠的头厚度 0.1 毫米。所以这个材料，它要容易切削、有强度，还要耐腐蚀。这个项目太原钢铁公司已经攻关五年了，又从 2016 年 1 月到 9 月半年多时间进行了五批试验，做了上百次，最后成功了。经过使用单位上千次试验，这个圆珠笔可以拉线 800 米不断线，完全符合标准。研发出来以后，进口价格马上降了 1/4，尽管进口价格在降，我们也没有必要再买日本的。所以提高工业的增加值不要靠量，要靠质。

五、主攻智能制造，打造制造强国

"中国制造2025"，它的主线就是工业化和信息化深度融合。主攻方向是智能制造，行动路径是"互联网＋"。我着重讲四个方面，怎么去做智能

制造。

第一方面，围绕智能制造进行科技攻关，国家重大科技专项16项，2017年又加一项17项，航空发动机和燃气轮机。还要规划到2030年的新一轮重大科技专项，比如，人工智能、量子通信，更加突出的集成电路。刚才我说过，我们芯片是靠别人，有机无芯。在攻关的同时要着力推动成果的转化，我国的科技成果转化率只有30%，是发达国家的一半，这里关键之一是资金的问题。人们分析，在研发的时候，资金还是有保障的，成果产业化一旦立项以后，无论是国家投资、民间投资，还是银行贷款也是有保障的。问题是中间这个转化，业界给它起了一个恐怖的名字叫作"死亡谷"。有成果而没有转化，中间这个"死亡谷"怎么转化，这就是我们金融，科技金融，各种基金要投到这个转化上。

第二方面，产学研用相结合，开展行业共性技术和专用设备的研发研制。每个行业都不一样，比如电动汽车的电机、电池、电控中，电池是关键部件，要求能量密度大、充电时间短、续驶里程长、安全性能好，但是关键技术，我们很长一段时间各自为政，结果都是低水平。现组织了国家动力电池创新中心协同攻关，取得了成效。

第三方面，智能制造要从打造生产线、数字车间和智能工厂入手。有五个切入点。第一个切入点是数字化研发设计，要用数字化工具，仿真模拟，高速运算、数字孪生、三维建模等，效率就提高了。第二个切入点是把电子信息技术，集成运用到我们的产品中去，提高产品的功能、质量和附加值。其中最为突出的是，关键的零部件、元器件和关键材料。关键零部件、元器件大量进口，2015年自给率为20%，这两年在提高，规划到2025年70%。第三个切入点是制造设备和过程的数控化，使用高档数控机床，工业机器人，采用智能仪器仪表。我们在2015年做规划的时候，关键工序的数控化率是27%，这几年增长比较快，2025年要达到50%，只有这样才能实现智能控制和精准制造。第四个切入点是辅助工序的网络化协作，如设备运维、质量检测、物流仓储、环境监测、三废处理等的数字化、在线化。第五个切入点是软的，编制一个适应智能制造的流程、标准、工艺指标，并尽可能软件化。

　　第四方面，就是从工业互联网这个角度，应该从企业入手，企业要建立工业互联网，包括内网和外网，内网就是把企业里面各个独立的物理单元，即把机床、设备连起来，而且和通信、传感器、指挥系统连起来，使它富有智慧。企业通过外网与供应商、销售商、顾客、投资者以及上下游等利益相关方互联互通。要发挥龙头企业的带动作用，进一步培育行业网和区域网，行业、区域做好了，全国工业互联网就水到渠成了。

网络强国之路，怎么走？

·邬贺铨·

中国工程院院士，光纤传送网与宽带信息网专家。曾任电信科学技术研究院副院长兼总工程师、中国工程院副院长。现任京津冀协同发展专家咨询委员会副组长、国家标准化专家委员会主任、国家"新一代宽带无线移动通信网"重大专项总师、国家"互联网＋"行动专家咨询委员会主任、国家战略性新兴产业专家咨询委员会副主任。邬贺铨院士是国内最早从事数字通信技术研究的专家之一，参与了国家网络宽带、移动通信、下一代互联网等战略性新兴产业科技发展规划的研究。

📚 导 语

20多年来，互联网产业和信息技术的蓬勃发展，为中国社会和经济注入了强大的发展动力。截至 2017 年 12 月，我国网民规模达到 7.72 亿人，位居世界第一。但"大"并不代表"强"。在以新技术为核心驱动力的互联网时代"竞技场"上，中国在诸多方面仍处于劣势。

如何将我国从网络大国建设成为网络强国？2018 年 4 月，习近平总书记在全国网络安全和信息化工作会议上指出：我们必须敏锐抓住信息化发展的历史机遇。要下定决心、保持恒心、找准重心，加速推动信息领域的核心技术突破。

为什么说网络强国战略是中华民族伟大复兴的催化剂、加速器和驱动力？今天，我的信息技术发展面临着什么样的严峻挑战？突破受制于人的局面需要在哪些核心技术领域重点发力？

未来，数字经济将如何重构传统制造业？信息技术又会给"中国智造"带来什么样的机遇？

扫描二维码即可
观看完整视频

◆ 录制时间：2018 年 4 月 8 日　　网络强国之路，怎么走？　　互联网如何颠覆产业模式

◆ 编　　导：马磊

1 网络强国之路，怎么走？

今天的话题是网络强国的挑战。2016年是计算机应用的60周年，人工智能概念提出的60周年，光纤通信发明的50周年，摩尔定律提出的50周年，蜂窝移动通信应用的40周年，互联网Web技术应用的25周年，这些技术现在融合发展又到了一个换代发展的新起点。

我们现在是网络大国，但是还称不上网络强国。我们整个互联网发展取得了很好的成绩，但是面临很大的挑战。

一、我国的互联网发展面临的挑战

在1999年互联网泡沫破灭之前，大概全球的上市公司前十名里面只有微软一家是互联网公司。到2017年12月底，整个全球市值的十大公司里头，互联网公司占到6个。

为什么互联网公司的市值高？可以看这样一些数据，谷歌的研发收入是销售收入的15%，英特尔是21.5%，华为是19.2%，阿里巴巴是10.8%，百度是14.4%，腾讯是7.8%。

整个互联网之所以估值比较高，关键是创新。现在大家很爱提一个词叫"独角兽"，是指公司的市值，还有估值能达到10亿美元这样的公司。一般公司从成立，到它能达到"独角兽"水平的公司要多少年？财富500强的公司平均要20年，谷歌公司用了8年，脸谱公司用了6年，而现在滴滴、摩拜、ofo用了2年，小米用了不到2年。现在还有一个寒武纪，中科院计算所的两个年轻人办的公司，它做人工智能芯片，芯片还没做出来，这个公司成立一年零四个月，估值到了10亿美元。也就是说，很多人都看好互联网公司的发展，在这方面中国的互联网公司两年之内成为"独角兽"的占30%。4年之内占62%，平均4.6年就可以了。而美国同行平均要6.7年才行。所以，中国的"独角兽"发展更快。但是要看到一个差距，中国"独角兽"比较多的是商业模式创新和应用模式创新。而美国的"独角兽"一些是技术创新以及信息安全方面的创新。

另外，互联网领域是专利竞争最厉害的领域，整个知识产权竞争最厉害。有一个数据，统计1978—2015年，在国际的PCT专利最多的前20个企业里，70%是信息技术企业，60%是移动通信企业，所以移动通信是现在国际上竞争最激烈的领域。

我们现在在国际专利上，华为中兴是跑到前面的。全球前50个专利最多的企业里，日本占1/3以上，美国占1/4以上，然后还有德国等。所以中国在整体上，在整个专利数量上，我们是全球第一了。但是我们在专利的核心技术上还是有差距的。

二、从基础设施建设看我国的网络发展水平

我国的固网连接速度，美国阿卡迈公司的测试显示，2017年第一季度全球平均水平是7.2兆，中国是7.6兆，刚好超过全球平均水平。相对韩国是落后的，韩国是28.8兆。

但是应该看到，从2013—2017年，我国平均每个网民的固网下载速率提高了7倍，即固网的带宽提速降费，是实实在在的开展。我们的宽带普及率，我们固网的家庭普及率到了74%，也就意味着我国互联网用户家庭，有3/4是用宽带的，那么中国100兆以上的宽带接入占43.4%，50兆以上的占73.8%，20兆以上的占92.4%。中国的宽带里，光纤到户渗透率为85%，是全世界最高的。美国光纤到户很难，因为成本很高。而且美国的土地私有化，要挖个沟还是比较难的。所以美国希望用什么呢？用5G代替它的同轴电缆来做宽带。中国光纤到大楼和小区一到就几百户，所以发展很快。

移动宽的渗透率呢，中国2017年3月"3G＋4G"移动用户占移动通信用户的80%。我们八成用户是宽带移动用户，4G的用户占到70%以上，手机上网的用户占82%，我们这个比例远高于欧洲很多国家。

三、我国信息技术应该在哪些领域重点发力？

1.芯片设计制造亟须突破

现在马上 5G 到来了，过去我们说：1G 我们还没睡醒，2G 我们是追赶人家，3G 我们开始突破，4G"并跑"，现在中国我们是希望 5G 引领，5G 的商用不能晚于发达国家。所以中国提出来，中国也要 2020 年商用 5G。

但 5G 的手机（集成电路芯片）至少要 7 个纳米的工艺，那么英特尔还希望做成 5 个纳米，而目前我们国家最好技术的中芯国际 28 纳米是比较稳定，14 纳米现在还在实验。而且真正要做七八个纳米，一条代工线几百亿美元，是非常大的投资。所以在这方面我们还面临很大的挑战。

信息技术的基础是集成电路。这么多年来，我们集成电路（芯片）进口很多，连续几年集成电路进口是所有进口商品大类的第一位。2017 年集成电路进口 2601 亿美元。进口第二位的商品是原油，差了 1000 亿美元。中国的集成电路整个消费占全世界的 1/3。但是我们自给的只有 10%。

2.个人电脑中央处理器发展滞后

超算上我们是领先的，但是 PC 上的 CPU 基本都是英特尔，国产也做了 CPU。市场占有率比较低，而且 CPU 总是感受到有差距。老百姓买 PC，首先是考虑性能等。所以我们超算是领先的，可是我们 PC 上的 CPU 是滞后的。

3.操作系统研发需要另辟蹊径

苹果公司靠什么成长为手机的第一霸主？有人说苹果手机设计得好，不完全。苹果是首创什么呢？它开发了 iOS 操作系统，并且开发了 App Store，苹果是把内容和终端捆绑。不是卖手机，而是卖服务。苹果把几十万的开发者和几亿的用户绑在一起，而构建了苹果公司的一个生态。过去我们认为，诺基亚是手机的霸主，当然诺基亚在向智能终端转型的时候投入不利，而且诺基亚开发移动操作系统缺乏自信，把自己开发的移动操作系统不要了。现在国家科技项目支持，国内不少公司开发出手机操作系统，也是能用的，但是很难占领市场。因为整个生态链存在劣势。未来企业的竞争，决定这个企业对产业链的话语权。

所以在这点上，我国同国际先进水平在核心技术上差距悬殊，一个很突出的原因是我们的骨干企业没有像微软、英特尔那样结成联盟，他们有个所谓 Wintel 联盟，Windows 操作系统只配英特尔的芯片。所以在这点上，我们企业有差距。

但是，不能说创新是没机会的。英特尔在 CPU 上很强，可是现在手机上的 CPU 是 ARM 公司的，不是英特尔的。微软在操作系统很强，可是手机上的操作系统不是微软的，是苹果的和谷歌的。也就是微软加英特尔是可以颠覆的。只不过可惜的是，现在颠覆它的是美国公司和英国公司。我国现在还没有这种实力。也就是说，在操作系统上，我国还是一个薄弱环节。当然现在还有一个机会，叫云操作系统，还有工业互联网操作系统。中国国内，像航天云网、三一重工也开发了工业互联网操作系统。国家也在抓工业互联网，我们需要抓住这次机会，究竟是挑战还是机遇，就看后面的努力了。

4. 突破卫星轨道资源限制

关于网络强国还值得一说是卫星互联网，过去卫星离地面 36000 千米，三个卫星可以覆盖全球。但是地面要拿个卫星锅来接收，现在呢，一种叫 Ka 波段的卫星，它同样是 36000 千米，但是可以拿手机来接收，当然它的带宽也比较宽，目前还刚刚开始。所以未来的发展，我们要面对卫星轨道资源的限制。

5. 提高互联网技术标准拥有量

在整个信息技术发展里，在互联网标准上我们也是面临挑战的。这么多年来，互联网总共有 8000 多项标准，中国在这之前提过一项，中文编码标准。最近以来，IPv6 的出现，中国开始提了大概一百多项标准。但是中国主导的一百多项标准，在八千多项标准里头比例还是很低的。现在从 3G 开始，中国在移动通信标准上有了翻身的机会，现在在 5G 方面，中国有望在标准上作出应有的贡献。

6. 通过 IPv6 解决地址资源短缺

现在互联网上网遇到一个"瓶颈"，我们互联网的地址数量已经不适应我们网民数量的增加，现在中国的网民，平均一个网民只能拿到 0.44 个

IPv4 的地址，美国的一个网民就有 6 个以上的 IPv4 地址，中国没有地址，这就会影响发展，发展是第一要务。IPv6 是新一版的互联网地址，地址比 IPv4 多得多，有人说它的地址数比全世界已经知道的沙子数量还要多。

到 2017 年年底，中国 IPv6 的用户占全网用户的比例为 0.39%。中国是全球最先开发 IPv6 技术的国家。现在我们难得有一个在下一代互联网跟发达国家处于同一起跑线的机会，如果错过了就十分可惜。

7. 根服务器控制权存在隐忧

互联网还有一个心病，互联网上网有域名解析，.cn 就是我们的根域名，全球的 IPv4 的域名解析有 13 个根服务器，10 个放在美国、1 个在瑞典、1 个在英国、1 个在日本。中国是互联网最大用户数的国家，中国没有根服务器。中国只有镜像服务器，它是从属于根服务器的。中国一直希望可以解决根服务器的安全问题。希望 IPv6 新的结构有望可以扩展根服务器，中国也联合国际来进行实验和部署。希望在根域名的解析上达到自主可控的水平。

四、我国的网络安全状况如何？

关于网络强国，不得不说的一个问题是网络安全，那么中国网络安全的状况怎么样呢？国际电信联盟有一个网络安全指数，中国是全球排第 49 名。

我们过去企业是不连网的，现在要把企业连上网，那就问题更大了。物联网跟 PC 手机不同，PC 手机不是永远在线，物联网是永远在线，PC 手机里边可以加一些安全的防火墙等。物联网传感器比较简单，它不可能加太复杂的安全防护。PC 手机出问题了，最多影响你个人，而物联网出问题就影响整个生产线。

现在车联网发展很快，我们甚至希望它将来辅助驾驶，无人驾驶。但是你知道，一个汽车里头是个非常复杂的电子系统。有数十个中央处理器，有一千万行到一亿行的软件。有上百个传感器，那么汽车的电子系统，成本能占一般汽车成本的 30%，占高档车的 60%。另外，无人驾驶还要增加很多电子的功能。如雷达、传感器、视频等。所以整个汽车是个带轮子的移动智能终端，是个带轮子的物联网终端。所以在这点上信息技术越发展，对安全的挑战就越严峻。

还有网络安全涉及个人数据的保护，那么现在通过分析每个用户到过的四个地方，差不多就可以猜出这个用户的身份。个人的所有的行踪互联网都是知道的。所以个人隐私特别的重要。我们的个人隐私，很多时候是自己不重视而泄露出去的。互联网不是不要监管？个人数据也不能滥用，但是也不能完全限制对个人数据的利用，我们要有一个合理的度，什么算是可以利用的？屏蔽掉个人的一些身份特征，那么只是一种群体的行为，这是可以用的。其他的不能滥用个人的信息，所以这对法律和政府的监管也是挑战。

另外互联网需要正能量。现在脸谱网一个调查显示，通过大数据分析，每个人经过 3.57 个朋友圈就可以到达世界上任何一个人，说明互联网具有放大效应，一些虚假信息、错误信息，如果不经纠正，很容易传播。那么在这点上正能量是要增加，而且正能量不仅有论还需要有理，要让大家感受到这确实是合理的。

五、建设网络强国的关键是什么？

网络强国，关键还是创新，在这点上一百多年前，奥地利人熊彼特曾经说过，什么是创新？创新就是生产函数的变动，它包括以下五种模式：一是引入一种新产品，还要提供产品的新质量。像苹果之前从来不做手机，一做做到全世界最大。二是采用一种新的生产方式，像高通生产芯片和生产专利。三是开辟一个新的市场，像谷歌作为搜索引擎，搜索是免费的，但它成为全球最大的信息收集公司。四是获得一种原料半成品的供给方式，像 Twitter，像微信，它也是移动互联网的信息内容最大收集商。五是实行新的企业组织形式，像原来戴尔，直销计算机，现在移动互联网出来了，新一轮的创新有了，小米、京东、微信、安卓等。所以说，互联网的创新是无处不在的，我们还有更多的创新机会。1985 年 IDC 公司说，全世界是以计算机为创新平台，2020 年是以互联网为创新平台，到 2025 年全球以"大智移云"为创新平台，大数据、人工智能、移动互联网、云计算，现在面临信息技术的新一轮创新。

党的十九大报告提出，要实行国家大数据战略，加快建设数字中国。那么随着数字中国的发展，网络强国也会同步地发展。现在互联网发展还面临很多痛点，比如宽带化、泛载化、智能化、安全性、可信性等。互联网的发展现在还只到了很小的山头，未来还有更大的发展空间，互联网的创新永远都在。

2　互联网如何颠覆产业模式

导　语

2016年9月，二十国领导人在杭州共同签署了《G20数字经济发展与合作倡议》，在中国政府的大力推动下，全球主要经济体首次对数字经济的未来进行了共同的规划和设计。

党的十九大报告不仅提到了"数字经济"，还提出"要加快建设数字中国"。今天，以"大智移云"等信息技术为标志的第四次工业革命，正将人类带入一个全新的时代。数字经济已成为这个时代发展最快、创新最活跃、辐射最广的经济活动。那么，什么是数字经济，什么是数字中国？

如果没有互联网，没有信息技术，就不可能有数字经济。数字经济对中国来讲是一个非常大的机遇。那么数字经济怎么衡量？这有不同的衡量方法。

一、数字经济会取代实体经济吗？

中国信息通信研究院给出的方法是产出法，包括我们的手机生产、个人电脑生产以及电信运营服务整个收入，对GDP增长的贡献中国每年差不多是6%—7%，另外，还有一项是信息技术利用到传统产业里改造传院产业，使传统产业附加的增加值，那这部分大概是20%。2016年两项加起来大概占GDP的30%，就是说GDP里30%左右是数字经济的贡献。当然，跟美国比还是有差距的，美国约 40%。

另一种衡量方法，麦卡锡是用投入法，即个人的消费者为了购买信息产品，还有为了享受信息服务，付出、支出了多少，另外政府和企业又支出了多少。那么麦卡锡算出来了，中国这部分超过了美国，我们为了信息技术支出这部分，比例超过了美国。

中国在整个投入方面并不落后，我们现在非常重视数字经济。但是整个软环境还有待改进。

数字经济所对照的是传统经济，而不是实体经济。数字经济本身也是可以用在实体经济上的，它也是实体经济的一个重要组成部分。那么现在党的十九大提出要推动互联网、大数据、人工智能和实体经济深度融合。也就是说，它本身是可以融合进实体经济的。当然实体经济确实受到了一些冲击，包括电子商务等。这是一种商业模式的变化。电商的这种发展，包括未来人工智能等发展，会影响一些行业，特别是传统行业。不可能随着互联网发展，所有行业都一成不变。总会有些发展得更好，有些需要重新思考怎么改变。

在这点上呢，无论互联网怎样，是不会完全取代实体经济的。只不过有些分流了它的很多业务，有些应用改变了。所以党的十九大提出来，希望能够达到深度融合。也就是说，把新的一些技术用到实体经济上，使它产生更强的竞争力。现在也可以看到，一些实体商店也开始往电商化的方向发展，也要往这个方向去努力。包括我们的金融机构，也做这种移动支付。所以，将来可能很难分清哪些是原有的实体经济，哪些是新的技术模式。两者会更紧密地结合。

当然对于个人而言，对于每个从业者而言，有一个转型的痛苦，可能原来所熟悉的工作，会遇到挑战，都需要学会在数字化转型阶段适应未来的社会需要。

二、未来的互联网就是工业互联网

我们现在中国的互联网主要还是个消费互联网，面向消费者的应用，电商在中国应该说发展得不错。麦卡锡公司曾经比较过中国和美国的电商，那么中国无论在电商的买家数量还是卖家数量、销售比例以及占社会零售额的总额的比例，中国都远超过美国。

现在走到了工业互联网这个阶段。未来的互联网就是工业互联网。如果所有工厂都联网，那么互联网带来的价值，以及对整个网络的影响贡献就会更大。

通用电气公司算过，大概到 2025 年，全球 GDP 的一半来自工业互联网。那么它只算了几个行业，像飞机、石油、电力、高铁、医疗等。它说未来 15 年，假设工业互联网只对这些行业产生 1% 的贡献，是多少呢？从两三百亿美元到九百亿美元的经济增长红利，所以说数字经济对中国是个非常大的机遇，而数字化的转型，在所有的行业加起来，十年内要给全世界的经济带来 100 万亿美元的增长红利。所以，在这个数字转型中它的效果是非常明显的。

那么对中国而言，互联网对中国 GDP 的贡献，是比较大的，波士顿咨询公司曾经评价过 2016 年二十国集团的国家互联网对 GDP 的贡献，排名第一的是英国，占到 12.4%。排名第二的是韩国，排名第三的是中国。中国正处于数字产业转型的时期。中国要由中高速发展到高质量发展，中国正需要数字化转型。我们应该说，还处在一个"工业 3.0""工业 2.0""工业 4.0"并存的时间，数字化转型对中国带来的红利，比其他国家还要更好。

互联网跟工业互联网有什么区别呢？互联网是面向人的，工业互联网是面向整个企业的。互联网的终端是个人电脑和手机，而工业互联网终端品种很多，各种设备，包括传感器都是。如果说德国的"工业 4.0"和美国的工业互联网主要是面向企业，那么中国的"互联网＋"不仅是工业互联网，中国的"互联网＋"还包括了消费互联网和政务互联网。

我们现在消费互联网的技术直接搬到工业互联网就可以吗？不完全。一般而言，尽管消费互联网我们面向 10 多亿的大众，但在实际上，消费互联网是共性的。而工业互联网在不同的行业，甚至同一个行业的不同企业，它都是个性的。工业互联网跟物联网也不一样。物联网是个传感器的架构，工业互联网是个云计算的架构。

国外的制造业转型，它很多制造业公司自己转型成了信息技术公司。我们过去认为，传统制造业公司，跟信息技术公司，这是完全不一样的。但是现在时代不同了。波音公司设计制造飞机，要用 8000 种软件，其中 1000 种在市场上买得到，7000 种要自己开发。西门子是个传统制造业公司，可是它现在有 17000 个软件工程师，西门子说，它在欧洲是排第二位的软件公司。

而中国制造业转型在这点上是有不少差距的。我们制造业公司，很少能自身转型成为信息技术公司，而信息技术公司，像百度、阿里、腾讯、华为、中兴都很希望进入到工业互联网的领域。但是它们有信息技术，可是不了解这个工厂的整个流程。它对整个制造过程不了解，所以两者的结合比较难。所以，整个中国的工业互联网发展，不像消费互联网那么容易。

三、互联网提供全新的产业模式

工业互联网发展，首先着重还是制造业。制造业首先考虑数字化转型。

数控，还有数字化制造并不是制造的终点。我们希望把数字化制造向智能化制造转变。所谓智能化制造就是在加工的过程中，利用传感器实时地检测我们工件的状况。然后修改这个程序，这样使我们的加工更科学。智能制造有以下几种方法。

1. 材料设计基因化

当然整个制造里离不开材料。我们国家的"919"的飞机已经试飞了，但是它还要有一个过程，要拿到适航证，而且目前"919"飞机里，发动机我们还是进口的。国家也在大力研发发动机。当然，过去我们研发发动机的材料，发动机的叶片，是高温高速高压，我们过去试验的时候，总是发现试一下这个材料，不行，换一个配方，不行，再换一个配方。美国利用大数据，把材料从它最原始的材料的分子结构、金相组织、纤维组织到整个材料的成形，到材料最后的使用寿命，从底下到最终的成品，通过大数据建立一个数据库。当需要什么材料的时候，就从最终的使用需求反过来导出要什么样的材料。这是科学的设计材料。美国人提出来，这种方法叫"材料基因组"。也就是说，先把材料的基因找出来。那么，美国人认为，用这种材料基因组的办法就可以使发现开发使用材料的整个速度提高 1 倍。

2. 产品设计网络化

另外，互联网可以帮助我们通过网络的设计更好地集成各方面的力量。有一个例子，浙江大学跟杭州汽轮机厂合作，开发汽轮机。一个汽轮机有非常多的零件部件。过去要把这些零件和部件做出来，然后把它倒在一起，再看看公差配合。实际上发现如果做不好还得重新加工。现在在网络上设计，就可以很好地简化了这个过程。当然只是设计出来还不够，还需要仿真试运行，还需要让它实实在在地试运行，相当于在网上试运行，这样一来，我们可以大大加快整个设计开发的过程，像丰田、菲亚特、东芝这些公司，它们现在利用这个技术。把整个设计开发的时间缩短了 30%，当然中国国内也有一些企业是这样做的。

3. 改造升级实时化

另外，现在企业里实行"数字双胞胎"，什么是"数字双胞胎"？我们在生产线上运行的一个装置，在网上有一个一模一样的装置。通过生产线的实际情况，反映到我们网上这个装置，我们修改网上装置，就可以修改生产线上的装置，让生产线上的工件按照我们的意图去做，甚至销售出去的产品都可以这样控制，实际上三一重工，它把很多重型设备卖到非洲，就通过传感器收集它远销海外的这些装备的运行状况，它能在实验室看到这些装备的运行状况。那么，以便提前发现有没有问题。可以提前去修理，这样大大地为客户改进了服务。所以，"数字双胞胎"也是未来一个好的办法。

4. 运营方式众包化

互联网的出现，为我们产品的设计众包化创造了条件，像美国通用电气公司它也做飞机发动机，所有飞机发动机的零件它都做，当然并不见得满意。它把其中一个发动机的零件——发动机托架的设计要求公布到网上，同时把三维打印工具也放到网上，它说全世界的哪个网民，能按照要求帮我们设计我们就进行奖励。最后，它从全球征集了 700 件作品，最后优胜的作品，是马来西亚一个 28 岁的年轻人设计的，完全达到通用电气公司的发动机托架的设计要求，重量比通用电气公司资深工程师设计的减轻了 85%。通用电气公司奖励了他一万美元。所以网上有的是有这种聪明才智的年轻人。他们并不一定是为了金钱，而是希望证明他们的水平。

四、未来最有价值的产品是服务

数字化转型不但是工业，还包括服务业，特别是现代服务业。

中国整个服务业占 GDP 的比例是 50%，我们第一、第二、第三产业，第三产业大概超过 50% 了。但是生产型服务业占服务业的比例比较低。整个生产型服务业占 GDP 的比例大概只有 15%—20%。而发达国家服务业占 GDP 的比例为 70%，生产型服务业占服务业的比例也是 70%，即发达国家生产型服务业占 GDP 的比例是 50%，比我们高 30 多个百分点。如果中国能够在生产型服务业上提高 10 个百分点，可以给中国带来 12 万亿元的经济增长价值，也能带来 2500 万人的就业。所以，在这方面还有很大的发展空间。

现在国外一些公司，服务业已经是主要收入，像通用电气公司，通用电气公司是做飞机发动机的，可是它现在卖发动机的收入只占 30%，为发动机提供维修保障服务占 70%，还有一个做发动机的罗尔斯罗伊斯公司，原来它竞争不过通用电气公司，现在它说发动机不要钱，哪个航空公司要拿去，按安全飞行小时数收费，这样一来，它的发动机市场占有率就很高了。所以未来整个产业的方向，有一个美国企业家说过三句话，他说：硬件创造的价值体现在软件，网络连接的价值体现在云，而商业模式的价值体现在服务。我们也要往这个方向去发展，使我们整个经济更健康。

党的十九大报告提出：要实施国家大数据战略，加快建设数字中国。随着数字中国的发展，我们的网络强国也会同步地发展。我总结互联网发展之路是什么？机遇挑战同行，风光风险相伴，未知多于已知，永远都有故事，颠覆不是新闻，一切皆有可能，成功难以复制，唯有创新永恒，英雄不问出处，希望寄托草根，"大智移云"之风，网络强国圆梦。

制造业高质量发展，难在哪？如何做？

·苏 波·

第十三届全国政协经济委员会副主任，工业和信息化部原党组副书记、副部长兼国务院大飞机重大专项领导小组原成员兼办公室主任，国家发展和改革委员会原党组成员、中纪委驻国家发展改革委纪检组原组长、中小企业司原司长，国家经贸委投资与规划司原司长。

长期从事工业行业发展战略研究，发展规划和产业政策制定，投资管理等重要工作。参与制造强国、工业转型、航空工业、节能与新能源汽车、高端装备信息产业等多个国家级重要规划的制定实施。

导 语

2019年《政府工作报告》显示，2018年我国GDP增长6.6%，总量突破90万亿元。单位GDP能耗下降3.1%。质量和效益继续提升。高技术产业、装备制造业增速明显快于一般工业。2019年《政府工作报告》指出围绕推动制造业高质量发展，强化工业基础和技术创新能力，促进先进制造业和现代服务业融合发展，加快建设制造强国。

我国制造业取得的发展成就举世瞩目，从整体来看，制造业规模虽跃居全球第一，但"大而不强""全而不优""创新能力弱""效益低下"等问题依然存在。

"推动制造业高质量发展"是2019年经济工作的重中之重。制造业高质量发展究竟难在哪里？该如何破解我国制造业发展面临的瓶颈？怎样走出一条符合中国实际的制造强国之路？

扫描二维码即可
观看完整视频

制造业高质量发展，难在哪？如何做？

◆ 录制时间：2019年1月24日

◆ 编　　导：李晓东

制造业是国家经济的主体，是立国之本、兴国之器、强国之基，是一个国家综合实力的体现。70 年来，通过全体人民的不懈努力，中国从一个制造业非常薄弱的国家，发展为世界第一制造业大国，但是我们还不是制造业强国。

一、我国工业化走过了怎样的历程?

我国是一个有着两千多年农耕历史文明的国家，二三百年前西方走向工业化道路的时候，我们是闭关锁国的。新中国成立以后，我们的工业化之路是从"一五"计划起步的。

"一五"计划的核心内容，就是中国工业建设的 156 个重大项目，几乎填补了新中国成立前大部分工业的空白。涉及的领域包括机械、电子、冶金、石化、军工、建材、钢铁等，基本上是目前工业的成长之源。我国的第一辆汽车、第一辆拖拉机、第一架飞机、第一台发电设备等都是从这 156 个重大项目中产生的。

2010 年我国超过美国，成为世界第一大制造国，制造业占全球比重为19.8%。2017 年中国的制造业占全球制造业的 28.57%，美国占 17.89%，日本占 8.16%，德国占 6.05%。在整个工业化过程当中，我国制造业高速地发展，制造业占 GDP 的比重也比较高。但是，不能一味地去追求规模，还要在制造业的高端领域，在制造业的质量、效益上下功夫。

我国人均制造业增加值是发展中国家的 2—10 倍，这个数字非常惊人。从发电量来看，2017 年比 1978 年增加了 25.31 倍，同一时期彩色电视机增加了 4 万多倍。1978 年我国只有汽车 14.9 万辆，2017 年增长为 2900 万辆，是全球汽车销量的近 1/3。

在联合国所分的 39 大类、191 中类和 525 个小类中，中国是目前全世界唯一的各类产品都生产的国家，有 220 种以上的产品的产量是世界第一位，这也是惊人的。就产量而言，例如生铁、水泥、电解铝，我国产量占全球产量的 60%左右；化纤、手机占 70%左右；煤炭、平板玻璃占 50%左右；钢铁占 45%。

　　制造业快速发展的根本原因在于多年以来创新投入的增加，使我国制造业的产品出现了井喷式的增长，制造业的水平也在不断地提高，一些重要领域的产品已经达到世界先进水平。例如量子通信卫星、载人深潜、超级计算机等都居于世界领先位置。高速轨道交通已成为我国最亮丽的一个名片；电力设备实力雄厚，百万千瓦的火电机组是世界领先的，核电建设是全球最多的，水电的发电装机是全世界最多的，风电并网装机居世界前列；海上石油钻探的设备、海洋工程装备、可燃冰的开采设备，也在世界上是非常有竞争力的。

　　70多年来，我国制造业取得了举世瞩目的发展成就，但仍存在大而不强、效益不高、国际化经营能力不足等问题，在航空工业、集成电路、高端数控机床、农业机械、高性能医疗机械等领域，与国际有比较大的差距。

　　当前，我们离建设制造强国还有巨大的距离，只有承认差距、承认问题才能找准方向、迎难而上，才能不断地去克服困难、缩短差距，然后一步一步地走向制造强国的道路。

二、如何坚定不移推动制造强国建设？

　　当前，美国是世界上制造业的第一强国，它在第一阵营；第二阵营是德国和日本；第三阵营有中国、英国、法国、韩国。

　　实现高质量发展，就要坚定不移地推动制造强国的建设。我国制定了制造业强国建设"三步走"战略：通过2015年到2025年10年的发展，进入世界制造业强国之列，就是进入第二阵营；再经过十年的发展，到2035年，进入制造业强国前列，就是第二阵营的前列；然后再经过十年的发展，到新中国成立100年的时候，成为引领世界发展的制造业强国。

　　制造业强国建设最核心的是五大工程，十大重点发展领域。五大工程中的第一个就是智能制造工程。在强国规划中，把智能制造作为未来新技术革命和产业变革的主线，所有制造业的发展都要围绕这个主线推进，最后形成制造业的数字化、网络化和智能化。

　　我国传统的制造业就是机械加工，基本上完全靠机械控制，随着数字化、网络化、智能化不断地向前推进，加工、设计、制造、管理等环节都发生了巨大的变化。首先是由过去的机械化变为数字化，在数字化的基础上，将各种数据联网，在更大的范围共享共用，在数字化和网络化的基础上进一步地智能化，就是利用新装备、新材料、新技术，利用大数据、云计算，利用互联网实现智能制造。

第二个是智能制造的创新中心的建设工程，要改变过去大学、研究所、企业"各自为政"的模式，要紧紧围绕制造强国建设的重点领域和关键技术，组成由企业为主体的产学研结合的创新体系，围绕核心技术，持续地推进创新、实现突破，进而提高我们的技术水平。创新中心的建设借鉴了美国在再工业化方面的一些经验和做法，近年来，工信部已经推进建设了七八个这样的中心。

第三个是工业强基工程。许多重要的关键的零部件，比如说数字控制系统、液压件、气动元件、轴承、链条、弹簧等，看似不起眼，但是在一些关键的设备上面，它的作用是非常之重大的。这些既考验基础零部件的加工制造、基础工艺，又需要适合的材料。同时，要重视基础研究，做深做透产品背后的机理研究。

第四个是绿色制造。不能为了发展经济不顾环境，大量地排放、大量地污染，因为我们的能源有限。此外，水、土地、空气大量污染，也不是老百姓所希望的，所以要走清洁发展的道路。

第五个是高端装备。当前，许多高端的数控机床、加工设备，高端的医疗器械，高端的电子信息制造设备，还要大量进口。

这些就是我国要重点推进的五大工程，要动员引导相关企业，在这一方面投入更多的人力、物力和资金，来提高我们的水平。

十个重点发展领域中，航天领域、新一代信息技术（包括 5G 通信技术、先进轨道交通、发电和输变电技术），我们在全球是领先的。海洋工程装备、节能与新能源汽车工业机器人、人工智能，这些领域我们跟世界发展基本上是同步的，在量的方面领先，但是在质的方面还有差距。

比如说工业机器人，2017 年全球工业机器人生产销售了 38.1 万台，我国销售了 14.1 万台。市场占有量达到了全球的 37%，在量上占有绝对的优势。而且增长速度很快，每年 30%—40% 的增长，但在机器人的核心技术和关键零部件方面还是有差距。所以要不断地在发展量、满足市场需要的同时，提高我们的发展水平，解决"卡脖子"的问题。

还有其他的一些产业的发展，比如航空装备、高端数控机床、农业机械、新材料、生物医药等，是我们的"短板"，我们要在三个十年之内不断地攻关，达到世界先进水平。

三、推动制造业高质量发展我们该采取哪些措施？

1. 积极推进制造业供给侧结构性改革

当前，制造业发展不平衡、不充分，高端供给不足，高技术的产品、高端装备、新兴产业不能满足国家经济社会发展和人民生活的需要，这是我们供给侧的一个重大问题。一大批过剩的产能不能退出市场，影响整个资源的使用效率，投入最少的资源，获得最高水平和最大的产出这一方面还有很大的提升空间。所以要不断地推进制造业的结构性调整，培养发展一批强而优的大企业，通过产业发展、技术进步和管理提升，建设一批先进制造业的产业集群，利用各个产业各自的优势，不断地提高集群发展的效能。

"一带一路"是国内大量的制造企业"走出去"的最好平台和机遇。还有大湾区、长江经济带、京津冀等大区的建设。因为这些大区建设的核心是经济发展，是以产业发展为主的，既包括服务业，也包括制造业。近年来，我国制造业比重不断降低，服务业比重不断上升，2017 年，我国制造业占 GDP 的 28.57%。但是，制造业的比重并不能体现制造业的水平，要积极推动制造业供给侧结构性改革，提高制造业的竞争力。

2. 提高创新能力

要不断地提升制造业的创新能力，最核心的就是要建立联合创新机制：对于一些重大关键工程，要用国家专项去推动和引导；对于一些以企业为主体开发的项目，要不断地推进建立产学研用结合的创新体制和机制；对于大量的大专院校、科研院所的创新成果，要进行所有权的改革，允许个人持股甚至作价出售，推动其产业化；要加强关键核心技术的研发，跟踪世界新技术发展，在新一轮的产业革命和技术变革当中占领先机。

3. 优化人才供给

提高制造业协同发展水平，构建产业链与创新链、资金链、人才链协同发展的产业生态，包括产融结合、产业与科技协同结合及制造业人才供给体系。

制造业的发展、创新能力的提高有各种条件，但最重要的是人才。美国最近发布的《先进制造业领导战略》三大任务之一，就是培养和培训适应高技术发展的劳动力。

我国高端制造业人才需求很旺盛，但是学校的培养步伐跟不上。要重视三个层次的人才的培养，第一是企业家资质的人才的再培养；第二是高等院校专业的设置，一定要适应新时期制造业快速发展的需要；第三是加强技术学院建设，培养一批高素质的蓝领工人，技术学院专门从事高等级的、专业技术人才的培训，这些措施都是非常重要、非常必要的。

4. 扩大对外开放

近年来，我国主动采取了许多扩大开放的政策，包括扩大放开准入、调整税收政策、保护知识产权。未来我们国家的发展会越来越开放，全球化的战略下不能自我封闭，破坏全球经济发展的秩序，中国已经宣示，要不断地开放，不断地发展。

5. 完善制度环境

政府为发展创造良好的市场环境、政策环境和外部环境非常重要，靠行政审批是管理不了行业发展的，是治理不了产能过剩的，甚至因为政府过度干预，大批"僵尸企业"该倒闭的没有倒闭。

制造业目前还在去产能，在这一过程中，政府直接去产能的情况是比较多的，政府到底应该做什么？以什么方式能够更好地发挥市场配置资源的决定性作用？能够使企业作为市场主体，有一定的决策权，是值得我们进一步去研究的。

新时代的创新之路该怎么走?

·李培根·

华中科技大学教授,中国工程院院士,现任中国机械工程学会理事长。华中科技大学原校长,在任校长期间,他凭借毕业典礼上的一系列演讲走红网络,被学生们亲切地称为"根叔"。作为国家"863"计算机集成制造系统主题、国家"863"(机器人)技术主题专家组成员,李培根院士在制造业信息化方面做了大量的工作,是中国制造业信息化方面的知名专家。

导 语

2015 年，习近平总书记在党的十八届五中全会上，提出创新、协调、绿色、开放、共享的新发展理念，创新被提升至国家发展理念的首要位置，一场深刻的变革正在发生。大众创业、万众创新热潮涌动、前所未有。如今，创新型国家建设成果丰硕，天宫、天眼、墨子、大飞机等重大科技成果相继问世，移动支付、共享经济给我们带来极大的便利和新鲜的体验。创新究竟该从何处入手？什么样的创新才是真正的创新？创新驱动，政府该扮演哪些角色？教育又应该起到怎样的作用？

扫描二维码即可
观看完整视频

新时代的创新之路
该怎么走？

◆ 录制时间：2018 年 3 月 27 日

◆ 编　　导：王秀娟

习近平总书记指出，经济发展新常态，推进供给侧结构性改革，根本要靠创新。党的十九大提出，要建设现代化经济体系，很重要的一点是加强国家创新体系建设。近年来，我国在科技方面取得了一些巨大的成就，我们有理由为之感到骄傲与自豪。我们应该有信心，未来我国一定能够真正地成为一个创新大国，一定能够在更多方面引领世界的科技创新。但我们也要冷静地审视与分析，要习惯更好的创新意识、创新教育、创新文化，这对建设创新型国家而言，是非常必要的。

一、创新驱动，企业该注意什么？

多年来，我国的创新主要还是在于满足市场上现实的需求，但要认识到，一些创新产生于"创造需求"，创造需求是真正的创新的供给侧。企业和科技研究人员要意识到，创造市场的需求比满足市场现实需求更重要。

1. 创新驱动中企业要有担当

对于企业，尤其是一些好的企业来讲，一个很重要的问题就是要有一种担当，这种担当在于去解决人类社会的一些重大问题。这种项目往往不是最能赢利的，甚至有很大的风险，因为它已经超越了企业自身的需求，旨在更大范围地解决问题，能够为其他企业、整个社会所分享。

我国的企业要意识到，跟着别人跑的机会主义的高速路会逐步地慢下来，只有攻入"无人区"，承担起创立引导理论的责任，才能真正地实现创新驱动。

2. 创新驱动中企业要协同开放

对于中国企业来讲，一个需要特别注意的问题就是协同开放，这是目前很多企业所欠缺的。创新也要协同开放。国外有一个说法叫作"积木式创新"，即不同的企业，各自负责擅长的要素，联合开发某一项目，就像搭积木一样，组成一个产业链条。

《科学美国人》提出过一个观点：今天，科技是复杂的协作系统，要有多个单位的紧密协作，像当年爱迪生那样单打独斗的时代过去了。我国的企业家、工程师们，尤其要意识到这个问题。

3.创新驱动中企业要在更高维度进行跨界竞争

现在，企业的竞争已经不完全是同行之间的竞争了。比如说汽车行业，以前基本上就是汽车厂之间竞争，现在不完全是这样了。谷歌就曾宣布要商业化它的无人驾驶出租车业务。我们现在想想以后的汽车是怎样的呢？有人说，是电脑加四个轮子，有人讲它会是一个小型的办公室加上购物中心，甚至还有娱乐功能等。这意味着未来汽车行业的竞争就不仅仅是汽车行业之间的，可能还包括传感器行业、IT行业等涉及底层操作系统的行业。所以，如果把过去同行业的竞争看作平面的，那么未来的竞争可能是三维的，甚至是更高维度的。

二、驱动创新政府如何发力？

创造需求是政府引领性创新的关键。

长期以来，政府重点支持的是跟踪型的创新、增量式的创新。这些年中国科技的高速发展，得益于政府的支持，产生了很好的效果，但仅仅强调面向现实的重大需求是有欠缺的。我们更需要从满足现实需求逐步转移到重点支持创造需求，这应该是我们政府的责任。

创造需求可能是超前的，甚至是想象的、虚拟的需求，是社会中很多人都没有意识到的。在我国科技非常落后的时期，跟踪型、追赶型创新发挥的作用是巨大的。越落后的时期，效果越明显。当然这里指的是在竞争性的领域，所谓竞争性领域是由市场竞争决定的领域，有些领域不是市场竞争的，比如说航母、航天，我们只得靠自己的力量。

在竞争性领域，随着科技实力的增强，举国机制的做法要逐步弱化。非竞争性领域通过我们的制度优势能产生很好的效果，但在竞争性领域中，政府的过度作用可能会影响创新的生态，抑制分散的凭兴趣的创新活动。因为社会总体的资源是有限的，包括人力资源、资金资源等，政府的号召实际上是指挥棒，把资源吸引到政府强力支持的领域。同时也要注意政策实施过程中的层层放大效应，避免资源的不合理配置。

党的十九大报告中提到，加强国家创新体系建设。国家创新体系建设，政府作用至关重要。比如说创新的生态系统，包括新型的科研创新机构。一些大的平台，还有一些服务性的公司，都是生态系统的一部分。政府要把这个发力点，至少部分地要作用在生态系统上。

现在科技和经济"两张皮"的现象依然存在。高校院所往往做一些从0—1的事情，叫基础性创新。企业希望规模化生产，是成千上万的。但是这个中间呢？从1—100呢？这就要进行成果转化。现在有一些高校教授、一些企业在做成果转化的事情，但比较分散，真正的工程化、产品化的能力还不够。所以现在对于成果转化的问题，需要新型的研发机构。

三、创新教育的关键点在哪里?

1. 培养学生的"超越"意识

学校要培养学生的"超越"意识。首先就是怎么超越现实的需求。

要让年轻人在他们的学生时代就培养一些意识，不能陷入实用主义、工具主义。营造创新的氛围，让创新的意识深入民众之间。

2. 给学生充分的自由

创新与自由是紧密联系在一起的。自由我们可以从两方面看：一方面，从目的的视角看，人对便利的追求，实际上也就是对自由的追求。另一方面，从过程、氛围的视角看，没有过程的自由，没有氛围的自由，创新能力的培养都会受到很大的限制。没有自由，思想不可能活跃，只有思想活跃，创新才容易迸发。在自由的氛围中，学生才不会盲从权威。

3. 用善意关注社会问题

创新的内心世界需要情怀。我很佩服比尔·盖茨，他并不是搞教育的，但是他号召大学生要关注人类社会的重大问题。微软有一个创新杯，2012年乌克兰一个学生团队在微软创新杯获得世界冠军，他们做的是一个手套，手套里有一些传感器、陀螺仪等。它目的是让聋哑人跟正常人交流，做手势的时候，手套就自动把它翻译成普通人能够听懂的语言。我们的大学生们对社会问题的关注还是少了些。

4.要具有批判性思维

创新教育还需要一个很关键的东西，就是批判性思维，这是中国学生非常欠缺的。批判性思维是对思维方式进行思考的一门艺术，也是一种情怀。我们需要培养学生自由自在的独立思辨的精神。

要素市场化改革：数据到底有什么用？

· 王 坚 ·

中国工程院院士，阿里云创始人之一。他是一位心理学博士，却成为中国云计算的先行者。2008年王坚加入阿里巴巴，担任首席架构师，投入云计算平台建设。十年磨一剑，王坚领导团队终于成功研发出具有完全自主知识产权的"飞天"云计算平台。作为阿里云的核心人物，他首创"以数据为中心"的分布式云计算体系架构，率先提出采用计算作为公共服务的产业模式，推动了我国信息技术产业从传统模式向云计算的转变。他提出的"城市大脑"作为未来城市新的数字基础设施，以数据资源为关键要素，成为提高城市公共资源使用效率和保障可持续发展的一条新路径。

导　语

2020 年 4 月 9 日，中共中央、国务院发布《关于构建更加完善的要素市场化配置体制机制的意见》，首次将数据列为第五大生产要素，地位比肩土地、劳动力、资本、技术。

人类社会进入信息时代，大数据已经被誉为新经济领域的"石油"，是国家级的战略资源。智能制造、智慧城市、在线教育、数字金融、数字贸易等各行各业在数字化转型过程中，既是数据资源的提供者，又是数据资源的获益者，充分挖掘和利用数据成为社会经济转型升级的强劲动力。党的十八大以来，我国数字经济规模从 11 万亿元快速扩大到 35.8 万亿元，占 GDP 比重达 36.2％，已成为经济高质量发展的重要支撑，数据在其中起了不可替代的作用。看似枯燥无味的数据当中为什么会蕴藏如此巨大的能量？它究竟能为我们解决什么问题？在实现数据巨大价值的同时，产权、隐私、安全等焦点问题又该如何解决？

扫描二维码即可
观看完整视频

◆ 录制时间：2020 年 8 月 13 日

◆ 编　　导：吴安定

要素市场化改革：数据到底有什么用？

一、数据是怎么变成重要资源的？

目前，互联网已经成为我们国家甚至是全世界社会经济发展的基础设施。

基础设施一个非常重要的特征就是它的成本到了大家都可以接受的程度。另一个非常重要的特征就是它的渗透性，能不能渗透到我们生活的方方面面。互联网的渗透性远远超过了人类历史上任何一个基础设施，超过了高速公路和电网。所以今天你可以在没有路的地方连上互联网，甚至可以在没有电的地方连上互联网，这就是互联网作为基础设施带来的。

互联网这个基础设施为我们带来了大量的数据，从人类历史发展的角度，只要有基础设施就有数据。只要修了路人在上面走了，脚印就会留下来。因为基础设施的特征，数据自然而然地就被沉淀了下来。

所以我们要用收集数据这一个词，数据是自然而然地沉淀在一个基础设施上的，就像脚印。互联网这个基础设施跟我们传统的基础设施不一样的地方就是在于它的技术的特性，使它沉淀数据的规模和速度大大地超过了人类历史上任何一个基础设施。所以我们可以在那么短的时间里，积累了超过人类历史上以前所有时间积累下来的数据。

从生活角度，你拿现金去买一个东西和拿手机付钱去买另一个东西，它们在数据上有一个很大的差别，用现金去付钱，它只产生少量甚至不产生任何的数据，但是你用手机去付钱它会产生很多的数据，使我们有机会把这些沉淀下来数据去做更多的事情，所以数据就变成了一条所有事情的"分水岭"。

中国是一个真的把互联网当作基础设施在使用的国家，因此，中国也是一个数据资源极其丰富的国家。过去我们只索取自然资源，水、电、煤这些都是自然给我们的资源，人类从来没有利用过自身活动产生的资源——数据。因为技术的发展使我们有一次机会去用我们人类自身产生的数据资源。

二、数据到底有什么用？如何获取它的价值？

飞机制造属于传统意义上的制造业，它好像跟互联网、数据也没有直接的关系。但是"马航MH370事件"反映了互联网作为基础设施的重要性，也反映了数据的重要性。一架飞机在运行过程当中所产生的数据，可以不通过飞机的制造厂，不通过飞机的拥有者就把飞机发动机的数据传回到发动机的制造厂商。

飞机运行过程中发动机的数据对发动机制造厂商而言至少有两个作用。一个作用是改进发动机的设计，另一个作用是降低飞机的油耗。这一过程靠的就是互联网这个基础设施。

油耗是一家航空公司最主要的成本来源，任何能降低油耗的技术，对航空公司来讲都是至关重要的。改进材料来降低油耗，跟用数据来降低油耗，在本质上是一样的，所以数据作为一种重要的资源，跟传统的资源起到同等重要的作用。

信息与数据是有区别的，信息可以看作今天就知道有什么用处的数据。今天当互联网作为一个基础设施，有很多的数据在第一天我们并不知道它有什么用处，就像你留在地上的脚印，其实你留在地上的脚印并没有什么用处，但如果发生了案子公安局就可以调查脚印，在马航MH370事件中，也反映出这件事情。

以前飞机在天上飞行的轨迹，靠雷达、靠地面的空管站得知，但是碰巧在马航MH370事件中，所有传统意义上的信息都不知道这架飞机在哪里，当时在澳大利亚边上画了很大的一块区域，这块区域是用数据画出来的，通过它的时间标签、天上卫星的位置以及当时在同一区域的其他飞机的位置推算出来的，所以当信息不能告诉你那架飞机在哪里的时候，要用数据告诉你，你看世界的方法就产生了变化。

数据最重要的作用，就是我们今天不知道它有什么用，但是如果找到创新的方法它就会变成社会价值。这就是为什么传统意义上的信息时代，到了今天应该以数据作为关键要素，因为数据给我们带来的价值是最大的。

今天有大量的数据我们并不知道它的价值，要靠计算来挖掘和获取。

过去的20多年计算发生了一次天翻地覆的变化，才使今天的数字经济有可能实现。22年前有一台机器叫"深蓝"，打败了国际象棋大师，那是一台在全世界排到230多名的计算机。

在过去几年大家更熟悉的就是阿尔法狗，那如果撇开它在学习过程用到的计算能力，它在下棋时候的计算能力大概是深蓝的 5 万到 6 万倍，在短短的 20 年，我们就可以拥有超过 5 万倍的计算能力，这是一次巨大的进步。最关键的是，深蓝的计算能力跟大家手里的手机差不多。也就是说，我们在短短的 20 年内把一台超级计算机放到了每个老百姓的口袋里，这样的一个计算能力今天没有人可以禁运。在云计算平台上任何一个人都可以用负担得起的成本来获取五六万倍的计算能力，它被平民化了。在以数据为关键要素的数字经济时代，互联网让我们有更大规模的数据资源，所谓的万物互联意味着我们有更多的以数据为基础的生产资料。在云计算条件下，我们有机会像过去炼油一样在数据中获取更多的价值。

等到数字经济真的渗透到每一个行业、每一个领域的时候，其实可能是制造业而不是人的活动产生了我们这个社会 80% 以上的数据。那个时候制造业就不是传统的制造业了。数字化可以为生产节省巨大的财力、物力、时间，过去所有的生产的环节都会发生非常多的变化。实际上我们的生活、制造业都会受到数字化的影响，这就是为什么当年欧洲把数字经济跟"工业4.0"放在同一个时间段讨论。同样地，美国为什么把共享经济跟工业互联网放在同一个时间段来讨论。

三、数据如何改变我们的生活?

城市的数字化是第一次要把城市用数字化的方法来理解，今天，我们城市的数字化并没有彻底地完成。

电力时代，人类第一次把电引入了城市，今天即使在全世界范围内，经济发展水平还是基本跟电联系在一起的。从这个角度讲，当数字经济发展到相当程度的时候，慢慢地这个城市的算力会变得越来越重要。

最简单的例了就是交通，拥堵有两种方式可以改变——时间和空间。对交通而言，空间就是多修路，时间就是红绿灯。所以，今天如果我们要改善交通的话，只有一种途径就是多修路，这就是每个城市路越修越宽、修高架的原因。假定不再多修道路，计算可以帮助路上的每一辆车算一个最优的方案，把交通的时间资源用得更好。

如果是数据能让城市少修一个车道，可以设想数据就是土地了。所以计算能力对数据的价值就是它能把大家看到的数据，变成大家手里可以用的资源。一个城市的数字化，不是简单的数字化，还要考虑城市的资源怎么能够被最优地使用。

数据还有很多神奇的作用。它让我们重新看待了原来熟悉的现象，比如说，无论是在杭州市还是在济南市，两个城市的机动车保有量大概都是300万辆，当不堵车的时候，道路上大概有20万辆车。

在高峰堵车的时候，也只是从20万辆到了30万辆，大概多了10万辆车，无论在杭州还是济南都是这个数据。要解决300万辆车问题所要动用的社会资源以及它带来的经济影响跟只解决从20万辆到30万辆这10万辆是有巨大差别的。数据让你有一个完全不同的思路来解决一个城市的问题，我们过去讲数据的时候讲预测，但是数据可能真正重要的还是来帮人类改变世界。当你知道了有30万辆车在路上，你能够根据车的情况来重新改变时间的使用就是红绿灯的调控，车道的设置，这时你就是在改变世界而不是简单地解释世界了。

四、如何保护你我的数据权利？

随着人类文明的进步，大家对隐私就越来越重视了，数据的出现也在挑战我们过去形成的习惯。

数据隐私问题只是数据的一小部分问题，却是很重要的部分。英国的一个杂志在报道中指出杭州监控了每一辆在路上跑的车，监控这个词用错了，杭州只是数出了路上的每一辆车，数数跟监控是有天差地别的。所以我想其实这也反映出了大家认识水平上的差异，当我们谈到隐私，谈到数据的时候，我们还是要做鉴别，大部分我们今天讲的以数据为关键要素，是不涉及隐私的。

当然，我觉得对数据安全的保护也是非常重要的事情，中国是很早让互联网作为一个基础设施的国家，中国在网络安全的隐私保护上，也是实实在在地走到了很多国家实践的前面。一个新的要素出来它本身有很多值得在理论上、法律上研究的事情。

数据从很多角度也还有很大的研究探索的空间，数据本身能不能交易，数据价值谁来享受等都是很值得探索的事情。

数字经济之前，所有的技术大体上都是让人类消耗自然资源的速度大大地增加。

以数字经济为"分水岭"，让人类以同样甚至比过去更高的速度来发展，但是我们消耗自然资源的速度大大地下降，其中一个关键的要素就是数据，这是一个变化。第二个变化，使我们要重新看待所有城市的基础设施该怎么建，怎么来支撑数字经济的发展，总结为三句话就是：

第一，我们要像重视土地资源一样来重视数据资源，它是一个国家的战略资源。

第二，我们要像重视垃圾处理一样来重视数据的处理。

第三，从电力经济转向算力经济，我们要像过去规划电力供应一样来规划一个城市的算力供应。最近国家在发展新基建的时候谈到了建设新型数据中心，新型数据中心的建设实际上就是算力供应规划的一个非常重要的方面。

不容错过的大数据时代

·梅 宏·

国家"973"计划首席科学家，中国科学院院士，全国信息技术标准化技术委员会大数据标准工作组组长。知名战略科学家。他带领团队创造的英文学术单词 Internetware（网构软件），已成为世界互联网软件技术广泛引用的一个专有名词。

导　语

进入信息时代，大数据已经渗透到我们生活的方方面面。你看什么书、喜欢什么音乐、买什么商品，大数据了如指掌。不仅如此，大数据除了影响你的生活，更关乎着国家命运和国家安全。它不仅是一场技术革命和产业革命，更事关国运的竞争。它被战略专家形容为未来的石油，是取之不尽的能源，影响着经济发展、社会秩序、国家治理。我们该如何正确认识大数据？如何迎接它所带来的机会和挑战？

扫描二维码即可
观看完整视频

不容错过的大数据
时代

◆　录制时间：2018 年 1 月 25 日

◆　编　　导：吴安定

一、大数据时代已经到来

2017 年 12 月 8 日,习近平总书记在中共中央政治局第二次集体学习时,强调要审时度势、精心谋划、超前布局,力争主动实施国家大数据战略,加快建设数字中国。大数据是信息化的新阶段,数据是信息的载体。在人类历史上,数据的获取、处理、分析、应用一直扮演着一个非常重要的角色,从文字发明以后通过文字文以载道,到近代科学用数据的方式进行数据建模等,这一切无不凝练了数据在我们的工作生活中的重要作用。随着信息技术为数据的处理提供了一种自动化的手段,从过去农业时代的物质材料,到工业时代的能源,再到正在进入的信息时代的数据或者信息,成为三大战略性基础资源。

信息化一直深刻影响着我们每一个人,影响着人类方方面面,而且现在这种影响越来越深。甚至,它对我们整个人类社会完成了一次重构,我们的生活,我们每一个人的工作,都深深地受到信息技术快速发展的影响。

互联网 20 多年的快速发展和无处不在的应用以及它的延伸移动互联网和我们人类相连,也延伸到我们的物联网、物理世界。所以说,由于互联网的延伸应用,加上信息化成本的不断降低,就给我们带来一个新的时代,这个时代就是大数据时代。

二、大数据的规模和价值

基本上到 2020 年,全球的生产数据就会到 44 个 Z,2030 年到 2500 个 Z,它是指数增长、快速增长,一个 Z 等于 1024 个 EB,如果我们把一首长为 3 分钟的歌曲录制成 MP3 的文件,它的大小大概是 10 兆,一个 Z 的数据存储空间,可以存储 1.4 亿多首。人类所获得的数据,90% 是过去两年产生的,过去是纯粹的文本,现在更多样,包括视频、图像。数据更具时效性。数据产生速度特别快,也就要求处理速度特别快。大数据的价值可以用四句话来描述。

第一,它提供了人类认识复杂系统的新思维和新手段。

第二，促进了经济转型增长，是一种新的引擎。

第三，提升国家综合能力和保障国家安全的新利器。

第四，提高政府治理能力的一种新工具和新途径。

事实上国际上多家权威机构做过预测，大数据除了本身的发展，它对经济、GDP 的拉动作用，是 2%—4%。信息时代，任何一个没有大数据能力的国家，一定处于一个受制的地步。

5 年前有一个"斯诺登事件"，美国一个防务承包商的雇员叛逃了，他爆料美国正在对互联网以及所有通信的数据进行监控，实际上，站在美国的立场而言，他是做了一个大数据的分析，但是实际上他侵害了别国的利益，对别的国家的安全带来了严重的影响。

三、大数据时代，传统企业该如何转型?

我们正在进入一个由大数据开启的信息化的新阶段——信息化 3.0 阶段。

当前，数据已经成为企业竞争与发展的核心资产。数据型的企业，以其高附加值正在成为 IT 行业的主导者，特别是互联网企业，包括电子商务、搜索引擎、社交平台等成为新的引领者。回顾计算机的发展早期是硬件为主，到了英特尔体系软件主导，现在正逐步走向谁拥有数据，谁就拥有发言权，进入数据主导的阶段。行业大数据正在成为传统企业的增长点，所有传统企业要拥抱互联网，拥抱大数据，否则可能面临淘汰。同时大数据催生了新的一轮人工智能的热潮，就是基于数据的信息人工智能，2016 年被称为人工智能元年，从技术上讲，整个信息技术领域还不能够适应大数据发展的需要，我们需要进行整个技术体系的重构。

四、大数据助力社会治理和日常生活

我国深化"放管服"改革，让信息技术惠民。大数据在助力精准扶贫方面发挥了重大作用。贵州省是全国贫穷人口面积最大的省，有国家建档立卡

农村贫困户 700 多万，也是精准扶贫的重要主战场。贵州省建设了一个精准扶贫的大数据平台，把扶贫办、公安部、教育部等十几个部门的数据全部打通汇集起来，再和地州的数据进行整合，实现互通共享、自动对比、实时更新、自动预警和融合应用。

比如说教育资金减免，我们国家有政策，贫穷家庭的孩子上大学，学费是减免的。过去的减免有一个核查的过程，先入学，入学以后再去开各种证明，最后把钱返回给贫困家庭，基本上这个流程需要 4—6 个月。现在通过大数据平台进行大数据比对，信息直接推给相关的学校，贫困家庭的孩子报道的时候不交钱就可以直接入学了，这就是大数据给我们实际生活带来的好处。

政务数据的共享开放，提升政府工作人员的服务效率，是党中央国务院密切关注的一项事务。打造信息化政务大厅，推行不见面审批，通过信息手段实现无证明办，能给我们的生活带来极大便利。

五、大数据未来的应用方向和我们面临的挑战

大数据应用大体上是分成三个层次的数据。

1.描述性分析

描述性分析只关注现在发生了什么事情，然后把这个事情发展历程可视化地展现出来，让人们能够把握事物发展的基本态势。

2.预测性分析

预测性分析是在描述的基础上，预测事物的发展趋势。比如说谷歌的流感预测、奥斯卡获奖的预测等。这种预测一定是基于客观的事实数据搜集才可以做到。

3.指导数据分析

指导数据分析关注选择做什么要呈现不同的决策后果，即根据现在态势预测未来的变化，选择现在做什么反过来影响未来。指导性的预测是最高级的方式，要指导我们现在该怎么做。就当前大数据应用来讲，总体上还是一个初级阶段。从应用层次上讲，描述性的预测性的东西多，指导性的应用

少。从数据源的角度，用单一的数据源来进行分析的多，多源数据的应用基于已经存在的数据，但是主动去搜集数据的应用也相对偏少。

大数据是我们这个时代产生的一个新现象，这个现象将长期伴随我们存在，人类制造并采集数据的速度总是领先于数据处理技术。就是说大数据现象会长期伴随我们，未来我们每一个人都生活在数据的包围中。

美国的数据管理软件供应商"数据金山"报道，当前全球存储的数据中，52%的数据产生后，从来就没有用过，80%的数据只使用了一次，这就是所谓的暗数据现象。

破解能源危机的金钥匙是什么？

·包信和·

长期从事催化基础理论研究和新型催化材料的创制，以及能源清洁高效转化过程的研发，在纳米催化基础、天然气和煤基合成气高效转化等方面取得了一系列重要研究成果，多次获得国内外学术奖励。面对我国"贫油、少气、相对富煤"的状况，他立志未来能够像加工石油那样加工煤炭。为了这个目标，他偏于一隅，甘坐15年"冷板凳"。研究成果颠覆了90多年来煤化工一直沿袭的传统路线，有望使煤化工水耗和能耗大幅降低，被业界誉为煤转化领域"里程碑式的重大突破"。

导 语

如今，空气污染、温室效应、气候变化，令石油、煤炭等传统化石能源失去昔日光环；消耗巨大、储量有限，更是让能源危机的阴影笼罩世界。

我国作为世界最大的发展中国家，能源需求仍在持续增长，能源消费结构也存在较大问题。2018 年，我国能源消费中煤炭占 59.0%。石油和天然气虽然比重较小，但是对外依存度很高。贫油、少气、煤炭较多，我们如何充分发掘煤炭的潜力，保障能源安全？黑色的煤炭能否给我们带来绿色的惊喜？

迎接能源革命，新能源百花齐放，氢能更是备受瞩目，甚至被誉为解决未来人类能源危机的终极方案。然而，目前氢能技术尚未成熟，还面临成本高、效率低等诸多难题，氢能社会离我们还有相当距离。氢能发展目前遭遇到哪些技术"瓶颈"？我们该如何突破？

面对重重难题，催化技术被寄予厚望。催化这种化学作用，它可以改变化学反应的难易程度和速度，是自然界中普遍存在的重要现象。比如消化、发酵等过程都离不开各种酶的催化。而在工业生产中，绝大多数化学反应也都是在催化剂的作用下进行的。那在能源领域，催化技术如何大显身手？如何通过催化技术破解现实中的种种能源难题？

扫描二维码即可
观看完整视频

破解能源危机的金
钥匙是什么？

◆ 录制时间：2019 年 12 月 3 日

◆ 编　　导：吴安定

一、"贫油、少气",如何通过催化发掘煤炭的巨大潜力?

世界的能源结构 1/3 左右是煤,1/3 左右是石油,1/3 左右是天然气,还有一部分是可再生能源。我国长期以来一直是煤主导的能源结构,甚至有些地方煤可以达到 80%,近年来,煤在这个能源结构中的占比逐步降低了。2018 年煤就占 60% 左右。按照现在开采的量,就是中国探明的可开采的石油,大概可以开采 12 年,天然气大概可以开采 30 年,煤大概可以开采四五十年。

对外依存度方面,现在我们用的油 70% 左右是进口的,30% 左右是我国自己开采的。天然气大概 48% 左右是进口的,50% 左右是我们自己开采的。中国的能源强度非常高,能源强度指 1 万美元 GDP 的能源消耗。20 世纪初我国的能源强度大概是日本的 8—10 倍。所以我们的资源利用效率是非常差的,并且带来了严重的空气污染及水污染。

所以对我国来讲有一件事情是很必要的,而且是战略性的,就是怎么把煤变成我们缺少的油或者是天然气或者是化学品。中国还做了一件事就是把煤先变成甲醇,再把甲醇变成烯烃。

烯烃是一种碳和氢组成的化合物,它是重要的化工基础原料。广泛用于生产塑料、橡胶、服装、汽车、家具、装饰材料、包装材料等多种产品。在工业上,烯烃主要通过石油裂解来生产,也可以通过甲醇、乙醇等其他原料制取。如果能直接利用煤生产烯烃,可以大大降低石油的消耗。

一谈到煤,很多地方都打怵,因为煤会造成污染,并且中国还缺水,要搞煤化工就一定要用水。为了解决这一问题,人类选择使用催化剂。

1924 年弗朗兹·费歇尔与汉斯·托罗普施完成了费托过程,得到了 CH_2(低碳烯烃)。现在,我们可以不使用费托反应这个催化剂而用另外一种氧化物作为催化剂。不仅不需要用水,还提高了效率。目前,世界上做得比较好的烯烃,产出率大约是 58%,而用我们的反应去做产出率可以达到 90% 以上。并且可以少用水、少排二氧化碳、少耗能。因此,催化能够支撑绿色发展、协调发展。

二、催化能否将温室气体二氧化碳变废为宝？

温室效应是指二氧化碳在大气层上产生一个像被子一样的东西，把地球给盖上了。地球能量是从太阳来的，其中很大的一部分要通过红外光散发到大气当中去，散发以后地球的温度基本上就能保持平衡，那么假如给地球盖上一个被子，散发起来就难了，地球温度就增加了。所以根据这个理论，二氧化碳是温室气体。

世界一年大概排 400 亿吨左右的二氧化碳到大气当中。早年中国的二氧化碳排放量是非常之低的，人均排放就更低，那个时候欧美发达国家的二氧化碳排放量是很大的。2018 年，中国要排放 100 亿吨左右的二氧化碳，而且基本上都是工业上排放的二氧化碳，以煤为主的结构使中国在环境方面的压力非常大。国际社会对二氧化碳对环境的影响及限制二氧化碳排放达成了共识，无论是《巴黎协定》还是气候谈判，中国在其中都发挥了很大的作用。

能不能使用能源，但不排放二氧化碳？答案是否定的。只要使用了化石能源，碳加氧总要产生二氧化碳。一吨煤要排两三吨二氧化碳出来。二氧化碳排放与发展是有关系的，但并不是完全对应的，我们要想办法用可再生能源减少二氧化碳排放量，这样对整个国际社会都有好处。

但是我们现在还面临一个问题，假如说可再生能源也不多，那当前或未来排放的二氧化碳要如何处理？美国人提出了 CCS（二氧化碳捕获和封存的技术）就是将产生的二氧化碳收集起来，等它变纯了以后再把它压缩运到开挖的矿、岩石或海底。这种方法费用很高，安全性也有待考察。

二氧化碳转化这件事可以看成一个储能的过程。也就是说，你把这个风能弄来，把二氧化碳变成了甲醇了，那么实际上就是把光电风产生的电能，最后就变成了甲醇，把能量储存到甲醇里面，那甲醇再一燃烧就获得能量了。那么很多人就畅想了未来有没有可能做成一个树叶，因为树叶的光合作用是把水、二氧化碳变成我们需要的烃类了。未来有没有可能用人造这个事情科学上是可行的，怎么把它变成一个实际的过程需要大家共同努力，在当下这就是一个美好的愿景。

三、催化能否助力氢能社会早日到来？

氢能是一种清洁能源，可以用于燃料电池，其效率很高，但氢在自然界中是没有的。人类最早通过木材获得能源，木材基本上是碳，有少量的氢。接着是煤炭，煤炭中碳氢比为 2：1，石油的碳氢比为 1：2，天然气的碳氢比为 1：4。可以看出，人类能源的碳氢比是逐步降低的，未来，氢能可能成为人类社会的主要能源。氢能未来在我们的能源体系当中可能会替代现在的液体燃料。要把氢能利用起来，有个很长的产业链，包括制备、储存、转换、应用。

制备过程，氢到底从哪来？制氢的方法很多，当前，全世界一年大概用 5000 亿立方米的氢气，其中 4% 是从可再生能源来的，96% 是从化石能源来的，未来氢能一定要跟可再生能源连起来，可以利用可再生能源，光、风、核能等把水变成氢，只有在这个时候，氢能才能够用起来，套用一句广告词，自然界当中本没有氢，氢能就是可再生能源的搬运工。

转换过程的主要应用就是燃料电池。如何把燃料电池制造得非常可靠。氢和氧在燃料电池上是不反应的，一定要有催化剂。以贵金属做催化剂，例如铂金，一是费用较高，二是自然界中储量不足。

以非贵金属催化剂做燃料电池，它的耐久性已经获得了比较好的突破。但在实际使用过程中，燃料电池会受空气中各种离子的影响，降低性能。

就储氢而言，要把氢带到车上去，不能弄太大的东西，一定要把它弄得很小。现在有三种办法，第一种方法是压缩氢，把氢压在钢瓶里，这是目前世界范围内相对较好的方法。第二种方法是液氢，把氢冷下来。这种方法耗能多且安全性差。第三种方法是材料储氢，这种方法效率较低。

中国从 2008 年奥运会开始就有氢燃料电池车的示范，上海世博会到现在，包括 2022 年冬奥会，都在积极推进氢能燃料电池。

中国也有个目标，到 2035 年，一公斤的氢能够降到 25 元。一公斤氢大概有 11 立方米左右，可以使车运行 100 千米左右，与油价相比极大地降低了成本。

如何让化工更"美丽"?

· 谭天伟 ·

中国工程院院士、北京化工大学校长,他长期致力于工业生物技术研究,开发了具有自主知识产权的脂肪酶并实现产业化,解决了下游应用领域的"卡脖子"问题。应用该技术成功地将植物油脂转化为安全无毒的增塑剂等化学品。他积极推动生物制造在中国的发展,发明了将地沟油转化为生物柴油的新工艺,品质达到欧洲标准。"发酵工业菌丝体综合利用"项目,日本曾经做了几十年研究,几乎走入绝境,2002 年,却被谭天伟成功突破,他作为第一获奖人荣获了国家技术发明二等奖。

导 语

　　塑料、橡胶、油漆、涂料、药品、化妆品、食品添加剂、服装……在我们身边，化工产品无处不在。化工为我们提供了丰富多彩的产品和服务，是国民经济的支柱产业。如今，我国是世界上最大的化工产品生产国和消费国，总产值世界第一。然而，大多数人对化工行业并不真正了解，一提起化工行业，就认为与污染、毒害和危险相伴，不少人谈"化"色变、唯恐避之不及。事实上，健康发展的化工行业，对国民经济和百姓生活有着十分重要的意义。我国经济正在转向高质量发展，新技术不断推动产业革命，在这样的大趋势下，化工行业该如何绿色发展、转型升级？未来，那些困扰我们的白色污染、塑化剂超标和能源短缺问题如何破解？正在蓬勃发展的生物技术能为化工行业带来怎样的突破？未来化工行业能否变得人畜无害、和善可亲？

扫描二维码即可
观看完整视频

如何让化工更"美
丽"？

◆ 录制时间：2019 年 10 月 13 日

◆ 编　　导：王秀娟

一、化工是国民经济的支柱

化工不单是中国国民经济的支柱，在全世界也是这样。2019 年，全球化工的销售额是 5.7 万亿美元，占了全球 GDP 的 7%。因为化工生产的是基础原材料，对其他的行业有巨大的带动作用。国外做过一个统计，每产生 1 美元的化工产品，它会在下游产生 4.2 美元的终端产品。

化工行业是我国的支柱产业之一。中国的规模以上的化工企业有 27000 多个，销售额已经突破了 12 万元亿人民币。

中国是世界化工产值第一大国，我国近几年化工增长率占了全球化工增长率的一半以上。按总产值计算，中国的化学化工占全球的化学化工将近 40%，中国的化学化工是非常大的一个行业。

我们正常的衣食住行，每天都离不开化工产品，因为化工产品是基础的原材料。

我国近几年的一些重大的科学工程或者工程项目也离不开化学化工。

碳纤维就是一个非常好的例子。碳纤维的重量特别轻，大概只有普通钢材的几分之一，但是它比一般的金属材料强度强，韧性好。这样的一种又轻、强度又高、性能又好的材料，很显然就可以在航天航空中应用。航天航空领域，轻一点意味着我们能够发射得更远，或者带的东西更多。举个例子就是长征 7 号火箭的发射，用了碳纤维材料之后，减重 900 千克。

再举一个例子，港珠澳大桥的吊索用了超高分子量的聚乙烯，单根聚乙烯纤维的直径只有 0.5 毫米。但它的拉力及耐受的强度要比普通的钢材强得多。高分子量的这种新材料使得港珠澳大桥成为可能。

在刚刚启用的大兴国际机场中，也用到了大量的化工材料，比如说内饰的涂料、跑道上的新型的沥青。

所以，化工不但支撑着我们的日常生活、衣食住行，也为我们国家和世界上的重大工程项目做支撑，过去很多不可能的事情，因为有了化工才成为可能。

二、工业生物技术让化工更"美丽"

工业生物技术是利用生物质做原料，用生物的手段，并结合化学工程的技术进行产品的加工，或者是提供相应的社会服务。近些年或者上百年的化学工业都是以石油和煤做原料的，因为以石油和煤做原料，所以称为石油化工、煤化工，后面又衍生出来很多的材料化工、机械化工等。这些化工最大的一个特点，原料是不可再生的。

而生物质是通过太阳能光合作用合成的物质。我们称为可再生资源。

生物技术现在经过了三次大的革命，第一次革命是在20世纪80年代，英文叫红色生物技术，因为它主要是做疫苗、血液制品。后来发现疫苗并不需要太大的规模，所以疫苗并没有给新的产业带来很大的革命。90年代又开始第二次生物技术革命——农业生物技术。农业生物技术以转基因植物和转基因动物为代表，像多利羊、转基因大豆。生物技术的第三次浪潮在工业生物技术，工业生物技术的英文名字叫作白色生物技术，因为生物技术给人类带来了美好的环境生活。

工业生物技术与传统的化学化工技术相比，有优点也有缺点。第一，它们的原料是不同的。化学化工主要用的是石油基、煤基或者矿石基，工业生物技术主要是利用生物基。第二，它们合成的化学条件不同。化学反应是高温高压，所以它有安全隐患。而生物反应是利用酶和微生物。酶和微生物跟人一样，不适合于高温。所以生物的反应是常温常压下的反应。

生物转化能使能耗大幅度下降，环境污染减少以及碳排放减少，因此越来越受到人们的重视。温室气体带来的危害是非常大的，生物技术是一种非常重要的减排手段。经济合作与发展组织做了一下计算，工业生物技术的应用大概每年能减少10亿到25亿吨的二氧化碳的排放量。

正是因为工业生物技术有这么多优点，各个发达国家都对自己国家的生物战略进行了规划，日本、韩国、印度都进行了战略规划，印度还成立了一个生物技术部。欧盟跟我国一样制定了中长期发展规划。在中长期规划中提出到2030年的时候，化工原料中生物基的原料要占30%以上。

伴随着技术进步，通过工业生物技术、过程强化技术、人工智能技术等

如何让化工更"美丽"？ 251

很多新的技术，我们的化工一天一天地更加美丽。

三、工业生物技术的"美丽"应用

1. 燃料乙醇实现节能减排

生产清洁的燃料非常重要。生物燃料里的第一种就是燃料乙醇。用燃料乙醇来代替汽油有很多的优点，第一个优点，它的绿色环保、碳减排，可以使有毒有害物减少30%以上。瑞典的斯德哥尔摩是全世界第一个全部的公交都采用了可再生能源的城市，包括燃料乙醇、生物柴油和沼气，减排的效果非常显著。

2. 塑化剂不再令人谈虎色变

很多塑料用品要加工成一定形状的时候，都要加入增塑剂。为了改善塑料的加工性能，要加入大量的增塑剂。在一般的聚氯乙烯（PVC）的管子里，加的增塑剂都是百分之二三十；儿童玩具里的增塑剂占了35%，还有一些食品包装袋、医疗用的一次性注射器、输液管，都有大量的增塑剂。当前，我们主要用的是邻苯类的增塑剂。邻苯类的增塑剂有一些缺点，非常典型的一个缺点就是有致癌的危险。所以现在我们迫切希望能开发出绿色的增塑剂，而绿色的增塑剂大多数都是来自生物基，比如说用淀粉类做成的、发酵做成的柠檬酸，或者是由油脂做成的油酸酯，这种增塑剂是绿色的、天然的、食物基的，它做成的增塑剂就没有任何毒副作用。

3. 将塑料和二氧化碳变废为宝

从我们国家乃至全世界来看，资源的循环率是很低的。从全球来看，只有9%左右的物质实现了循环。全球每年产生的塑料、建筑垃圾、生活垃圾等废弃物越来越多。

化工原料和产品基本上都是以碳为最基础的成分。碳资源怎样循环利用，是未来非常重要的一个环节。

全世界每年新产生的塑料有3.2亿吨之多，我国一年产生的废旧塑料有7000多万吨，利用生物技术把这些塑料回收加以利用，就是资源的极大的利用，整个社会的可持续发展就有可能实现。

未来二氧化碳的利用是化学工业绿色发展的一个重要方向也是工业生物

技术的突破口。虽然看起来好像是一个未来的，但是它并不遥远，也可能在10年、20年，就能成为现实。

化学工业是国民经济的支柱。虽然化学工业目前还有一些不安全或者是不太绿色的地方，但是我们完全可以通过技术的创新和管理的创新，比如说规范、制度、评价体系的建立，使我们的化工变得美丽起来。当然，如果再用工业生物技术来进一步地加工，特别是实现碳资源的循环利用的话，我们未来的化工将是非常绿色环保的，同时也是美丽的。因为在那时化学工业就真正实现了人、社会、环境协调和谐地发展，也就真正实现了社会可持续地发展。

高质量发展如何从"芯"突破?

清华大学微纳电子系教授,"核高基"国家科技重大专项技术总师,国际电气和电子工程师协会会士。他致力于超大规模集成电路设计方法学、嵌入式系统设计技术和可重构计算芯片技术等领域的研究,拥有数十项中国和美国发明专利,曾荣获国家科技进步二等奖、国家技术发明二等奖。

导　语

芯片，是人类最伟大的发明之一，是现代电子信息产业的基础和核心。小到手机、电脑、数码相机，大到5G、物联网、云计算，全部都是基于芯片技术的不断突破。如今芯片越做越小，集成度越来越高，它会不会很快达到极限？我国芯片需求极为旺盛，但是整个芯片产业却还没有进入世界第一梯队，绝大多数计算机和服务器通用处理器95%的高端专用芯片、70%以上智能终端处理器以及绝大多数存储芯片依赖进口。我国芯片产业的现状怎样分析观察？能否后来居上？

扫描二维码即可
观看完整视频

高质量发展如何从
"芯"突破？

◆ 录制时间：2019 年 4 月 2 日

◆ 编　　导：马放

一、谁缔造了芯片奇迹？

集成电路是一种芯片，我们每天都在使用，例如家中修理电器的时候，可以看到很多黑色的方块，就是我们说的集成电路和芯片。其中有大量的集成电路的基本元件——晶体管，数量有几十亿支甚至上百亿支。晶体管的原理非常简单，但它的发明，人类经过了非常长时间的探索。

世界上第一台电子计算机是 1945 年在美国的宾夕法尼亚大学发明的，用的是所谓的电子管，直径在两公分左右，高度有五六公分，通上电以后就会发亮，像个灯泡似的。这样的电子计算机用了 17500 支电子管。电子管的可靠性非常差，六分多钟就烧坏一支，一旦烧坏了就得换。更换后再重新开机。这样的计算机使用效率是非常低的，因此我们迫切地需要找到一种能代替电子管的元器件。

1947 年，在美国贝尔实验室，有三位科学家发明了晶体管这种新的元器件，这三位科学家分别是肖克利、巴丁、布莱坦，在 1956 年获得了诺贝尔物理学奖。

晶体管比电子管体积小很多，可靠性非常高，而且反应速度很快。1954 年，美国贝尔实验室用 800 支晶体管组装了世界上第一台晶体管计算机，这台计算机是给 B-52 重型轰炸机使用的，耗电量只有 100 瓦，且运算速度非常快，能达到每秒钟 100 万次。

为了解决多个晶体管虚焊导致的可靠性变差的问题，集成电路出现了，1958 年 9 月 12 日，美国得州仪器公司的一个青年工程师杰克·基尔比发明了集成电路的理论模型。1959 年，当时在仙童公司工作的鲍勃·诺伊斯，发明了集成电路的制造方法——掩膜版曝光刻蚀技术。直到今天，我们仍在使用这项 60 年前发明的技术，只是不断地在规模、精度上变小而已，这两位科学家发明的集成电路对人类的影响是非常巨大的。

在集成电路发明了 42 年以后，杰克·基尔比获得了 2000 年的诺贝尔物理学奖，非常可惜的是那时鲍勃·诺伊斯已经过世了，所以他没有得到诺贝尔奖。

1962 年，国际商用机器公司（IBM）开始用集成电路制造计算机，

1964 年在全球发布了一个系列 6 台计算机，起名叫作 IBM360，功能极其强大，能完成科学计算、事务处理等工作。

几年后，英特尔公司的一位年轻的科学家泰德·霍夫设计了世界上第一款微处理器——英特尔 4004。这款微处理器是英特尔公司为日本的一家名为必康司的公司设计制造的，用于计算器。

1981 年，IBM 组织团队在佛罗里达开发了一件到今天仍影响全世界、全人类的重大产品——个人电脑，后来被称为 PC。当时使用的是英特尔的 8088 微处理器，其实速度是很慢的，但在当时非常了不起。

随着集成电路和芯片的进步，它从原来的政府军事应用、市场商业应用逐步发展为民间应用，进入寻常百姓家。

二、芯片技术有多神奇?

芯片不断地在微缩，现在已经做到了 7 纳米，估计一两年后就到了 5 纳米。

红血球的直径是 8 个微米、8000 纳米，按照今天的技术，我们可以在一个红血球上放 200 支晶体管。正是因为它这么小，所以我们能够把大量的东西集成在单个的芯片上。

如果按照我们现在的发展速度，到 5 纳米，再到 3 纳米，能不能再发展下去呢? 某一种特定技术走到一定阶段的时候就会停下来，但是并不代表着新技术不会出现。前两年德国科学家就发明了一种称为分子级晶体管的新器件。

未来，可能我们的手机会变得越来越小，小到今天不可想象的地步，这个小不是说体积变小，而是芯片的尺寸变小，功能变得越来越强大。但任何技术都有它的极限，从芯片角度来说它有以下几个极限。

一是物理的极限，它的尺寸太小了。相伴随的还有功耗的极限。集成电路芯片的功率密度一般达到了每平方厘米几十瓦，所以芯片上往往要装一个散热器，上面还有一个风扇，当功率密度达到每平方厘米 100 瓦以上的时候，要换成水冷。这种热效应是非常厉害的，如果不加控制，到 2005 年前后的时候，芯片的温度已经达到了核反应堆的温度，到 2010 年的时候芯片的温度大概已经可以达到太阳表面了，这么热的东西是无法使用的。

后来，人们为了降低功耗把单核变成双核。从可编程性来说，单核是最好的，但是如果要达到四核的功率，单核的功耗很高，温度也很高，只好把它拆开，实际上是以系统的复杂性为代价来解决功耗问题。

二是工艺的难度非常大。集成电路制造过程中，它的掩膜的层数实际上在不断地变化，从 65 纳米的 40 层，到 7 纳米的 85 层。现在芯片的制造要花费很长的时间，万一有一个闪失，芯片可能就报废了。

三是设计的复杂度很高。因为有很多的晶体管放在一颗芯片上，芯片的通用性就变得越来越差，所以出现了所谓的"高端通用芯片"，要去寻找更通用的解决方案，就要把软件"引进来"，把芯片与软件有机地结合起来。

当解决了这些工艺问题、技术问题，最重要的是经济问题。在摩尔定律 50 多年的发展过程当中，集成电路大概有 55 年的时间是在降价的，直接的效益就是电子产品很便宜。

但是现在，手机变得贵起来了，原因就是随着芯片的发展，由于投入的增加、复杂度的增加，它的成本也在缓慢地增加，28 纳米之前芯片的成本是不断在下降，28 纳米之后成本在逐渐地上升。未来，电子产品不再会像前几年那样不断地降价，估计会再缓慢地涨价。所以，到今天为止，我们仍然没有看到芯片技术的终点。

三、需求旺盛，供给不足，我国芯片产业如何发力？

芯片的发展有它的客观规律，虽然我们现在还不能满足需求，但是只要坚持不懈走下去，就一定可以达到我们所希望的发展水平。

中国的芯片产业发展速度非常快，无论是芯片的设计、封测还是制造，我国都已经进入世界前列。比如在全球的集成电路设计这个行业中，前十位有两家中国企业，在全球的代工企业当中，前十位也有两家中国企业，而在全球的封测企业当中，前十位当中有三家中国企业。

但是我们跟国际先进水平相比还有相当大的差距。以集成电路产品为例，我国产业规模已经达到了世界第二位，但产品在全球占比只有7.9%，中国市场1500多亿美元，占了全球市场的34%，其中26%要靠进口。

这种情况下，最好的办法就是我们自己发展。

1.国内芯片产业结构与需求差距大

目前，我国芯片产业的产品结构与我们的需求之间还存在一些失配的现象。

无论是服务器、个人电脑，还是可编程逻辑设备、数字信号处理设备，以及终端当中用到的一些IP盒、存储器，市场占有率都很低，这意味着我们的产业结构、设计企业的产品结构跟需求之间还有相当大的差距。

2.发展滞后投入不够

第二个就是制造能力和设计需求之间失配。我国当前制造业的发展还存在一定的滞后，并且产能不够。

集成电路芯片发展需要投资，全球在半导体投资上的统计，除了少数的几个年份之外，大部分的时间都在400亿美元以上，最近这几年甚至都在600亿美元以上。

而我国在早期作出了一个错误的判断，认为中国的半导体芯片产业可以通过市场配置资源来良性发展。虽然目前的投资也到了百亿规模，但投资强度不够，要连续投很多年才能看到结果。

3.芯片产业链要力争上游

还有一个就是资源的错配。我国的芯片制造业目前海外客户超过50%，封测业也有将近一半海外客户，但我们的设计业又满世界去找加工的资源，原因是我国的制造业和封测业的技术水平与我们的需求还有距离。

我国原来的产业是加工型产业结构，现在要以自主创新为主，要作产业结构的调整。

在发展过程中，我们还面临着一个产业模式的问题。芯片的发展已经有几十年的历史，在发展的过程中，现在跟以前有很大的差别。出现过系统厂商模式、集成器件制造模式及设计代工模式。

我们要创新发展，要往上游走。

4.人才不足

芯片要发展它的设计业，芯片设计是一种高科技，人才是一个重要的制约因素。

人才团队的短缺是非常非常可怕的。

当前，很多相关专业的学生对于芯片的重要性、对于芯片本身所蕴含的魅力了解得不够，仅仅是把它当成一门知识来学了。

材料之光：如何打开神奇的纳米世界？

·赵宇亮·

中国科学院院士，发展中国家科学院院士，国家纳米科学中心主任，中科院苏州纳米技术与仿生研究所学术所长，中科院纳米生物效应与安全性重点实验室主任，多次担任国家"973"计划项目首席科学家，中科院先导 B 类专项领衔科学家等。

赵宇亮从年轻时起便立志科学报国。他坚信"勤奋是最好的智慧"，以身作则实现科技强国的梦想。20世纪末 21 世纪初，赵宇亮与日本同事共同发现了元素周期表第 113 号元素：铱。2001 年回国后，他最早提出纳米毒理学并成为国际上最早开展纳米生物安全研究的少数几位学者之一，他的开创性工作揭示了纳米结构与生物效应之间的定量关系，被国际上誉为"引领科学家"。他领衔美、欧、日等 11 国学者共同编著了世界第一本《纳米毒理学》教科书。研究成果：两次获国家自然科学二等奖、中国科学院杰出科技成就奖、TWAS 化学奖、何梁何利科技进步奖、中国毒理学杰出贡献奖、中国侨联贡献奖等。他创建了：中科院纳米生物安全重点实验室、中国药学会纳米药物专业委员会、中国毒理学会纳米毒理学专业委员会，极大地推动了纳米科学与生物医学交叉的科学前沿领域在我国的起步、形成和发展。

导 语

2020 年 8 月 4 日，国产芯片迎来重磅利好。国家鼓励的一些集成电路生产企业或项目，可以少缴甚至免缴企业所得税，其中，线宽小于等于 28 纳米的集成电路生产企业或项目，最长可以免缴十年企业所得税，消息一出引发媒体热议。线宽能突破多少纳米，这是衡量芯片制造工艺水平的一个重要指标，这让纳米这一概念再次成为大家关注的一个焦点。

其实，纳米只是一个极其微小的长度单位，这个长度的物体小到连普通的显微镜都无法观测。20 世纪 80 年代，人类通过扫描隧道显微镜，才第一次发现纳米世界。短短 30 多年，纳米世界独有的神奇特性，已经催生出大量前沿科技，悄然改变了我们的生活。纳米科技是在原子、分子尺度上，研究物质的特性和相互作用，进行知识和技术创新，并对物质进行精确加工和原子制造的科学技术。人工智能、大数据、云计算、物联网、移动通信、自动驾驶等，无不是以纳米科技作为最基本的技术支撑。纳米技术和信息技术、生物技术一起，正在成为 21 世纪科技领域推动经济和社会发展最重要的"三驾马车"。

纳米为何会有如此魔力？纳米级别的世界究竟多么与众不同？纳米科技又能为我们带来哪些前所未有的产品和应用？

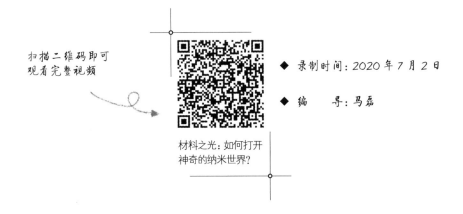

扫描二维码即可
观看完整视频

材料之光：如何打开
神奇的纳米世界？

◆ 录制时间：2020 年 7 月 2 日

◆ 编 导：马磊

一、纳米世界有何神奇之处?

什么是纳米?纳米本身只是一个尺度的单位,1 纳米 = 10^{-9} 米,相当于 1 米的 10 亿分之一。如果把足球放大到地球这么大,那足球的大小正好是一个纳米。所以,纳米是一个很小的尺寸,它大约是我们头发直径的万分之一,脱氧核糖核酸(DNA)的宽度大概是两个纳米。

什么叫纳米科技?实际上到了纳米尺度以后,会出现很多新奇的功能。从尺度这个角度讲,从无生命到有生命的过渡,恰恰是在纳米尺度。我们在宏观世界所看到的很多材料、设备,其实它们的功能最早起始于纳米尺度,它们的功能会从纳米尺度传递到微米尺度、毫米尺度,一直传递到大的宏观世界。

最早提出纳米技术概念的是费曼,1959 年,他在一次演讲中提出:现在人类的技术都是把大的东西变小,去加工。实际上,我们可以把小的东西组装成大的东西。但在当时人类还没有这种能够在纳米尺度上观测研究的工具,所以纳米技术提出以后,其实一直都处在一种概念的阶段。

纳米技术真正地进入科学界的视野,或者说被科学界高度重视,是起源于 1981 年。1981 年,当扫描隧道显微镜被发明以后,人们就能看见并且能用针尖去操纵单个的原子,这使人们发现了一个全新的世界。在纳米尺度下我们所看的事情,跟我们在宏观世界所理解的东西完全不同。

迄今为止,还没有任何一个学科出现以后,像纳米技术这样,引起全世界如此高度的关注。全世界有 60 多个国家专门为纳米技术的研究成立了国家计划。我国也是全世界最早在国家层面上进行纳米计划的国家之一。

我国纳米技术的研究起源于 20 世纪 80 年代后期。当时有一批从海外归国的科学家,包括中国科学院白春礼院士。白春礼院士回到中科院化学所以后,自己动手制造了中国的第一台扫描隧道显微镜,这台扫描隧道显微镜现收藏于中国国家博物馆。

在纳米尺度下,会产生一些特殊的效应,比如说:一克粒径(颗粒直径)为 5 个纳米的氧化铝,它的比表面积相当于一个篮球场这么大。

表面的特殊变化,还会产生一个能级的变化:在不同的尺寸下,发射不同的光。

它还会影响热学性质及磁性。

我们可以在纳米尺度上去加工、去制造、去设计物质、器件、机器。做很多在常规条件下，或者在宏观尺度下，我们得不到的一些不同的、创新的功能。

二、纳米科技如何颠覆材料研发？

对于宏观材料来说，实际上它们宏观的性能大部分在纳米尺度下就已经产生，比如一些功能性的材料。如果想调节这些材料的功能，那么就要回到它的原点，也就是到纳米尺度去调节，会比我们在宏观的情况下调节更加有效。

一个例子就是纳米医药技术。现在的医药我们把它叫作分子药物。到现在为止，人类所有的诊断和治疗都是建立在分子跟分子之间的反应之上的。纳米药物跟我们传统药物不同，传统药物就是一个单一分子。纳米药物是把这些单一分子聚集到一起形成了一个颗粒。所以纳米药物也可以称作颗粒药物。我们可以在颗粒表面作很多装饰，装上不同的药物，并可以控制它一层一层地释放。因此，纳米药物也被称为智能药物。它更适合于像肿瘤、心血管疾病、心脑血管疾病等复杂的疾病。

另一个例子就是化妆品。现在化妆品用的材料几乎 100% 都是纳米材料。20 世纪 80 年代我在国外，当时只要有一个女性从走廊的那一头走过来，你就能看出她是化了妆的，因为她的妆颗粒很大，看着很浓。但是现在大家化了妆以后，一般也看不出来。原因是化妆品所使用的纳米材料很细，而且用量比原来少了很多。

还有就是智慧城市。无传感、无智能。智能技术最大的一个核心的部件就是传感器。传感器里还有两个核心的东西，一个是微纳器件，另一个是敏感材料。敏感材料就是去获取周围的温度信息、物体的位置信息、压力的信息、时间的信息等，包括湿度，包括传感器表面有敏感材料，这些敏感材料大部分都属于纳米材料。此外，承载这些敏感材料的器件，这些器件都是通过微纳加工技术加工出来的。

能源方面，地球上有 70% 是海洋，如果我们能够利用太阳光把水分解成氢和氧，人类再来用其中的氢气，就能解决人类的能源问题。

近年来，太阳光加纳米催化剂，把水分解成氢和氧的技术发展得很快。在纳米催化剂出现之前，原来的分解效率大概只有 1%。通过纳米催化剂的使用，现在已经达到了百分之十几的分解效率。所以这项技术可能引起我们整个能源领域的变革。氢是非常清洁的能源，纳米催化技术的发展，将对我们的生活与产业带来巨大变化。

纳米材料在航天航空领域的应用也值得关注。航天航空最大的一个问题就是减重。重量越轻，航天航空的能力就越强。纳米材料的强度和重量，恰恰满足这个要求。在纳米材料的应用里，有一个设想：从地球造一个电梯到月球。这在以前是不可能的，因为人类没有这种材料。现在，人类已经拥有了这种材料，就是碳纳米管，碳纳米材料。从地球造一个电梯到月球，碳纳米管不会被自身的重量拉断。

还有就是纳米加工技术。纳米加工技术给 CPU 带来了变革，使我们现在的计算机及手机做得越来越小，越来越薄。1946 年，人类造出了第一台全自动电子计算机。这台计算机有多大呢？长 3.48 米，高 2.44 米，厚 0.91 米，大概重 30 吨。这台计算机每秒钟能进行 5000 次计算。随着纳米技术或者微纳加工技术的发展，现在我们的笔记本电脑大概只有一千克重。但其运算速度大概能达到每秒百亿次。

集成电路是 1971 年发明的。第一个集成电路上大概只有 2300 个晶体管。我们现在一个一平方毫米上的集成电路大约有一亿个晶体管。像我们的手机用的这种 14 纳米的 CPU 芯片上面，大概有 100 亿个晶体管。变小有两个好处。一个是耗电会变得越来越少，另一个是计算速度会变得越来越快。而且让我们的器件将来越来越小型化。

还有纳米磁性材料。纳米磁性材料一个很大的应用就是优盘，即储存介质。最早的电子计算机记录东西是在纸上打孔来记录，后来有了水银存储器。存储量是 100 个字节。到了 1971 年，有了金属氧化物的塑料磁盘，可以存储 81000 个字节。我们使用的优盘可以存储 T 字节。1T 字节就是 10 的 12 次方，差不多增加了1亿倍的存储量。背后的原理就是"巨磁阻"效应，纳米材料巨磁阻效应所带来的变化拿了诺贝尔奖。

还有纳米技术与能源环保。新能源的电池技术有三个核心：一个是电极，一个是隔膜，一个是电解质。现在性能最好的电极或隔膜都是纳米材料。新能源汽车的行驶里程从最初的100多千米、200多千米，逐渐到400千米、500千米、600千米，电池性能越来越高。其实这里面并没有原理性的改变，只是说材料在不断地优化，新的材料不断地出现，使它的性能不断地提高。

纳米技术在农业方面的应用，除了中国农科院研究的纳米农药、纳米肥料之外，其实纳米技术在农业里面的应用比我们想象的要更加尖端。是把纳米技术和信息处理技术、数据的算法技术全部融合到了一起。

纳米技术与超材料也值得关注，超材料是人工设计的、可以超越自然界的一些功能的新材料，这一类材料也是纳米技术发展的过程中逐渐出现的。有一句名言：谁掌握了材料，谁就掌握了世界。材料实际上是很多技术的源头。

纳米技术不是无所不能，但它无处不在，几乎是一个覆盖全学科的领域。伴随人类社会的发展，我们的技术变得越来越小型化。设备变得越来越小，效率变得越来越高，速度变得越来越快，性能变得越来越好。纳米技术在其中将起到决定性的作用。因为它恰恰是研究在一个小尺度上，如何去构建器件，怎样设计功能，创造跟原有的不一样的功能的设备、产品和技术。

三、纳米生物科技如何助力医疗技术变革?

在生物健康领域，纳米技术在抗击新冠肺炎疫情中，也发挥了非常重要的作用。例如磁性纳米颗粒，它的表面可以吸附一些物质，包括跟病毒相关的一些蛋白、抗体，这样可以用它来做很多的检测。

此外，可以通过纳米颗粒去改造一些药物，提高药物的稳定性、靶向性、生物利用度。这也是把纳米颗粒作为治疗药物的载体，我们也称为输运体系。

这也是纳米技术在新冠肺炎病毒研究中的一个很重要的应用。

静电纺丝技术也是伴随纳米技术发展起来的一个技术。这个技术用在了口罩、防护服等。它的过滤性，包括孔径率，都可以根据我们的需要，很容易地调节，新冠肺炎病毒大概是120多个纳米大小，所以我们可以精确地调控纳米织物的孔径大小，把病毒挡在外面。

纳米技术，除了这些应用以外，现在用得最多的一个领域是肿瘤治疗。针对肿瘤的治疗和诊断，一直是纳米技术里面最为活跃的领域。我给大家举一个例子：肿瘤细胞会脱落，脱落以后，这些肿瘤细胞就会进入血液里，然后进行血液循环。这种细胞我们通常把它叫作循环肿瘤细胞，即在血液里面游动的肿瘤细胞。这种肿瘤细胞在肿瘤发生初期，是很少的，每一毫升血液里面可能也就一个。而血液里有无穷无尽个细胞，这么少的肿瘤细胞，实际上是没有办法检测到的。这个时候，国家纳米中心的科学家们发明了一个方法，制造了一个结构，然后把这个结构进行组装，让它无限地延伸，形成一个大的阵列。这个阵列的每一个爪子都可以去抓这个肿瘤细胞。可以想象一下把它放到血液里面的场景，血液里面的肿瘤细胞往那一过，它上面的很多触角就能把它抓住。用这个方法就能够把一毫升里面的一个肿瘤细胞抓出来。当很多人还没有形成肿瘤病变的时候，它就能找到循环肿瘤细胞，可作为早期诊断。所以，如果早期发现他有肿瘤细胞，就可以对他进行干预。这种方式，叫作肿瘤捕手。

我们研究的这个医用纳米机器人，既有体外的，也有体内的。我给大家介绍的主要是体内的纳米机器人，它很多地方跟我们传统看到的宏观机器人不一样，其中很大的一个区别就是外形不同。体外机器人大多是有手有脚的，而体内的生物医学纳米机器人是利用纳米技术的微纳加工技术，或者是自组装技术，通过生物学和医学原理把它组装成一些复杂的结构。这些复杂的结构具有某一种智能的响应，可以让一个智能型的（体内）纳米机器人到体内去治疗肿瘤或者治疗感冒。

心血管疾病大概是人类死亡率最高的疾病，与肿瘤不相上下。一旦发现血斑（凝血）这种情况，就可以给病人安一个心脏支架，再严重时，就搭个桥。现在我们研究纳米技术，组装一些纳米机器人，大概也就几百个纳米大，相当于细胞（每个细胞 10—20 微米）的 1% 大。这个时候让它去寻找血斑，找到了以后，要么用药物把它释放出来，要么用别的方法把血斑处理掉。也就是说，它找到以后会自己处理，不需要我们再给病人搭个桥，或者给他做个支架。而这些纳米机器人到体内工作完以后，通常情况下让它自己降解掉，通过排泄、代谢排出体外。

把纳米技术跟生物技术结合起来，可能是人类发生技术变革的一个非常重要的突破口。因为，到现在为止，我们研究人复杂体系以外的事情已经做得很清楚，但唯有人这个复杂体系到现在为止对它的研究还是有限的。

传统上的很多手段，不是因为不去做，而是以目前的研究手段做不到。纳米技术出现以后，满足了人们对生命体在微观尺度下或多尺度下工作的一种需要。比如说 DNA 的修复，现在靠的是在用作化学反应的烧杯这个器皿里面去修复，但它的精确性、准确性很难保证。若是用 DNA 的纳米机器人，它就可以像我们工厂里面的工人专门去修理坏的机器一样，可以拿个螺丝扳手，定点地把这个事情做好。

过去 20 年，纳米技术的发展给我们人类开辟了很多新的领域，也开辟了很多新的技术。这些技术正在不断地悄声无息地影响着我们的生活。在传统技术领域，中国起步很晚，而且晚了好多年。在新兴技术领域，我们跟别人有同样的优势，而且我们的发展速度跟别人差不多。这就是我们的发展机遇。

所以，我希望有更多的朋友能够加入纳米技术这个行业，尤其是有更多的企业家、金融机构进入我国的纳米科技领域，把我国的这种前沿科技变成国家科技创新的力量。目前，我国有 121 位纳米科技的院士，我国纳米科技的创新人才可能是各个领域中最多的。所以，让我们一起努力，让金融为科技创新服务，让科技为经济质量服务，让经济为人民生活服务！

材料之光：我们如何打造"超级钢"？

·王国栋·

中国工程院院士，东北大学教授、钢铁轧制技术领域国际知名专家。由他领衔的东北大学轧制技术及连轧自动化国家重点实验室，承担我国超级钢的研究和开发科研项目，在耐低温、耐高压、耐腐蚀、耐冲击、耐疲劳等高强、特种钢材研发上，不断取得重大突破。其科研成果曾荣获国家科学进步一等奖和二等奖，被业界誉为不老的"钢铁侠"。

📚 导　语

　　钢铁是目前全球应用范围最广的金属材料，高端、特种钢材则是钢铁材料中的明珠。在当今各国钢铁竞争中，已不仅仅是总产量，还有产品结构，尤其是高端特种钢材的生产水平和能力。而在这个方面，恰恰是我们国家亟待补齐的一块短板。飞机起落架、高速列车车轴、轴承等抗疲劳高强钢，核电站用耐高温、抗辐射的不锈耐热钢管等特种钢材，都曾长期依赖进口。几年前，我们的圆珠笔笔头都要依赖进口的现实，至今让许多人记忆犹新。

　　经过 40 多年的艰苦奋斗，1996 年我国粗钢年产量历史性地突破 1 亿吨，跃居世界第一。之后 20 多年，一直雄踞全球首位。然而，作为钢铁生产大国，我们却遇到了低端供给过剩和高端供给不足的双重尴尬与困扰。尤其是 2008 年国际金融危机之后，全球钢铁长期处于产能过剩状态，给我们带来巨大压力。如今，我国进入新时代，新目标要求经济向高质量发展转型，去产能，钢铁首当其冲，仿佛一夜之间钢铁成了落后材料的代名词。作为昔日的材料霸主之一，钢铁究竟还有没有发展的空间和潜力？在产能过剩、生态环境压力不断加大的今天，中国钢铁产业的绿色转型之路究竟在哪里？要实现我国钢铁工业以结构优化和质量升级为标志的再次腾飞，必须以科技创新为抓手，全力推进中高端钢铁材料的研发，打造我们自己的"超级钢"。在这条路上，我们究竟取得哪些成就？今后怎样继续突破？

扫描二维码即可
观看完整视频

材料之光：我们如
何打造"超级钢"？

◆ 录制时间：2020 年 1 月 10 日

◆ 编　　导：马磊

1996 年，我国钢产量达到了 1 亿吨，登上了全球第一的宝座。2018 年，我国钢产量达到了 9 亿吨。中国的钢产量比世界上所有其他国家的钢产量的总和还要多。高铁、汽车、建筑、桥梁等大国重器都少不了钢铁。我国可以生产几乎百分之百的钢材品种、规格，2006 年，我们通过出口达到了钢铁净出口国的目标。这个发展的过程，实际上给我们国家的经济建设、国防发展和人民生活提高都带来了非常重大的影响，它涉及我们的国计民生、国防安全。现在政策上的限产能是限制落后产能，对优良的产能还是要扶持的。把落后产能关闭或者改造成为先进的产能。我们的政策是不鼓励追求数量、追求规模，而是要高质量发展，实现效益、利润、质量，才是真正地发展了钢铁工业。

一、好钢是如何炼成的？

钢铁是怎样炼成的？钢坯通过热轧变成热轧产品，又经过冷轧变成冷轧产品，得到各种各样的钢材，比如型材、板材、管材等。

世纪之交的新一代钢铁材料的研究中，超级钢的发展也采用了控轧控冷技术。国外发展过程中，发现原来的控轧控冷系统，它的冷却和传热效果都不是特别好、不均匀，此外，也缺少冷却模式的研究。

在这个时候，国际上又开始研究超快速冷却。

二、如何打造我们自己的技术明珠？

20 世纪 70 年代，日本开发了一个系统叫作 Super OLAC，OLAC 就是在线加速冷却的意思。这个超级的冷却系统可以实现高冷速下均匀地冷却。但是技术没有公开。

在这种情况下，我们自主设计了快速冷却系统，这一技术的进度，我们几乎和国外是并行的。

这个时候正好石家庄附近有一个敬业集团，它们有个 3100mm 的轧机，我们就在它这块做了第一套这个超快冷系统，实验效果还是可以的。用了这个东西它的板形，就我们说的不爱瓢，那就是板形好、平，这个好。那么我们接着就把这个技术往鞍钢的 4300mm 轧机上应用，4300mm 当时是最宽的，还有首钢一个新引进的 4300mm 轧机。经过我们大家的共同努力，也克服了不少的现场中实际上出现的问题，出来以后板子溜平（平直）。板形这个问题的解决使我们这个管线的生产不断提升，X80 西气东输，这方面我们国家现在管线钢是全世界做得最好的。那么一个印度人到这个南钢，就看着它的轧制线上，这个轧制线上全是德国 SMS 西马克的，仅仅控冷这一段那是一个 RAL，就是我们实验室的标识。他挺奇怪，他看着这板子生产这么好、冷却的效果这么好，他就问南钢的同志，说这个 RAL 是什么公司。后来听说是一个学校里的实验室，他还感到很惊奇。所以说，我们是在外国设备林立的地方，镶上了一颗我们中国人做的明珠。

在钢板的冷却控制上，我们实现了从"跟跑"到"并跑"，然后开始走向领跑。

在新时期，人们期望有更好的设备来满足他们的要求，所以我们必须要做一些"啃硬骨头"的事情，这也是很好的机会。在新时期，我们必须开发更多自主的、原创的关键共性技术。

三、钢铁材料研发，未来什么样？

中国钢铁工业高质量发展有四个目标：工艺的绿色化、装备的智能化、产品的高质化、供给的服务化。工艺、装备、产品、供给四个方面，工艺是龙头。

1. 节能减排，变废为宝

工艺绿色化，一方面是减少排放和污染、环境友好。另一方面是节省资源和能源，以最低的消耗生产高质量的产品。

2. 建设聪明的生产线

装备智能化现在是一个热门的话题，就是通过智能制造的建设，使我们的设备变成一个有智能的，能思考、能学习的，自己运行得越来越好的装备。钢铁工业是流程工业，过程中存在很多"黑箱"，不能看到、测出高炉中的状态，智能控制就难上加难。

因此需要信息物理系统，通过数字化，把物理过程的情况描述出来，才能谈得上智能制造。

钢铁行业的自动化水平是各个行业里最高的。比如轧钢的系统是多变量、强耦合、非线性、大滞后的，控制系统最难的特点，轧钢系统全有。它的变量上千，而且变量间是强耦合的，在这种情况下，控制非常困难。

所以钢铁的控制系统是最复杂的。需要多学科结合、交叉来做。另外行业上要协调协同，钢铁行业和信息行业、传感器行业都得结合起来。

3. 拼质量，从第一到唯一

产品的高质化大致是两方面内容：一是现在大家有的产品，我们要通过转型升级、提质增效，做到世界第一；二是领跑性的，前沿性的技术，我们要做到唯一。

做材料研究需要有三种能力，一是表征和评价，既能清楚材料的特点及基本原理，并能通过观察显微镜或者是各种实验方法表示出来。二是合成与加工，就是把材料做出来。三是计算和建模，这是近几年新发展起来的。

这三个方面中，我们在合成加工方面是有一些基础的，表征和评价方面也不错，相对来说最薄弱的就是计算和建模，所以将来要抓住建模和计算这个前沿。

4. 以需求为导向，一切为客户服务

供给服务化。在推进供给侧结构性改革，推动高质量发展的过程中，供给服务化得到了重视，围绕这方面企业也做了很多工作。

供给侧和需求侧的紧密结合，甚至是融为一体，为技术提高带来了巨大的活力，也给用户带来了更满意的作品、更贴心的服务。

锂电池如何驱动"电动中国"?

·陈立泉·

中国工程院院士，他成功地将锂电池材料研究这个曾被边缘化的冷门学科产业化，解决了锂离子电池规模化生产的科学、技术与工程问题，实现了锂离子电池从"中国制造"到"中国智造"的大转变，助推我国锂电池产业从"并跑"到"领跑"，实现了对日、韩等锂电传统强国的超越。2007年陈立泉荣获国际电池材料协会终身成就奖，他开展的全固态锂电池、锂硫电池、锂空气电池、室温钠离子电池等研究，为开发下一代动力电池和储能电池奠定了基础。

🔖 导　语

2019 年诺贝尔化学奖授予了美国科学家约翰·古迪纳夫、斯坦利·惠廷厄姆和日本科学家吉野彰，以表彰他们在锂离子电池研发领域作出的贡献。锂电池，这种轻巧且可充电且性能强劲的电池，改变了人们的生活，也为构建一个零化石燃料使用的社会提供了可能。可有谁能想到，1991 年日本第一个将锂离子电池产业化之后却不断萎缩，反倒是中国将这个产业一步一步做到了世界第一。

锂离子电池为人类创造了一个新的可充电的世界，而以锂离子电池为基础构建的"电动中国"计划，则正在帮助我们摆脱对化石燃料的依赖。但是，如今，锂离子电池也面临诸多现实挑战，安全事故时有发生，续航能力有限，能量密度提升已接近上限，锂离子电池未来何去何从？面对固态电池、钠离子电池、氢氧燃料电池等电池新势力，谁才是未来的终极电池？

扫描二维码即可观看完整视频

锂电池如何驱动"电动中国"？

◆ 录制时间：2019 年 11 月 20 日

◆ 编　　导：吴安定

一、我国锂电池产业是如何做到世界第一的？

锂离子电池改变了世界，给我们日常生活带来了很多便利，从智能手机、手机、笔记本电脑等消费电子产品到电动汽车和风能、太阳能等大型的储能装置，锂离子电池已经成为我们生活中不可或缺的能量源。中国锂离子电池产量位居世界第一，实际上中国研究锂电池并不晚，几乎和世界同步。

1991 年索尼公司锂离子电池研制成功并宣布产业化，中国科学院物理研究所迅速跟进，取得很好的进展。1995 年，中国第一块自主研发的锂离子电池诞生于中科院物理研究所，1996 年 1 月通过了中科院组织的鉴定。

二、如何破解锂离子电池引发的"焦虑"？

现在有两个问题，一个是安全问题，另一个是里程问题。安全问题和里程问题都跟锂离子电池有关系，锂离子电池电动车的安全事故时有发生，对锂离子电池电动车产销都会带来一些影响。

里程问题是因为你的锂离子电池现在的能量密度还是不够高，充一次电行驶里程是 100—200 多千米。我觉得电动汽车应该是把车跟电池分开购买。

换电池的模式也是比较好的，但是实施起来，相当困难。主要问题在于标准不好统一，需要国家统一来考虑。

三、"电动中国"能否破解能源危机？

发展电动车实际上是跟我国的能源情况密切相关的。我国矿物能源的特征是富煤、少气、缺油，石油的对外依存度最好不要超过 50%。2017 年我国进口石油 4.2 亿吨，国产石油 1.92 亿吨，对外依存度到了 68.6%，已经远远超过 50% 了。能源安全是非常重要的，此外，我们也面临着控制二氧化碳排放，控制全球变暖的压力。因此要发展电动车，取代进口油。

交通电动化，小城市是自行车、汽车、公交车，大城市多一个地铁，城市间现在有高铁、飞机、船舶，我们希望包括高铁、飞机、船舶都能够电动化，这就要靠锂电池。

发展太阳能、风能、水能、核能，这几种能源排放的二氧化碳少，但这些能源都要储能。现在有的地方弃风、弃光还有水力发电的弃水量是非常大的。

我们要建一个能源互联网，从目前的能源发展情况来看，要实现绿色化，发展风能、太阳能、水能、核能。把所有这些能源"互联网"，甚至是云存储的概念，将来都可以用在能源上。因为现在能源的条块分割还很突出，包括国家电网地方电网等，现在为了减少弃风、弃光，要各个省市分摊任务，如果将来能源互联网真正实现了的话，就可以把新疆的风能、太阳能存储起来上网，供别的地方使用，这样就比较方便。现在有的地方电能很便宜，有的地方电能很贵，可以通过能源互联网来调节，增加绿色能源，减少化石能源。

四、谁才是未来的终极电池？

传统的液体电解质电池，能量密度基本上已经到了极限，安全事故时有发生，所以我们要考虑固态电池。

固态电池实际上不是一个新的东西，"六五"计划、"七五"计划我们就将固态电池列入重点课题，科技部也把固态电池列为重大项目。固态电池的关键就是研究固体电解质材料，固态电池它的负极是用金属锂，中间电解质是固体，正极用不含锂的正极材料，当电池的能量密度大于每千克 500 瓦时，那么它安全事故的概率可以大大减小。

固态电解质方面，我国的原始创新比较少，我希望通过固态电池的发展使我们国家能"跟跑""并跑"一直到"领跑"，能够保持世界市场占有率第一位的位置。所以，对目前的锂离子电池的工作我们不能放松，有很多创新的工作、创新的成果要往产业化走。

无论是锂电池、固态电池，还是液体电解质电池都有很多工作要鼓励创新。同时要发展像钠离子电池这一类资源比较丰富的电池。

氢能如何改变我们的未来?

·干 勇·

中国工程院原副院长、国家新材料产业发展专家咨询委员会主任、中国金属学会理事长。长期从事国家产业发展战略研究,以及新材料、冶金、现代钢铁流程技术研究,是我国著名的战略科学家。

🗇 导　语

　　人类的发展正在消耗着大量以煤炭、石油、天然气为主的不可再生化石能源，导致二氧化碳排放量激增，全球环境污染和温室效应日趋严重。寻找新的清洁能源迫在眉睫，以原子能、风能、水能、太阳能、氢能等为主的绿色能源逐渐进入人们的视野。氢是宇宙中最常见的元素，地球表面72%都覆盖着水，水是由氢与氧组成，氢可以通过化石能源或电解水制取，是可再生能源。氢气是密度最小的气体，并且极易燃烧，液态氢可以做火箭燃料。而逐渐成熟的氢燃料电池更是氢能利用的明星产品。总之，氢能是低碳，甚至"零"碳排放，是未来人类最理想的替代能源之一，近年来备受关注。我国2019年《政府工作报告》提出，"推动充电、加氢等设施建设"。这是氢作为能源首次写入我国《政府工作报告》，对氢能在国内的推广和应用具有里程碑式的意义。我国拥有庞大的制氢产能和应用需求，发展氢能将对我国的能源安全和环境保护产生哪些深远的影响？未来"氢能社会"是怎样的一幅全新景象？氢能将如何改变我们的生活？

扫描二维码即可
观看完整视频

氢能如何改变我们
的未来？

◆　录制时间：2019 年 5 月 5 日

◆　编　　导：李晓东

能源结构的转换和优化有两条路径：一是不可再生的化石能源被可再生的绿色能源来替代；二是高碳向低碳过程的过渡。氢无毒、清洁、燃值高，古代人用木材做能源，氢的能量密度是木材的 1000 倍。后来人类又用煤、石油、天然气做能源，氢的能量密度是煤的 6.8 倍，是汽油的 3.3 倍，是天然气的 3.4 倍。所以氢的能量密度是最大的，最符合我们选择的一种清洁能源。

一、氢燃料电池有哪些颠覆式应用?

氢能作为低碳甚至"零"碳排放的新能源正在脱颖而出。氢燃料电池也在交通领域的应用率先突破，燃料电池汽车将会成为降低城市污染的主要交通之一。奔驰、宝马、丰田、本田等世界著名企业联合成立了一个氢能源委员会，他们认为 21 世纪人类必须要进入氢时代，2050 年左右要防止地球温度上升 2℃，能源结构中氢的比例要占到 18% 以上，这样可以减少每年 60 亿吨的二氧化碳的排放，到 2050 年，会形成一个 2.5 万亿美元的氢产业，解决 3000 万人的就业问题。

氢燃料电池在深海潜器和无人机领域也有重要的应用价值。锂动力电池作为"主动力电源"在重载、航空、航天等大容量、高能量密度、高效充电的应用场景优势不足，而氢气的能量密度是汽油的 3 倍以上，完全满足重型运输需要，在大功率、高强度、长距离移动应用场景的优势显著。

5G 时代所有基站的能源体系、供电系统也可以用氢燃料电池。它还可以作为一个小型的移动电源，向其他用电设备供电、极大地方便家用和外出旅行。

二、氢能安全吗?

任何燃料都存在危险，最重要的是如何正确地把安全措施处理到位。从技术层面讲，使用氢能是安全的。一方面，在燃料毒性方面，氢气无毒，燃烧产物是水，也没有毒性。另一方面，在燃料爆炸性方面，氢极易扩散，扩散系数是汽油的 12 倍，它能很快扩散开，不会引起更严重的后果。把氢作为一种能源大量地应用，就要系统地制定运氢、加氢、储氢、制氢的规则标准。

三、氢能是雾霾终结者吗？

雾霾问题是当前一个很重要的问题。颗粒物（PM）是雾霾的主要成因，据调研，PM2.5 29%—45% 来源于汽车尾气排放，其中柴油货车的尾气排放 PM 贡献率在 70% 以上。柴油车保有量占汽车保有量的 9.4%，但重型柴油车的排放污染问题十分突出。在一些特殊区域，如港口、码头、工业区等重型柴油车密集的地方，污染物排放问题十分严重。

在柴油车比较密集的港口布局加氢站，既容易实现，也可以通过环境驱动氢能和氢燃料发展。柴改氢代表了技术路线的方向。

一般情况下每千克氢能使小轿车行驶 100 千米。氢燃料车重卡用氢的成本是每千克 40 元左右，和柴油的成本相当，能够进行商业化运行。

四、氢能离我们还远吗？

1. 世界氢能发展现状如何？

当前发达国家都将发展氢能上升到国家战略层面。早在 20 世纪 90 年代末，欧盟就开始在氢能和燃料电池领域进行积极探索。2008 年，欧盟出台燃料电池与氢联合行动计划项目，2008—2016 年，较早地培育起一大批产业项目，在氢气车队、燃料电池系统制造、加氢站建设等环节取得大量实际进展。欧盟把氢能源的发展作为他们一个主体计划，2017 年 1 月启动氢动力汽车联合开发的计划项目，这是欧洲最大的燃料电池巴士部署计划。2019 年欧洲又发布了《欧洲氢能路线图：欧洲能源转型的可持续发展路径》，提出了面向 2030 年、2050 年的氢能发展路线图，分析了发展氢能的社会经济效益，预计到 2030 年氢能产业将为欧盟创造约 1300 亿欧元产值，到 2050 年达到 8200 亿欧元。

美国从 20 世纪 90 年代制定推动氢能产业发展的政策起开始一直保持着由政策评估、应用前景预测，到技术研发、示范推广的产业发展思路。

2015 年年底，美国能源局向国会提交了《2015 年美国燃料电池和氢能技术发展报告》，肯定了未来氢能市场的发展潜力，大力投资发展先进氢能与燃料电池技术，提出"国家替代燃料与充电网络"规划，美国全境 35 个州将形成以 55 座加氢站为基础节点的"氢能网络"，有 10 个州率先启动建设工作，比如，加州的推广。2019 年，美国能源部宣布高达 3100 万美元的资金用于"H_2 规模化"概念。

日本将氢能源定位为与电力和热能并列的核心二次能源，并提出建设"氢能社会"的愿景，希望通过氢燃料电池实现氢能在家庭、工业、交通甚至全社会领域的应用，从而实现真正的能源安全以及能源独立。《日本再复兴计划》计划 2030 年向市场投入 530 万台家用燃料电池，相当于大约 10% 的日本家庭使用燃料电池。《氢能 / 燃料电池战略发展线路图》提出氢能源研发推广的三大阶段：到 2025 年，快速扩大氢能的使用范围，促进燃料电池的装置数量在 2020 年和 2030 年分别达到 140 万台和 530 万台；到 2030 年，全面引入氢发电和建立大规模氢能供应系统，将购氢价格降至 30 日元 / 立方米；从 2040 年开始，确立零二氧化碳的供氢系统，通过收集和存储二氧化碳，全面实现零排放的制氢、运氢、储氢，家庭 10% 用上分布式燃料电池系统供电。

韩国现在也开始了氢燃料电池和氢能源的开发，大概 2020 年计划建立 80 座加氢站。

2. 我国氢能发展有何优势？

首先是国家高度重视氢能源产业发展。早在 2006 年，我国就将氢能及燃料电池列入《国家中长期科学和技术发展规划纲要（2006—2020 年）》中，2014 年，《能源发展战略行动（2014—2020 年）》发布，正式将"氢能与燃料电池"作为能源科技创新战略方向。2015 年，提出了燃料电池汽车要实现千辆级市场规模，并强调对燃料电池汽车继续补贴。《中国制造 2025》《国家节能与能源汽车技术路线图》等重要战略纲要，都提出要大力发展氢燃料电池汽车。2016 年，国家发改委、能源局联合印发了《能源技术革命创新行动计划》，将氢能与燃料电池创新作为重点任务。2019年《政府工作报告》提出"推动充电、加氢等设施建设"。从已出台的相关文件可以看出，氢能已经成为我国优化能源消费结构和保障国家能源供应安全的战略选择。在国家政策对氢能源行业的大力推动下，北京、上海、天津、重庆、浙江、广东、山东等省也纷纷发布氢能源的扶持和引导政策。

其次，我国现有制氢工业基础雄厚。我国煤制氢、变压吸附纯化电解水制氢技术与国外先进水平相当，我国现有的氢气工业产能约2500万吨，位居世界第一。其中97%来自化石能源制氢，包括：煤气化制氢1000万吨，天然气制氢300万吨以上，石油制氢300万吨；此外，工业副产氢800万吨，电解水制氢100万吨。我国制氢成本具有竞争力，未来开发氢气潜力巨大。

3. 多地竞相发展氢能源

国内各地发展氢能积极性高涨。截至目前已经有超过20个省市在做氢能的发展规划，提出要推动氢燃料电池产业发展，已经形成了华东、华中、华南、华北、东北、西南六个氢能和氢燃料电池汽车的产业群，产业链正在形成，涌现出上海、如皋、佛山、张家口、武汉及成都等代表性城市。

上海市重点发展全产业链应用，建立长三角"氢走廊"。上海汽车集团在氢燃料电池汽车上率先推出了乘用车、轻型汽车等，110千瓦的燃料电池电堆技术也比较成熟。佛山市氢能产业链条构建和产业发展都已取得显著成效，布局了佛山南海"广东系能源汽车产业基地"、佛山高明"现代氢能有轨电车修造基地"，汇集了一批产业龙头企业，产业聚集发展效应初步显现。张家口市是国务院批复的可再生能源示范区，氢燃料电池客车将服务于2022年冬奥会，建设京张奥运氢能高速公路，所有公交车将全部实现燃料电池化，全市19个区县也将实现加氢站的全覆盖，中国首条自动化氢燃料电池发动机大批量生产线正式投产。江苏省如皋市是联合国开发计划署授予的"中国氢经济示范城市"，确定了"氢经济"的发展战略。

山东省提出了建立"氢谷"，这是省委省政府的一个全面号召，而且制定了一个总体规划。有几方面的原因，第一，山东省电解铝全国第一，产生的副产氢多。第二，山东省的焦炭有4400万吨，每吨焦炭有400立方米的焦炉煤气，含纯氢是55%。它的氯碱工业发达，工业副产氢是很不错的，煤制氢能力很强。第三，它的高速公路掌握在一家国有企业手里，高速公路上有 120 个服务站可以布局加氢站形成示范。此外，山东省是一个大的区域体系，离山西省也很近，管网运氢这种设想也能实现。它海岸线很长，以后海上的风机发电能力可以用来制氢。

五、我国氢能产业如何突破？

1. 推进氢能全产业链发展，布局氢能产业示范区

氢能产业链较长，横跨能源、交通、工业等多行业多领域，需在政策体系、技术装备和行业标准同步发力，补齐短板，协同推进全产业链发展。具体则应充分借鉴纯电动汽车发展经验，以应用为导向，通过系统集成提升，尽快开发成可靠的终端产品，逐步实现材料和部件全部自主化。研发要以企业为主导，以资本为纽带，集中国内优势单位，上下游密切协同研发，开展可再生能源制氢、液氢及氢气管网等技术可行性和标准研究，提前筹划构建有效氢源保障体系。

加氢站以安全可持续为前提，在市场发展初期示范车辆不足的情况下，可开展加油、加气、加氢综合能源站，燃料电池发展以交通领域为先导，汽车先商用车后乘用车，加紧大功率燃料电池在有轨电车、船舶的应用，并协同推动氢能在储能、工业、建筑等领域的发展。

根据每个区域的特色、能源禀赋、环境条件、技术能力，有序推进氢能产业发展示范布局。粤港澳大湾区要建设加氢基础设施网，未来，将借助大湾区金融优势打造氢设施网络产业化标杆。山西省和成渝地区也有望成为加氢基础设施网示范基地。长三角氢能及燃料电池制造和应用基础深厚，未来重点在燃料电池研发以及车、船、应急电源领域的综合应用，辐射长江经济带，形成"氢走廊"。海南省在 2019 年印发实施《海南省清洁能源汽车发展规划》，率先提出 2030 年"禁售燃油车"时间表，明确提出燃料电池汽车作为未来发展的重要技术路线之一。云南省水资源丰富，有色资源的废矿区很多，可以推广废矿弃水制氢储存。

2.建立氢能国家重大专项，开创氢能重卡时代

建议设立国家重大专项来解决产业链中重大技术、装备和工程问题，液态储氢、氢气管网和大规模制氢与区域内制氢三大技术体系是发展氢能的核心关键技术，均需从材料和装备进行突破。在重型柴油车的密集地区，如港口及物流园区，便于集中建设供氢体系，推动"柴改氢"示范，验证氢能在"柴改氢"示范区内全生命周期运营的经济性，开创"氢能重卡时代"。

3.充分利用废弃电力，降低制氢成本

中国的可再生能源包括风电、光伏、水电、生物质能源、核电等发展都很快。特别是风电和光伏，我国目前已经建成的装机容量几乎占全世界总量的一半。中国每个小时有两千个太阳板在建设在安装，每个小时有两个风机在建设，速度很快。但是弃风、弃水、弃光的现象很严重。因为可再生能源风电、光电不稳定，所以很多地方建了风电、光伏，但没有全部利用。另外上国家电网困难，我国大概每年有 1000 亿度弃电，这一部分作为制氢的电源是非常有利的。在国家制定氢能发展的国家战略中，要利用好弃光、弃风、弃水可能产生的这 1000 亿度电。包括优先利用工业副产氢，工业副产氢有 1000 万吨。

中国是一个工业化进程速度非常快的国家，建立高效的合理的氢能源体系，促进可再生能源的利用，改善人类的居住环境和提高生活质量对我们尤其重要。利用氢系统以后我们的电网会更加智能、更加高效、更加合理、更加节能。以推动氢能重卡时代为代表，把我们的氢能和氢燃料电池产业往前发展推进，是一个比较好的路线。支撑我们制造强国建设，人类在 21 世纪肯定要进入氢社会和氢时代，要充满信心，完成氢能发展和氢能源利用这个历史任务。

量子技术将如何彻底重构经济生活？

·郭光灿·

中科院院士，中国科学技术大学教授，中科院量子信息重点实验室主任，长期从事光学和物理学的教学和科研工作，是中国量子光学和量子信息的开创者和奠基人，创建了我国第一个量子信息实验室。

　　一只猫是死的还是活的？这个二选一的简单问题却成为物理学界一个著名的难题，它就是"薛定谔的猫"，在量子世界中，它是生死叠加的状态。你能想通吗？想不通很正常，因为这是量子世界，是物理学最前沿的研究领域。19世纪末，经典物理学已经趋于完善，它几乎完美地揭示了整个世界的运行规律，还催生了无数改变世界的技术和发明。但是，1900年，著名英国物理学家威廉·汤姆森·开尔文勋爵在展望20世纪的物理学时表示，在物理学晴朗的天空上，还有两朵小小的令人不安的乌云。然而没想到，就是这两朵小小的乌云，却蕴藏着颠覆人类传统认知的巨大能量，其中一朵乌云后来为我们打开了神奇的量子世界！量子究竟是什么？它有哪些令人匪夷所思的特性？我们能用它做些什么？2016年，我国将世界首颗量子科学实验卫星"墨子号"发射升空，量子这个物理学最前沿的概念一夜之间成了社会热点。2019年年初，IBM最新的量子计算机惊艳亮相。量子时代是否即将来临？发达国家在量子领域如何布局？我国的量子研究处在什么阶段？关于量子技术，大众观念存在怎样的误区？

扫描二维码即可
观看完整视频

量子技术将如何彻
底重构经济生活？

◆ 录制时间：2019年5月21日

◆ 编　　导：吴安定

一、什么是量子？它有什么特性？

凡是运动规律遵从量子力学的客体，统称为量子。这与我们所说的经典世界有什么不同？我们说一个遵从牛顿力学、电动力学这些经典物理学原理的世界叫作经典世界，在我们所熟知的这个经典世界里，所有这些量都是确定的，即我们生长在一个确定的世界里；而量子世界是一个不确定的概率性的世界。

比如说，这个空间里有一个粒子，那么经典世界说这个时间这个粒子在空间哪一个位置，它是完全确定的。如果它不确定导弹打飞机怎么打？它的轨迹一定是确定的，到哪儿我就打哪。但是量子就不一样了，量子是不确定的。这个世界里面、这个空间有一个量子，这个量子可能是光子，可能是电子，也可能是夸克，那么这个粒子在空间的哪一个位置，量子力学告诉你它是不确定的，是概率分布的。

还有一个不同之处是，一个粒子从空间的一点到另一点有几条路。比如说，我从合肥到北京，可以选择坐高铁，也可以坐飞机，有两条路。一旦到了北京以后，你问我怎么来的，我说我买的高铁票。那我肯定是坐高铁不坐飞机，我就走了一条路。这经典物理是确定的，我的运动轨迹是确定的。而如果我是个量子，你问我怎么来的，我说我两条路一块儿来，我既坐高铁又坐飞机。为什么？它是有概率的，它是不确定的，这是它的特点。这点就很奇怪，但是自然界就是存在这种性质的粒子，它就按这种规律行事。所以我们不能不承认，要去理解它是很难的。

量子这个概念是由德国物理学家普朗克于 1900 年提出的。当时他在解决黑体辐射的紫外灾难问题，他说如果我们假定一个辐射场，这个辐射场包括电磁场、光场。在经典物理里，辐射场能量是连续的，如果我假定能量不连续，是一份一份的，那这个实验就可以用"普朗克公式"来解释。量子的概念就是这么被第一次提出的，所以普朗克是第一个打开量子世界大门的科学家，也是量子领域的开宗鼻祖。在他之后，就有很多优秀的物理学家共同创立了一个能够了解整个量子世界运行规律的理论，这个理论就是量子力学。

量子力学能够预测所有量子粒子的行为，这样我们对量子的理解就超越了普朗克当时的概念，他当时说的辐射场的最小的能量单元后来被叫作光子，光子是量子，但量子不一定只有光子，电子、原子和夸克、微观粒子都是量子。因为它们都具有共同的性质，它们的行为都受到量子力学的指引。

那么我们能不能把量子世界这种奇怪的量子性开发出来，来为我们现今世界的人服务。也就是我能不能开发出一种技术，拿到现今世界来工作。是可能的，不但可能而且这个量子世界所开发出来的技术，比在经典世界里开发出来的技术还要好，性能更好，而且好得多。我们经典技术现在发展得非常快，电脑、互联网要到5G、人工智能，所有这些都是经典技术，这些技术发展到一定程度，它的性能到了极限，就没法再提高了。即这个极限是物理定律限制它的，即物理极限。而量子的器件、量子技术的性能远远超过经典技术。

二、通往量子时代该如何布局？

量子计算机有什么优点？我们就看电子计算机的特点——串行运算。什么叫串行运算呢？也就是说，它的数据库里每一个时间就存一个数据，它是确定的。你要解决问题就要操控它，你操控一次就把这个数据变成另一个数据，再操控一次又变成另一个数据，一直把你的程序算完了，最后算出来了，即使再快的计算机也是这么做的。这样算有快有慢，但是最后都是一步一步往下串，这叫串行运算的模式。

量子计算的特点——它是概率的、它不确定，所以一个存储器会不确定是 0 和 1，它把 0 和 1 同时包在里面了就是它的不确定和概率性，使在量子存储器，一个时间可以同时存 2^n 个数据，n 就是量子存储器的数目，所以它随着数目指数上升，操纵一次就可以把 2^n 的数据变成另外的新的 2^n 数据，所以每一步操作是并行运算，这是天然的量子性决定的特点。

量子计算机是并行运算，并行运算处理数据的能力极强。古代印度有一个传说，说国王想奖赏他的宰相，因为他的宰相发明了国际象棋，说你想要什么奖赏，宰相说把那个棋盘拿出来。64 格的棋盘，他说我要第一格放一粒麦子，第二格放两粒，第三格放四粒，以后呢？以后每一格都是前面的两倍，你就这么放满了就行了，国王一听这不很简单嘛，这个能够满足，他就开始放，放了一半，全国麦子一袋一袋来都不够用。这就是指数增长的问题，看 64 好像很小，但按照指数增长就不得了，要把这个棋盘的麦子弄满了，要多少？整个地球花了五百年生产的麦子才够，你看指数上升力量有多强，现在量子计算机以指数增长的速度来超越电子计算机。真正的量子计算机的能力有多强、速度有多快，是难以想象的。

吸引人的地方就在这里，这么好的东西怎么不做？它的问题就是量子计算机的优点在于量子特性，而量子特性非常脆弱，所以一旦做出来量子计算机，很快它就死掉了。它的量子性就破坏掉了，破坏掉它的优点就没了，它的并行运算又回到串行运算了，优势就没有了，所以你要把相干性弄长才行。但是在我们宏观世界，任何一个物理体系的相干性都比较差，相干性就是相干时间很短，即保持它量子性的那段时间都很短。

举一个例子——超导量子计算机。科学家花了 13 年时间把超导的相干时间提高了 5 万倍，这个是很大进展。13 年，到了什么地步，达到 100 个微秒。在我们宏观世界 100 微秒太短了，但是在量子世界里 100 微秒已经很长了，它就足够算很多东西了，所以这种相干性的提高让科学家很兴奋，相干性一突破量子计算机就有可能比较快地做出来，所以各个国家就开始投入量子计算机的研究。

2010 年美国就提出一个要在五年之内，搞几十个量子比特的量子计算机供科学家做科研用，然后美国所有的军工实验室、高校实验室和各大公司都投入到量子计算机的研制当中，尤其是公司投入非常大，因为他们的目标就是占领未来的市场。这个投入对促进量子计算机的发展是很有用的，研制量子计算机的速度就可以加快。

欧盟也不甘落后，欧盟投资 10 亿欧元，启动量子宣言，把所有的量子技术都作为它的发展对象，打算 15 年以后，做一个通用量子计算机。

澳大利亚则在做硅基量子计算机。

整体来说，量子计算机处在一个从晶体管向集成电路过渡的阶段。电子计算机就经历过这个阶段，现在量子计算机也走到了这个阶段。

所以最近几年，就是研制量子计算机最关键的年份，所以我们会不断听到国内外在这个方面的一些进展，那么究竟量子时代什么时候能到来？它碰到两个困难，第一个困难，这个量子器件是我们宏观的世界的人要用的，是宏观器件，而宏观器件又是做量子的，所以实际上是个人造的量子系统，人造的量子系统它的相干时间就非常短，要在宏观世界上保持它的量子性不消失掉，一消失它的功能就丧失了，又回到经典的时代了。

第二个困难，就是人类要操控量子计算机，比如用经典器件去操纵一个量子比特让它运行，按照需要的方式运行，到哪儿去控制它？就是对于量子世界的调控，这个技术人类还没有掌握到非常成熟，我们经典技术非常成熟，我们可以命令火星上一个探测器把矿挖出来做光辐分析，把分析的数据发到地球为它们进行精确的控制，这叫经典操控。人类的经典操控技术已经达到非常高的水平，可我们对量子世界才刚开始操控，我们技术还很落后。

2012 年诺贝尔物理学奖得主正是因为他们操控了单个粒子、单个原子和单个光子。量子技术虽然是量子力学预言的产物，它原理上是正确的，但是真正要研制成实用的量子计算机，还有一个很艰难的过程，不是一朝一夕所能做得到的，这就是现状。

一个时代到来一定有个标志性的东西吧，量子时代到来的标志就是通用量子计算机得到实际应用，到那个时候我们就可以宣称量子时代到了，通用量子计算机什么时候做到呢？要三步，第一步要做一个量子力学操纵的处理器，IBM 做到了。第二步就把量子比特数（现在是 20 个）增加到 100 个左右。那时，量子计算机的运算能力就会远远超过现在电子计算机任何超算中心的能力，这叫量子霸权。但是它仍然不是通用的量子计算机。

第二步是最终的，比特数增加到大概一千个、一万个。相干时间还要采取容错、纠错的办法，把相干时间拉得足够长，任何复杂问题在量子计算机都能够运行，都不会死掉，到那个时候才是真正的通用量子计算机。而且不仅仅要在实验室做成，要把它做成仪器让大家用，就是能够广泛使用。所以量子时代何时到来？有人说 15 年、有人说 20 年，这个很难讲。

一旦量子计算机做成了，我们人类到底能得到什么好处？第一个例子，它可以破密码。当前我们广泛使用的公开密钥，即银行，老百姓商用的、常用的密钥，那么它安全不安全，就取决于你能不能用计算机把一个大数 N 分成两个素数（质数）相乘。曾经做过实验，说这个数字 129 位要分成两个素数（质数）相乘，1994 年用 1600 台的电子计算机的工作站，一共花了 8 个月把它分出来了。但是如果 N 拉长，拉到 500 位，同样的运算能力需要多长时间呢？需要的时间比宇宙年龄还要长，也就是说宇宙毁灭了，我们才破完了这个密码。所以电子计算机时代还可以用这样一种公开密钥，还是安全的。那么量子出来了就不一样了，如果我们有一台拥有 2000 个量子比特的量子计算机，哪怕是量子霸权，只要一秒钟就可以破解了，如果数字再拉长 500 位，几分钟也能破解。所以一旦量子计算机做成了，现在广泛使用的公开密码全都要被破解。

第二个例子叫搜寻算法，就是说如果要从一个拥有大量数据的数据库中找一个特定的信息。比如说有 N 个条目的电话号码本，可能需要我 N 次才能找到某一个电话号码。而如果用量子计算机来找，只需要找根号 N 次，比如说 N 等于 100 万，电子计算机要操作 100 万次才能找到，而量子计算机只要找 1000 次就能找到。而且这个搜寻问题是非常广泛运用的问题，所以量子计算机在这种领域大有可为。

还有一个例子，比如说我们要设计一个能够识别预制病毒活性的核糖核酸分子，要设计这个分子，通常怎么做呢？我在计算机模拟各种各样的组合，看哪一个分子最有效，要达到这个目的好比大海捞针。原子、化学键它们都是量子的，这个量子用电子计算机模拟是很难的，但是用量子计算机就行，所以量子计算机可以模拟一些电子计算机模拟不了的，一个很复杂的物理体系，它能模拟出来；还有些物理理论上算出来它可能存在，但是自然界根本不存在的，用量子模拟也可以用来研究这个东西是什么，所以量子模拟是很有用的，这可能很快就能达到实际应用。量子技术除了量子计算机、量子模拟，还有量子密码，前面说的密码，它的安全性都靠数学，靠数学难题。但量子密码靠物理，靠量子力学。依靠着量子力学的原理，造出一种新的保密的方式，从物理角度给我们提供了一种信息安全的手段。量子传感，我们知道传感器到处都用，可以测量温度、电场、磁场。比如潜水艇的核动力那磁场很敏感，你要能测到它的磁场，你就能发现它，等，这种传感器到处都用。但是这种传感器，经典传感器到了一定程度性能就无法提高了。什么叫性能呢？即它的灵敏度它能传感什么量，最大的量是哪个量，比它再小了就不反应了，这就是它的物理极限。量子传感的这种灵敏度、精度则大大提高，那我们应用就更会广泛。所以所有可能的应用技术都是一代新的量子技术，它都会逐渐来到我们社会为人类服务。

三、有关量子技术的误区有哪些？

量子本身就很神奇、很奥妙。这就使人们熟悉经典物理而无法理解量子性质，而人为宣传或误导又是产生误区的又一原因。这里我们讲两个例子，第一个例子是量子纠缠可以实现超光速的通信。

纠缠是怎么回事儿呢？假设有 A 和 B，A 自旋要么向上要么向下，只有这两种可能，那它自旋到底是向上还是向下并不确定。所以它就 50% 的概率向上 50% 的概率向下。量子世界就是不确定的，我要造一个 A 和 B 共同的系统，这个系统非常特殊，特殊在哪儿呢？不管 A 和 B 的自旋在哪儿，它们两个自旋总是相反，这是它们共同的性质，A 只要向下，B 一定向上，A 要向上，B 一定向下，这个很自然的，它们总是相反。这个性质使它们纠缠，纠缠就是这个性质。这说明它们两个是关联的，是完全关联的，是一种量子关联。

量子关联是量子力学非常基本的性质，一个很有用的工具叫 EPR 效应。是量子力学基本一个效应，什么叫 EPR 的效应？比如说一个母亲在北京而她女儿在深圳，她女儿在深圳结婚生孩子，孩子生出来那一瞬间她在北京的母亲就自动变成外婆，这就是 EPR 的效应。女儿都变成母亲了，她母亲在身份上肯定要往上升一级变成外婆，这就是关联。

量子技术可以将人瞬时地送到另外一个星球吗？有人说我们到纽约去，以后不用买飞机票，"噔"一下子就过去了，到底能不能做到？绝对做不到。那他们有什么根据说这句话呢，其实是叫作量子隐性传态实验，比如一个电子，它携带一个量子信息，它要把量子信息传到远方，但信息的载体不传过去，这个是很难的，在经典世界我说话，这个信息传到你那里，它的载体就是声波；电台放到你家里，那个图像是信息，它的载体是无线电波，所以信息传递都要载体。所以，不通过载体传递信息一般都做不到。但有个物理科学家说做得到，把经典跟量子结合就可以做到，所以确实能够把一个电子的信息传到远方去，放到另外一个电子身上和另一个原子身上，但这个里面需要两个条件：一是纠缠，二是经典通信。

当然还有些比较简单的，有人说市场上已经有很多量子产品了——量子水、量子按摩、量子鞋垫、量子医学等。是不是量子，就看它有没有用量子力学的规律来做运行，如果根本沾不上边那就是一个商业炒作而已，到现在没有一个量子产品能够到千家万户那里去让大家用，还没有到这个时候。量子纠缠是量子世界独有的现象，把人体的一些活动都归到纠缠，这是不对的。

量子信息技术也是量子力学推导出来的，所以原理上一定正确，尽管技术突破很难，但它一定能做成。一旦量子技术到来了，那么人类社会就会发展，生产力就会发展到一个新的阶段，我们把这个阶段称为第二次量子革命。所以，我们现在正在迎接第二次量子革命的到来，量子信息技术就是未来新一代的技术。

健康中国：干细胞如何创造生命奇迹?

·周 琪·

中国科学院副院长、党组成员，中国科学院院士，中国科学院"器官重建与制造"战略性科技先导专项科学家。他带领团队突破原创理论和技术难关，实现了多项世界首次：培育出第一只由体细胞直接诱导产生的小鼠；第一次实现了由两个雄性动物繁衍后代；创建了自然界不存在的新型异种杂合二倍体胚胎干细胞；首次实现了用定向分化的人胚干细胞治疗帕金森病。他是一个"耐得住寂寞"的科学家。在经过10多年扎实的基础研究之后，才将干细胞推向临床，开展干细胞治疗帕金森病、黄斑变性、半月板损伤等临床研究。他以"普惠、安全、有效的干细胞疗法"为己任，建立国家干细胞资源库，探索干细胞药物研发的路径，服务人民群众需求，为我国干细胞研究跨入世界前列作出了卓越贡献。

📚 导　语

干细胞可以无限扩增、千变万化，被人称为"万能细胞""种子细胞"。科学界认为，干细胞在治疗重大疾病等方面，具有巨大潜能，因此，相关研究风靡全球。干细胞与再生医学也是我国力推的一项至关重要的医学前沿技术。

人们对干细胞的研究寄予厚望，乃至在一些宣传报道中，干细胞仿佛成了战胜一切顽症、绝症的克星：有人说，干细胞技术将会开启人类治疗帕金森病的新时代；有消息称，世界首例以基因编辑干细胞治疗艾滋病和白血病完成；还有外媒报道，昏迷多年的 F1 车王迈克尔•舒马赫在进行干细胞移植治疗后，终于"恢复了意识"……然而，有关干细胞的负面消息亦屡见不鲜，相关概念和技术也成了一些江湖骗子的最爱：有媒体曝光，"干细胞美容成本几千喊价高达数万"；甚至还有国外机构宣称"400 万元让你年轻 30 岁"，"60 万一针"能让你返老还童的宣传，竟也有人甘愿埋单……

那么干细胞到底是什么？面对各种神乎其神的宣传，人们该如何分辨真假？干细胞究竟能为我们创造怎样的生命奇迹？

扫描二维码即可
观看完整视频

健康中国：干细胞如
何创造生命奇迹？

◆ 录制时间：2019 年 10 月 13 日

◆ 编　　导：郝颖

从受精卵开始，早期的胚胎发育、卵裂会形成各种各样的组织、器官，这个发育的过程，对于所有的哺乳动物都是一样的，从一个细胞到大量的细胞，到各种各样的组织，到各种各样的器官，这个过程很神奇。我们所有这样纷繁复杂的个体、所有不同的组织类型，都是按一个细胞发育来的，这意味着这样一个细胞，它能变成我们所有的人，也可以变成我们所有人的组织和器官，这类的细胞是具有万能性的，可以多潜能地分化，可以无穷无尽地复制，这就是干细胞。

这样的事情我们的身体里每一天都在发生，为什么人可以献血？献血以后为什么没有影响健康？为什么我们的血液可以救其他的病人？因为干细胞的存在，因为有造血干细胞，人的血细胞是可以源源不断地产生的，大概我们每一天有 1.5 亿个红细胞死亡，每分钟会有 3 万个皮肤细胞死亡，即使对于成年人而言大概七到十年骨骼可能也会更新一次，以往我们认为心脏没有干细胞，大脑没有干细胞，现在科学家已经证明，这些器官都存在干细胞。我们的生长发育、新陈代谢，都是因为有这些最基本的细胞存在。干细胞，可以无穷无尽地扩增、复制，可以分化成它想成为的所有的细胞类型，这就是干细胞最核心的概念。

一、认识神奇的干细胞

如果我们把细胞来源简单地分一下类的话，以出生为界，大概我们会接触到三类不同的干细胞。

第一类应该是来自成体组织的干细胞，我们把它称为成体干细胞，比如说长成皮肤的真皮干细胞、长成毛发的毛囊干细胞，这些都归到成体干细胞的范畴。还有一类，在早期，可以长成所有组织和器官的这类干细胞，我们把它叫作人胚干细胞，或者叫胚干细胞，这一类的细胞具有更好的发育潜能。在实验室里面最早建立的细胞系，在十几年的时间里面它依然具有扩增能力，这意味着你只要拥有这样一个细胞，你就可能会有一个无穷无尽的细胞工厂和来源，还意味着什么？这类细胞它有多潜能分化特性，如果拥有这样一个细胞，就意味着你可以从这样一个细胞里获得你想要的心肌、神经，甚至是你想要的心脏和肝脏。这就是干细胞到今天为止，对人类最大的诱惑和魅力。当然还有一类，即胎儿来源的干细胞，比如说流产胎儿的干细胞，它也叫胎儿干细胞。如果去考察这三类干细胞的发育的话，会发现随着发育的过程，这些细胞分化、发育的潜能会越来越低。成体干细胞获得非常容易，人胚干细胞很艰难，在很多国家胎儿干细胞用于临床和研究是非法的。

二、发育的时钟可以逆转

从受精卵开始，到长成一个基本人形的早期的小胎儿，这个过程实际是一个非常快的过程，大概在短短的六十天里，你就能看到一个细胞会变成无穷无尽的细胞，这个细胞数量、种类都发生了巨大的变化。我们小的时候读了很多的猎奇小说，摔了一个跟头、雷击了一下、被闪电劈了一下，然后突然发现年龄变小了。在正常情况下，有人会问返老还童有可能吗？发育的过程是单行线，但科学家总是想把那些奇思妙想变成一个现实。返老还童有可能吗？发育的时钟是否可以逆转？从一个已经衰老的细胞变成一个年轻的细胞，从已经发育的个体变成一个可以重新再长一次的个体，这个过程有没有可能呢？科学上是有可能的。这个技术叫诱导多能干细胞。

三、颠覆传统生殖理论

在我们的发育过程中，只有两类细胞可以称为单倍体，一类是精子，另一类是卵子，它们结合以后就会成为生命的起始——受精卵。那么发育的过程，就这样周而复始的，单倍体受精成为二倍体，二倍体发育过程中，随着性别的分化它再形成精子和卵子，又成为单倍体。就这样一个世代一个世代，我们人类在繁衍、在进步，那么这类单倍体，它在发育上是有发育限制的，它如果不受精，这类细胞很快就会死亡，就会凋亡。

把单倍体的这些精子和卵子诱导成了干细胞，这些干细胞特性就是可以无穷无尽地扩增、可以分化，同时还维持着单倍体的特征和特性，所以这样的细胞称为单倍体干细胞，它有什么作用呢？我们可以非常方便地在这些细胞上，做各种各样的遗传修饰和检测，可以去保存那些非常珍稀的动物的精子和卵子，在基础科学领域，我们利用这些工作尝试着颠覆传统的生殖理念，我们从小到大学的课本都在讲，生命起始于受精，现在可以改变了，生命可以不通过受精，甚至不通过早期胚胎发育，我们从液氮罐里取出这些不同的单倍体干细胞复合起来、融合起来，它可能就会重建一个生命。

同性生殖的现象在动物中并不罕见，例如在爬行类的蜥蜴、两栖类的蛙，以及多种鱼类中，都有"孤雌生殖"现象，但是，"孤雄生殖"则极为罕见，迄今只在一种斑马鱼中发现有"孤雄生殖"。然而，对高等哺乳动物，无论"孤雌生殖"或"孤雄生殖"都不存在。长期以来，科学家一直试图弄明白其中的原因。周琪和他的团队结合单倍体干细胞技术和基因编辑技术，对这些问题进行探索，在成功培育孤雌小鼠之后，2018 年，又培育出活的孤雄小鼠。这是首只获得具有两个父系基因组的孤雄小鼠，这就证实了即便在最高等的哺乳动物中，"孤雄生殖"也是有可能实现的。

2018 年世界十大技术突破排在第一位的是同性生殖技术，人类第一次在两个雄性小鼠个体之间，获得了一个存活的后代。在这项工作之前，中国科学家已经在两个雌性个体之间获得了健康的后代。雌性跟雌性、雄性跟雄性之间获得后代，这个突破了传统意义上生殖的屏障。

2016 年《细胞》杂志曾经刊登过中国科学家的一篇文章，这篇文章显示，人类第一次合成了一个新的细胞类型，它有一半的遗传信息来自大鼠，有一半遗传信息来自小鼠，这些信息、基因，呈现在一个细胞里面，不同物种的基因是可以和谐地共同表达的，绝大部分基因可以同时表达。那么涉及物种特异性，尤其是干细胞多能性调控相关的基因，它会表现出种鼠的差异，这是我们第一次在一个细胞内、 个环境内、一个条件下，来比较基因的表达，人在不断地为自己获得新的研究平台和工具，我们也在不断地对自身有更多的了解，通过这样一个简单的试验，我们找到了在发育过程中是否有优势物种的答案，我们也逐渐在解析在发育过程里面出现的一些疾病的可能的因素到底存在于哪里？科学给我们提供了太多的可能性。

四、未来伤病可能不再是困扰

我们知道在现在这个社会里，疾病随着我们老龄化的到来越来越多，退行性疾病、器官的衰竭也越来越多，在技术研究的同时，如何促进人类的健康和疾病的治疗，到现在为止可能跟人类健康所有相关的领域、所有重要的疾病，我们是都有布局的，在国际社会上，对肝的衰竭、心血管疾病、不孕不育，甚至如何通过延缓衰老来挽救一些重要的机能退行性疾病，比如说帕金森，还有来自交通意外损伤，来自老龄化导致的肌肉萎缩，来自那些出生缺陷的挽救和治疗，大家都在考虑是否可以用干细胞来完成治疗，但这个治疗的过程中，我们面临的很大的问题，就是科学给我们提供的依据还是不够多。

截至 2019 年 10 月 8 日，全球收录的干细胞再生医学药物研发，大概有几百种，各个国家在这个领域都投入了大量的经费和人员。在这些经费的支持下，大量的临床试验已经开展，这就是我们现在从干细胞走向临床应用的初期的尝试。

干细胞治疗，肯定不是包治百病的。干细胞一定要找准适应症，比如说帕金森。这是一个到目前，中国老龄化社会里面常见的一个疾病。因为它发病的概率，尤其是我们 65 岁后，很多人都会发生帕金森的症状，这类疾病的症状是什么呢？就是病人的手发抖，但实际帕金森是一类运动性的障碍。我们不知道有多少种因素会导致帕金森，但有一点，帕金森病人都会发生一类特殊的神经元的缺损，这类神经元是什么呢？叫多巴胺神经元，它是在特定脑区里，多巴胺神经元大量死亡以后，导致局部多巴胺分泌量下降，我们用人胚干细胞分化多巴胺神经元，放到那个缺损的部位里面，是不是能够治疗疾病？这是我们在十几年前，在开始涉足干细胞治疗的时候，选择的第一个尝试的疾病。

一只有典型的帕金森症状的猴子，注射了人的胚干细胞分化的多巴胺神经元之后，大概七个月以后症状得到恢复，不仅可以运动，还可以精细地抓举。这类猴子到现在为止，在实验室饲养时间最长的已经超过了 6 年，我们会一直把它养下去，我们希望在这只猴子生命终结的时候，再去看一看，人的这个干细胞在猴子脑子里，是否依然存在，是否还在发挥功能。细胞移植后我们做的检测已经证明，第一，这些移植的细胞没有改变脑的结构，也没有形成肿瘤；第二，移植以后脑部多巴胺的摄取活动增强，而且细胞是在体内存活的，也成熟了。我们要知道这是人的细胞移植到猴子脑子里，如果人的细胞在人脑子里是不是疗效可能会更好？这个工作没有做之前，我们是不知道结果的，但我们所有的小动物的试验，包括猴子的试验，给我们充分的信心，这个治疗的路径是可靠的、是安全的，我们在五年的时候，也做了相关细胞的检验，到十年的时候，我们可能还会去做检验。干细胞临床试验是需要这样一个时间维度来告诉我们，它是否是安全和有效的。完成所有工作以后，我们相信，这是值得走向临床的一个治疗手段和途径，所以在2015年国家两委办出台了《干细胞临床研究管理办法》以后，这是第一批在国家完成备案的临床试验。

在帕金森临床团队里，我们大概从数百个候选者里面，选出来跟干细胞库遗传配型上、免疫配型上最接近的病人和细胞系，我们去做了相关的移植，以降低细胞排异的风险，在国际上引起了巨大的反响。之后可能会研究更多的病例并进行长期有效性的观察。在这些安全性和有效性的观察持续一段时间以后，我们可能会申请相关的新药临床试验（IND），所以近期在中国干细胞药品注册领域，短时间内会看到一些突破。在食品药品监督管理局已经申报很多项IND，如果有一天我们开始在药物领域，在干细胞的临床上进行相关尝试，我们才会真正地开启一个干细胞良性发展、向药物领域发展的一个健康的路径。

这是一个走过12年的项目，在这12年里，我们仅仅摸到了干细胞临床的门，我们还需要更长的时间，来推动一个有效的干细胞的临床应用，这是一个科学家、一个领域，对于一个事关人民健康重人需求的实实在在的态度。回顾这个历程，我们会知道，真正的基础和转化工作，需要时间的累积和检验，需要匠人的态度，需要敢为人先的勇气。12年我们解决了适应症，解决了细胞技术和资源的获得，解决了标准和管理体系的逐步完善，解决了动物模型的创制和使用，解决了临床机构的沟通和培训，突破了各种各样的"瓶颈"，创新型国家建设需要心存高远，需要耐得住寂寞的基础研究工作，我们站在了一个新的起点上，需要继续出发。

五、干细胞应用谨防走火入魔

从 20 世纪到现在，一直有一个概念叫"干细胞旅游"，什么叫干细胞旅游呢？干细胞从原理上来讲可以分化成任何细胞，具有医疗价值。干细胞旅游指的是患者前往他国接受通常未经认证、具有潜在危险的干细胞移植治疗。

20 世纪东南亚国家大多是干细胞旅游的目的国，现在干细胞旅游的目的地，已经转移到了欧洲，转移到了乌克兰，转移到了其他国家。那么这些干细胞的治疗，在我们目前来看，到底有多少科学价值？有多少临床价值？有多少经济价值？返老还童的梦想，这是亘古以来就有的。从秦始皇的时候，仙丹和去海外找灵丹妙药，一直是他的计划，所以在秦始皇年代开始，就有了炼丹，但是到现在为止，并没有能让我们返老还童的灵丹妙药。唐朝是炼丹的盛世，唐朝有记载的服丹药死亡的皇帝有六个。

20 世纪六七十年代，出现过一个被称为包治百病的疗法——鸡血疗法。把年轻的鸡的鸡血抽出来以后，注射到自己的皮下肌肉里面，最后说有很好的疗效，什么疗效呢？面色红润精神旺盛可以不睡觉，可以有很多机能的改善。我每一次在比较这些症状和现在某些公司宣传的干细胞治疗的时候，都会发现有异曲同工之效。

"打鸡血"的年代给我们提供了一个伪科学的"温床"，在证明"鸡血疗法"是伪科学之后，又不断地出现各种各样的伪科学，如"红茶菌""甩手疗法"等。这说明人类从古至今对健康充满了梦想，对于一些新的、健康的治疗的手段，充满了梦想，所以在这个过程中，出现一些新的伪科学也不足为奇。

美国在过去几年接连发出对干细胞违规应用的禁止令和联邦诉讼。2019年佛罗里达州利用脂肪干细胞治疗黄斑变性，不仅没有疗效，而且导致了病人的失明。所以美国食品药品监督管理局（FDA）提起了联邦诉讼，并且打赢了这场官司。但类似的事情还有很多，不仅在美国，欧洲、日本，甚至在中国都在不断地上演。

日本政府以法律的形式在 2014 年推动了一个再生医学法的法案的出台，这个政策让日本成为国际上唯一一个采用双轨制来管理干细胞和再生医学产品和应用的国家，什么叫双轨制呢？除了类似于像美国、欧盟食品药品监督管理局的药物管理之外，他们开启了一个门，这个门可以让那些未经加工，或者经过加工的细胞，在没有得到充分的临床安全性的情况下，可以走进医院向病人提供。日本成为目前国际上在干细胞临床研究做得最多的一个国家，据不完全统计约有 3700 多种不同的干细胞临床应用。这种管理可能带来了短时的繁荣，但可能会带来一个长期的危害。日本再生医学的商业繁荣给世界带来巨大的风险，日本诱导性多能干细胞（iPS）的临床治疗黄斑几起几落，干细胞治疗一些重要疾病发生了重大医疗事故，这是不是应该给我们一些警醒？我们应该仔细审视这些巨大的商业诱惑和商业利益给我们行业造成的困扰。

中国在干细胞研究领域，是有自己的国际地位的，也是有国际定力的。很多工作我们是跟国际是齐头并进的，甚至是领先的。未来最重要的一件事情，是要明确我们的目标，安心把我们的工作做好。

对于人民健康，我们既要热切地推动能够提升健康水平的相关技术的发展，也要对健康负责。如何保证一个普惠的、安全的、有效的干细胞疗法走上临床，惠及广大人民群众，这是每一位科学家、每一位从业者、每一位企业家、每一位投资人的责任。

干细胞属于细胞药物，如果我们想一想干细胞的特性，它是活的、是不断生长的，具有不断扩增的能力和分化能力，它是我们人类历史上面临的最复杂的一个临床。从我们的药物筛选到临床前评价和试验，到临床一期、二期、三期，到注册和上市，是有周期的，需要十年甚至十五年。今天刚进入干细胞领域，明天就能在市场上谋利，是不可能发生的。

我们应该充满敬畏心，科学给我们提供的可能性太多了，按人类的伦理和对我们自身的了解，我们应该对科学加以限制，科学家的使命、科学家的责任、科学家对于科学的追求和狂热，和对社会和人类尊重之间，在哪个点上找到平衡？是我们必须要共同面对的问题，科学本身的发展是没有止境的，但科学的应用应该是有极限和限制的。

我们为什么要探索人脑的奥秘？

·蒲慕明·

出生于南京，成长于台湾，求学于美国。虽然多年生活在海外，但他始终心系祖国。20世纪80年代初，蒲慕明开始参与祖国的生物教学研究。1999年，蒲慕明受命创建中国科学院神经科学研究所并担任首任所长，此后，20余年如一日，倾尽心力，将这个研究所打造成了世界一流的神经科学研究所。在他的带领下，建所短短4年，他们就改写了中国神经科学领域在国际一流学术期刊发表论文零的历史；2009年，又组建了脑疾病研究中心，建立起非人灵长类平台；2016年，神经所构建出世界上首个非人灵长类自闭症模型；2017年11月27日，轰动世界的克隆猴"中中""华华"在神经所降生，这是世界首例通过体细胞克隆技术诞生的灵长类动物，意味着以体细胞克隆猴为实验动物模型，为人类探究疾病、进行基础医学研究的时代就此开启。

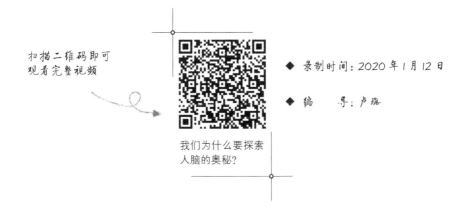

📚 **导　语**

大脑是人体中最复杂的器官。它只有大约 1.5 千克，却是人类智慧的来源。人类的大脑究竟有什么特别之处？它又是怎么工作的？科学家们一直在探索。尤其是出于对新一代人工智能开发和大脑疾病防治的迫切需要，人们对脑科学有了更强烈的期待，也因此让脑科学成了科研热门。当前，以人工智能为代表的新技术，成为推动第四次工业革命走向深入的重要力量，会给经济、社会、文化等多领域的发展带来深刻变革。但是，与人脑相比，目前人工智能的能力仍处于比较低的水平。未来，可不可以充分模拟人类大脑，研发出更高级的人工智能技术？人脑与机器能否高度融合？这一切，都需要建立在对脑科学全面研究的基础之上，都需要我们不断揭开人脑的奥秘。当然，这其中也包括影响人脑健康的复杂因素。据世界卫生组织调查，全球约有 4750 万人患阿尔茨海默病。类似的重大脑疾病，还包括幼年期的自闭症、智障，成年期的抑郁症和各种成瘾行为。目前，这些重大脑疾病已经成为患者本人、患者家庭乃至整个社会的沉重负担。那么，这些脑疾病是怎么产生的？新的科技研究成果能不能更好地预防和治疗脑疾病？而未来的脑科学与人工智能的融合发展方向又是什么？

扫描二维码即可
观看完整视频

我们为什么要探索
人脑的奥秘？

◆ 录制时间：2020 年 1 月 12 日

◆ 编　　导：卢璐

脑科学之所以吸引人，尤其是吸引年轻的学生、研究者们，主要是它有很多未知问题。未知的、神秘的事情越多，这个领域越有发展前景。我们现在做基础脑科学的主要目的是探讨认知的原理。认知原理可分为两类，一类叫基本认知，包括感觉、知觉、学习、记忆、注意、抉择等，这是很多动物都有的。但是有些高等认知功能，可能只有高等灵长类动物才有，比如复杂的抉择、共情心、亲社会行为、合作行为、意识、语言等。研究这些高等认知功能，就需要用非人灵长类动物。

作为实验动物，遗传背景的均一性很重要，因为遗传背景不同会对实验的结果产生严重干扰。五六年前，我们决定要用猕猴的体细胞来克隆猕猴。从多利羊出生之后，所有的哺乳类动物，除了灵长类以外都被克隆了，就是灵长类动物的克隆不成功，有很多实验室进行了尝试，包括美国的国家灵长类中心团队，试了好多年都没有成功，所以大家都放弃了。灵长类的卵细胞相比其他哺乳类动物，特别容易受损，很难做核移植，也有其他的遗传进化的原因，使它很难做体细胞克隆。

2017 年，我们克服许多技术难点，制作出两只体细胞克隆猴，命名为"中中""华华"，它们成长得很好，跟正常猴完全一样，而且比正常猴子还活泼一点，这可能是因为我们对它们有特殊照顾。目前，我们看不出它们在智力上与野生猴有什么差别。中中、华华的出生轰动了世界，因为有了克隆猴，我们可以制作遗传背景均一的灵长类动物模型，有助于医疗药物和器件研发，也可以用来研究脑发育的一个重大基础问题，就是遗传基因与环境的交互作用。

一、脑疾病诊治与猕猴模型的需求

据统计，60—64 岁的人中，老年痴呆患者占 0.5%，而在 90—94 岁的人中，老年痴呆的比例竟达到 30%。换句话说，90 岁以上的老人，三个人里面就有一个是老年痴呆患者。脑疾病的社会负担，是非常令人吃惊的。可以想象，假如你家里有一个患老年痴呆的老人，或者有个患抑郁症的中年人，这对家庭的负担会有多大。假如没有解决脑疾病的诊断和治疗方法，我们的医疗系统也将会面临很大的危机。

幼年期的自闭症或者叫孤独症，还有智力障碍，成年期的抑郁症、各种成瘾行为，老年期的老年痴呆、阿尔兹海默症、帕金森症，这些脑疾病到底是怎么样产生的？我们希望知道它的致病机理。但是科学家作了几十年的研究，还是没有搞清楚其致病机理。但是在没有完全理解致病机理之前，我们还是可以从认知行为和生理表征来做早期诊断，也可以针对这些表征研发干预和治疗手段。过去几十年，做脑疾病医疗手段研发时都是用小鼠做临床前动物实验，让小鼠带着类似人的病征去筛选候选药物，发现某种药对小鼠的症状有改善，我们就到人身上去做临床试验，如果在人身上也有用，我们就可以通过药监局批准进入市场。从动物实验到人的临床试验再上市使用，是一般的流程。很多脑疾病的候选药物在小鼠实验中是有效的，到人的临床试验时，就发现它没效或有副作用，因为小鼠的大脑结构与生理功能跟人类大脑差得太远。在神经系统以外的其他系统疾病，小鼠模型很不错，研发出很多药物，但在脑疾病的药物研发方面，失败率高达97%以上。这使很多大医药公司，都不愿意再研发脑疾病的药物了。因为一个药物的研发，包括临床实验要几十亿美元的投入，如果绝大多数最后都失败了，就不值得投资，这就是目前脑疾病药物研发面临的困境。

所以我们希望开发一个跟人很类似的猕猴脑疾病模型，用它来筛选药物或者其他的物理治疗手段。在猕猴疾病模型上证实有效以后再进入临床实验，最终用于治疗人类脑疾病，这是我们做猕猴研究的一个主要目的。

二、自我意识的神经基础研究

自闭症和严重老年痴呆症患者，似乎有自我意识的缺陷。你给他镜子看，他不会认得镜中的面孔是自己的。假如我们能够研究出一个动物模型，可以通过训练，使不能识别镜中自我的动物学会这个能力，那么我们就可以进一步探索自我意识的大脑机制，有自我意识缺陷时，大脑是出了什么问题。孩子的家长会发现，在孩子一岁半之前，基本上都不认得镜子里的自己。而80%的孩子到两岁的时候都会认得镜中的是自己，为什么到这个时候认得？是他学会了认识自己呢，还是大脑自然成熟到一定程度，就出现了自我意识呢？

我们把一只猴子的头固定在镜子前面，训练它让它知道，镜子里面那个面孔就是它自己。训练方法就是用激光在它背后的板子上打一个光点，猴子只有在镜子里面可以看到光点，它的手摸到那个光点的话，就有东西吃、有奖赏。刚开始训练时，它不知道镜子里面是它自己的手，所以摸不到，训练好几个礼拜以后，你点到什么地方，它的手就摸得到什么地方，那就表示它知道镜子里面就是它的手，它已经建立了自己肢体的感觉和镜中的影像间的关系，建立这种关系以后就能知道镜子里反映的就是它自己。

怎么知道猴子能认得镜中的是自己呢？我们在猴子脸上偷偷地涂点颜料，训练过的猴子看到镜中的脸，它就会去摸颜料点，它认得镜中的脸是自己的脸。在镜子里看到脸上有毛，会去拔自己脸上的毛，会转身看自己的背面。这些自发行为都只有训练过的猴子才会做。现在我们正在做一些实验，把经过训练的猴子放在核磁脑影像仪里，观察它们在镜中看到自己出现时，大脑中有哪些脑区有活动，就可以知道与自我意识相关的脑活动和神经环路。

猴子在镜中识别自己，是不是说明经过训练的猴子建立了自我意识？还是它原来就有自我意识，训练的过程只是使猴子懂得镜子可以用来反映自己？过去 40 年来神经行为学领域都认为能在镜中识别自己的动物就是有自我意识的动物，否则就没有自我意识。现在我们的看法有所不同：我们认为猴子可能原来就有自我意识，它只需学会把镜中的影像跟自己对应起来，建立镜像跟自我的联系，就可以使用镜子来显示出自我意识。

这个实验表明，我们可以以猴子作为模型来研究，自我意识出现的时候，大脑里会有什么不同。婴孩在两岁之后就会认得镜子中的是自己，也是通过学习实现的。在一岁半到两岁的时候，他开始懂话了，家长告诉他，你看宝宝在镜子里，讲几次以后他就懂了。既然镜中自我识别可以学，我们也许就可以用镜前训练来治疗有镜中自我识别缺陷的脑疾病患者。他们的缺陷可能是视觉与自我躯体感觉整合的缺陷，而不是没有自我意识。

三、克隆猴的科学意义

地球上有昼夜节律，在演化过程中造成了生物体内很多分子的代谢和生理功能都具有昼夜节律。控制生物体的节律有一些关键基因。这关键基因如果异常，会造成生物体节律的紊乱，如睡眠长期紊乱会产生各种疾病，包括抑郁症、老年痴呆、帕金森病、代谢性疾病、心血管病等。

假如把猴子调控节律周期的一个关键基因 BMAL1 敲除，这只猴子的睡眠就变得非常不正常，在晚上清醒的时间比较多。正常情况下血液里面有一种激素叫作皮质醇，跟压力有关，白天很高，夜晚很低，所以它有非常好的节律周期。但 BMAL1 敲除的猴子完全失去了节律，一直维持很高的皮质醇水平，也表现出明显的焦虑和抑郁症状，通常都是躲在笼子的一个角落，而其他正常的猴子则到处跑。此外，利用脑电波检测，有一个叫作失匹配的电波出现异常，与精神分裂症病人的脑波异常类似。

猕猴是最接近人类的灵长类实验动物，但是作为疾病模型还是有遗传背景不均一的问题。在制作 BMAL1 基因敲除猴的时候，被编辑的受精卵的遗传背景不同，得到的疾病表型也就不完全一样。前面提到的那只节律紊乱有抑郁症的猴子，它的 BMAL1 基因被完全敲除了，所以我们就可以把它的体细胞拿来作为供体，克隆出五只小猴子。

我们现在已经在用这些猴子跟药物学家合作筛选抗抑郁新药。这个研究的意义在于用基因编辑制作出有疾病症状的猕猴，然后用它的体细胞制作出一批有一样基因的胚胎，找一批代孕猴妈妈，6 个月后就出生一批有同样基因的猴子，一年后就有一批遗传背景一样的疾病模型猴，因为减少了个体遗传差异对实验的干扰，我们不需要大量的动物，就可以做药物和其他治疗手段的检测了，这可能是对未来医疗技术研发有贡献的范式。

四、遥远的梦想——科幻机器人

现在很多对未来人工智能的想法是科幻小说带来的，科幻小说的鼻祖艾萨克·阿西莫夫在 20 世纪 50 年代就写了一本书叫《我，机器人》。这本书讲了一个机器人瞧不起人类，说人真没用，要睡觉、吃饭，这么脆弱，等等。但是事实上，目前人工智能能够做到的还是极为有限。

目前的机器人最需要的是能够做到多感觉整合。举一个简单的例子，叠杯子动作就需要多感觉整合，很快地整合视觉、听觉、触觉，然后转换为运动，转换成手的动作。在这个过程中，还需要提取记忆，做一个动作计划，前一个杯子是怎么放的，一个杯子要做什么动作，才能够叠好；然后再执行这些动作计划。这些过程现在的机器人还完全做不到。这也说明了一个问题，科幻小说虽然带来了一些想象，但是也带来了过高的期待和期望。

五、脑机融合初试锋芒

虽然目前人工智能的能力有限，但是已经很有用了，包括怎样分析我们大脑的电信号。我们大脑里的电活动不断地产生出脑电波，因为头皮是湿的，有水分，电流可以流到头皮上。在头皮上放个电极，可以测到各种脑波。这些脑波是成千上万的神经元活动整体造成的结果，很难从脑波里去解码，识别这些脑波是哪个脑区、哪些神经元的活动，脑波到底代表什么意义。但是假如有大量的脑波数据，又能标记这些数据所对应的大脑思绪，就可以用机器学习的算法来训练人工网络，来解析大脑可能的思绪。比如你想用脑电波来控制机器人、控制机器手，训练过的人工网络就能分析出这样的脑电波所对应的思绪，某种你想做的动作，就可以用解析出的信号来控制机器手。但事实上记录到的脑信号到底是怎么产生的尚不清楚，所以并不是真正意义的解码，但是已经可以应用了。

比如说有一个人患有抑郁症，抑郁发生时出现了脑电波的异常。假如能够很准确地判定某种特殊的脑波就是对应到抑郁的症状，这种脑波就变成一个有用的抑郁症的诊断指标了，虽然我们尚不清楚为什么会产生这样的脑波。医院的系统中每个病人都有很多数据，这些数据能不能够判断这个人是不是有病？有什么样的病？其实，每个人的面孔表情、走路的状态都是数据，而这些数据都收集起来了，就是大数据。如果我们有大批病人的数据，又能准确标记某种组合的数据就是代表某种疾病，人工智能的深度学习算法就可以用这些标记好的数据去训练人工网络，学好的人工网络就可以根据新出现的病人他的各种症状来判断他有什么病。但是，目前的人工智能尤其是深度学习算法在疾病诊断的应用方面仍然存在一些"瓶颈"。

六、如何让脑科学研究造福人类？

脑机融合和类脑人工智能是前沿科技，会有随之而来的社会伦理问题。比如说脑机接口可以读取你的大脑信息，可以控制你的大脑状态，谁有权操作脑机接口？你的父母可不可以？你的医生在什么情况下可以调控你的大脑？要有一些有社会共识的伦理标准。我们现在研究大脑、研究脑疾病，研发药物和物理治疗、各种康复手段，目的都是要修复大脑、保护大脑，但是是否能用这些手段来增强大脑功能？运动员吃兴奋剂，可以跑得比别人快，但是在比赛时这是不被允许的。增强正常人的脑功能是可以被允许的吗？

还有一个问题，人工智能可以取代什么职业？尤其是在人工智能的能力越来越强以后。现在的大公司都想发展通用人工智能、通用机器人，它不像以前机器人做同样的工作、做装配，而是要做更复杂的工作。机器人一天24个小时都可以工作，一些职位可以取代工人，社会上就会出现劳工问题、失业问题。

举一个例子，科学家发现链式反应可以释放能量造出了原子弹、氢弹，但也研发出核能发电的技术。如何能够管控核武器，发挥核能的好处，造福人类，则是政治家、政府、社会的问题，对于人工智能我们要事先考虑到这些问题。

未来10年，我国会大力支持脑科学的研究，正在考虑一个2030年创新重大项目，为脑科学与类脑研究。这个项目是一体两翼的架构。主体是做基础研究，研究脑认知功能的神经基础。在这个基础主体之外有两翼，一方面，我们希望能够研发出各种脑机智能技术，包括各种脑机接口，用大脑的信息控制机器，用器件调控大脑状态。我们还希望能够研发出新机器学习的算法。机器学习是人工智能的核心，我们希望能研发出类似人脑的机器学习算法。还有各种类似神经元、神经网络的计算器件，包括新型的芯片、处理器、智能体和机器人等，有助于未来的人工智能产业的发展。另一方面，就是脑疾病的诊断和治疗，对于认知相关的重大脑疾病，早期干预是最好的模式，我们需要建立很多临床和社区的人群队列，采集人群队列的大数据，发现疾病出现的早期征兆，才能针对这些征兆做早期干预、避免或延缓脑疾病的出现。所以这一翼对应的就是健康产业，各种医疗手段和器件的产业发展，这将是脑计划面向人民健康的重要贡献。

中医药如何守正创新，走向世界？

·张伯礼·

张伯礼院士是我国知名的中医内科专家，2003年抗击"非典"时，他率领团队承包红区并使用中医药救治，最终中医药在控制病情恶化、改善症状、激素停减等方面发挥了显著的作用。他总结了SARS发病特点、症候特征、病机及治疗方案，被世界卫生组织颁布的《SARS中医治疗方案》收录，获中华中医药学会科技进步二等奖。新冠肺炎疫情暴发后，张院士作为中央指导组专家奔赴武汉抗疫80余日，多次深入红区查看患者并处方用药，指导临床一线诊疗。在没有特效药和疫苗的情况下，带领中医国家队接管江夏方舱医院，使用中医综合疗法，最终实现564例患者零转重、零复阳，医护人员零感染。主持研究制定中西医结合救治方案，指导中医药全过程介入新冠肺炎救治。获"人民英雄"国家荣誉称号。

导 语

2020 年冬春之交，新冠肺炎疫情的暴发，打乱了所有人的生活。在中国疫情防控的过程中，中医药发挥了重要的作用。大量临床数据显示，中药对于轻症患者确切有效，国家卫生健康委员会发布的《新型冠状病毒肺炎诊疗方案》中则明确指出了中医药参与疾病治疗的全过程。

实际上，中医药的作用在抗击"非典"和 H1N1 甲型流感中已经得到证明，然而社会上对于中医药的质疑之声依然不绝于耳。有人认为，有些病是有自愈性的，即便不用中药，患者也可以自愈；有人认为中医阴阳五行的理论十分虚无，无法用现代科技解释；还有人认为，中药成分不清，疗效难说，有些甚至对人体有严重的毒副作用。中医药究竟科学吗？它有哪些独特的优势和作用？当前，中医药行业存在怎样的问题？

一个现实是，慢性病已成为影响人类健康的头号杀手，再者耐药性的出现，无疑给现代医学提出了挑战，研究重点也开始从疾病医学向健康医学拓展，国际社会也把目光投向了以中医药为代表的传统医药，中医药的价值开始被重新认识。如何通过中医药强身健体，治未病？怎样才能将祖先留给我们的这些宝贵财富继承好、发展好、利用好？

扫描二维码即可
观看完整视频

中医药如何守正创
新，走向世界？

◆ 录制时间：2019 年 12 月 17 日

◆ 编　　导：马宁

一、中医药的科学性

中医药学是古代的一种医学，有几千年的历史，积累了丰富的经验，在维护我们中华民族繁衍生息过程中，起到了巨大的作用。近代中医药发展遇到了很多困难，很多人不理解，有的根本没学过中医药，根本不懂，就因为你古、你老、你旧，就认为你不科学，这种观点太武断。

中医从大范围来说是经验医学，但是西医也是经验医学。我们医学都是经验医学，都有哲学，但是哲学理念不一样。中医学的科学性不能用西医的科学标准来评价，因为它们是两套体系。

我们可以看一下中医和西医的一些比较：它们的文化背景是不一样的，中医更加强调的是象数思维、整体思维；而西医则强调直观思维和线性思维。理论基础上，西医是立足于解剖、生理、病理；而中医强调脏腑、经络、阴阳、气血。从研究对象上看，中医更强调人的自我感受；而西医它更注重的是人的器官、生理的功能和病理的功能。两者研究的方法、诊断的方法也有区别。中医讲究望闻问切，以外度内；而西医靠的是视、触、叩、听，更多依赖客观的检查。西医强调了化学药物、手术；中医讲究综合治疗，虽然也用草药，但是更强调整体治疗，包括从针灸、按摩、食疗、药膳，甚至太极，包括八段锦，来综合治疗。所以这两套医学各自有各自的优势，它们的优势可以互补，但是不能互相取代。

什么是检验真理的标准？是实践，而临床就是实践。中医能治疗很多疾病。丹参滴丸是治疗冠心病的药，这个药到了美国去注册，得重新进行评价。美国的评价比我国要严格一些，因为一个病人要跑五次运动平板，然后通过运动平板的结果，增加他的负荷，通过他心电图的变化来看这药的疗效，是比较苛刻的一个实验。这是 1000 多个患者，包括有 127 家临床医学中心，8 个国家来做的，得出了明确的疗效。

有人说中医理论已经有几千年历史了，在古代是有效的理论，到现在还用那些理论行吗？也有人说古方不能尽治今病，但是我们说这个不全面。在 20 世纪七八十年代，国际上叫我们传统医药，我们也自称是传统医药。而传统医药当中谁是首领？谁是领袖？中医。中医传承到现在我们有将近

5000 年的历史，没有中断。从甲骨文上就有很多医学知识的记载，它的理、法、方、药以及它的解剖、生理、病理，治则治法、自成体系，非常健全。所以，中医直到现在都没有受到根本的颠覆，一直还在发展。

我们中医学虽然历史久远，但是它的理念却不落后。很多现代医学最新的前沿，包括现在西医强调的都是系统科学、精准医疗、预防医学、组合药物等，这些都是西医的前沿，也是我们目前研究的最"时髦"的东西。但是中医在几千年前，就提出了整体的观念，辩证论治，同时强调养生保健，而治疗是复方治疗。提法不一样，理念却趋同。所以我们说中医的理念不落后，我们相对落后的是技术，因为当时没有这些先进的技术。

实际中医药在发展的过程中，历代的中医药人都把当代的一些最先进的东西吸收到中医药里，促进自己的发展，为我所用。过去我们说不清，这碗汤药里边哪些是有效成分，哪些是次要的有效成分，哪些是不起作用的成分，哪些甚至是有害的成分。所以我们就提出一种组分中药的理念。组分既包括成分，也包括有效的部位。这种组分干什么用？它有什么活性？有什么药效作用？把这些说清楚以后，我们就把那种有害的除掉了，把那种不起作用的也除掉了，而把那种有效的和次要有效的东西留下来。我们在中医理论指导下，在我们经典名方的启迪下，重新配成一个现代中药的复方，再进行药学研究，这就是组分中药的理念。

我们在研究芪参益气的过程中，将黄芪、丹参、三七、降香作为它的组分。黄芪用黄芪皂苷，丹参用丹参里的水溶性成分叫丹参酚酸，三七用三七总皂苷，降香用挥发油成分。这种组分有什么活性？黄芪皂苷主要的组分是一种能量，能够保护线粒体，改善机体的免疫功能。而丹参酚酸可以控制炎症，抑制凋亡，可以促进血管新生。三七具有提高免疫机能、保护血管的作用。挥发油主要是抗炎。它们共同起的作用就是治疗冠心病。芪参益气和阿司匹林疗效相当。

所以说中医它并不是一成不变的，它的核心内容、理论基础、哲学思想不变，而它的理、法、方、药，具体看病的技术几乎每天都在变化，这些不断变化的症候方药就是推动中医前进的内生动力。

二、中医药的优势

1.养生保健治未病

健康中国的建设，不是建更多的医院、培养更多的大夫、研究更多的药，而是从根本上让人不得病、晚得病、少得病、不得大病，即强调预防。中医的理念就是治未病，治未病实际是一种最积极的预防医学的思想。

人的健康与多种因素有关系，遗传因素只占 15%，环境因素占 17%，而生活方式占了 60%，所以生活方式是影响健康的主要因素。中医讲"圣人不治已病治未病，不治已乱治未乱"。而孙思邈他讲到：上工治未病，中工治欲病，下工治已病。这些都是强调治未病的思想。但是这个治不是治疗的意思，是调理，也就是调理亚健康的状态。李约瑟博士是研究科学史的，特别注重研究中国的古代科学史。他说养生这套学问，世界上只有中华民族所独有，其他民族没有。

养生内容非常广泛，包括健康的生活方式、人和自然要和谐，也包括我们的饮食起居运动。钟南山的一篇文章中提到太极拳有助于慢阻肺病的康复，是传统肺康复锻炼合适的替代方法，甚至可以获得更好的远期效益。

2.针对慢病疗效好

慢病是什么？就是叫非传染性慢性疾病。包括我们说的心脑血管疾病、糖尿病、代谢性疾病，包括肿瘤等都属于非传染性的慢性疾病。这些慢性疾病现在成为人类健康的主要影响因素，它消耗了我们卫生资源的 80%。同时也是引起死亡率上升的主要原因，所以慢性疾病的治疗是当前主要的卫生问题。

中医药在很多慢性病里边有独特的疗效，可以改善病人的机体状态，改善病人的机能，对一些重大疑难疾病，甚至可以延长病人的生命周期，提高生活质量。

3.康复诊疗占主导

一般中风治疗以后，患者应该转到康复病院进行康复，最后再回归家庭。但是我们过去的康复医院不太发达，或者这块组织架构不太健全，所以病人出了院就回家。回到家以后，家里人请假轮流照顾他，往往康复这块几乎就没有。我们现在正在积极呼吁，把一部分康复治疗纳入医保，让患者得到一个预防、治疗、康复，整个全周期的关怀。

我们国家从事康复工作的很多是中医药人员，而在康复技术里边，百分之六七十又是中医的技术，包括针灸、按摩、健身、体育、太极、五禽戏等，这些构成了有中国特色的康复医学。

4.简便廉验有特色

世界游泳运动员菲尔普斯，在里约奥运会上得了 5 枚金牌。让大家记住他的，特别让我们中国人记住他的，不仅仅是 5 块奖牌，还是他身上拔火罐的印记，人家号称"中国印"。他一天要训练六七个小时，晚上肌肉酸痛，转天早晨肌肉僵硬，需要做很多活动预热才能开始训练。自从拔了火罐以后，他觉得非常放松，给他减少了预热的时间，他就坚持了下来。

再举一个例子，很多中老年的妇女会得一种病——叫压力性尿失禁。这种病虽然有一种药可以治，但有些副作用，并且吃久了以后也就没效了。而中医科学院刘保延教授所做的一份工作——用针刺治疗压力性尿失禁，因为效果非常突出，被发表在 *JAMA* 杂志上，影响因子很高，44 分。这是我们当时中医药所发表的影响因子最高的一篇论文。同时这篇论文发表以后，有一些国家就把针刺治疗压力性尿失禁纳入医保了。所以我们说一个很简单的方法，解决了很多人的痛苦，中医的简便廉验可见一斑。

现在看病难、看病贵是全世界的问题。我们医药卫生的投入占 GDP 的 5.3%，美国占 16.8%。可是我们的预期寿命、我们的健康生活寿命跟美国基本差不多。由于有中医药、中西并重，特别发挥中药简便廉验的这个优势，我们国家可以用较少的投入，获得较好的医疗保障，给老百姓以更多的医疗关怀。

三、守正创新，走向国际

科学发展到今天，古老的中医药如何焕发出青春？习近平总书记告诉我们叫守正创新。守正就是传承精华，创新就是要把其他学科先进的技术方法吸引到中医来，为中药服务，让古老的中医药有时代的特色，达到当代的科

技水平，更好地服务于中国人民，甚至世界人民，这个就是中医药现代化的
宗旨。

1.中药现代化成就斐然

在中药现代化之前，我国的中药工业产值，只有 200 多亿元。到了
2017 年，经过 20 多年的发展，我们的产值到了将近 8000 亿元。从 200 亿
元到 8000 亿元，20 年增长了 30 多倍。

在中药现代化过程中，我们的实验条件也大大改善了。过去我们中医就
是闻闻，甚至拿舌头舔一舔、看看形状，这些都是感官的经验。现在结合现
代的实验化学的基础，进一步明确它里面到底是什么物质在起作用，更好地
表征它，更好地说明它，用它来控制中药质量，这就达到了中药现代研究的
水平。

在中药成分的研究上，我国已经走到了世界的前列。在很多方面，特别
是复方的研究方面，我国是领先的。

在中药现代化刚刚启动那年，我们全国发表的关于中药的 SCI 论文，只
有几十篇，在全球占 4%。到了 2013 年，我们发表论文就有 3000 多篇，占
到全球的比例是 34%。

现在有 183 个国家在推广应用中医药的方法和技术，我们和 86 个国家
签署了政府间的协议。在海外建立了几十个中医的中心，每年有几万名留学
生来中国学习中医，在全球开了 20 万家中医诊所。同时从业人员有几十万
人，这些人里有的是华人，但更多的是本地人。

2.提升药材品质，拿出临床证据

我们现在的问题主要有两个：一是要提升中药材的品质，提高中药饮片
的质量，让老百姓用上放心的药。我们过去一年只有 200 多亿元的产值，现
在到了 8000 亿元的产值。那么产值翻了几十倍，但是中药的天然资源并没
有增长几十倍，所以野生的药材就不够用了。怎么办？那就得人工种植。可
是人工种植跟野生的毕竟不一样。第一，我们没有这方面的经验积累；第
二，种植又缺少技术规范。怎么种？怎么浇水？怎么施肥？种粮食我们有经
验，但是种药没有经验。所以过度地施肥，药长得非常壮，但是虫害也来
了，就得用农药、用农药导致农残超标。所以中医种药讲究道地性。现在我

们提倡的叫无公害中药材，就是"三无一全"。无公害的概念就是农残、重金属不超标。同时按照规范化种植，是道地药材，保证药有基本的药效，让老百姓用放心的药。

二是要提供更多的临床有效证据。中药有几千年的用药经验，这些都是非常宝贵的，但是还要拿出现代的证据来。我们中医这种体系应该用现代科学，包括现代医学的知识来研究、来诠释。我们不但要说清它的药效物质，还要说明它的作用机理，还要拿出过硬的循证证据，这是我们中医药国际化的基本前提。

希望中药企业和医院、大学联合起来，围绕每一味中药，特别是明确它的临床定位。到底治什么病？治这病的哪一个阶段？你到底有什么优势？和西药相比，你怎么能够更重视你的疗效？同时和西药相比有什么协同作用？把这些都说清楚了，老百姓会更获益，医保也会给你报销，也同时加强了你这个品种的科技含量。

3.统一标准，走向国际

我们要在人才培养上建立统一的标准。任何一个学科成熟发达的标志，就是要建立标准。所以，我们首先建立了中医本科学的标准，这个标准不是我们自己制定的，而是同海外专家一起制定的。这是我国高等教育的第一个国际标准，现在被50多个国家和地区采用。

有了标准，还得有教材。我们又组织了海内外500多位专家来编写教材。花了4年的时间，把这本书编成了。再把它翻译成英文，又花了两年的时间。2019年这套教材终于完成了，在匈牙利召开的世界中医药大会的时候，正式把这套教材推出来了，受到广泛的欢迎。有了这套教材，有了标准，全世界的中医以后能以一个声音、一种语言、一种理论来说话，更好地交流，也让我们最好的中医药学造福人类，真正可以落地了，这是中华民族对世界作的贡献。

世界卫生组织已经把中医药的病症分类纳入了世界病症分类标准第11版之中，增加了一章，专门讲传统医药的病症。就像有了户口一样，这样传统医药慢慢地就走向了世界，被人所接受了。所以在中药国际化标准方面，现在已经形成了共识。这种标准包括它的法规的、科技的，也包括市场的、管理的、产业的，都有了共同的标准、共同的语言。

最后我们说中药面临着重大的需求和发展机遇，中药现代化取得了突出的成绩。我们要遵照习近平总书记对我们的要求，守正创新、传承精华，将中药原创思维和现代科技结合，产生原创性成果，开拓新的研究领域，引领世界生命科学的发展，用中国式的办法为解决世界医改难题作出贡献。

第三篇

乡村振兴

乡村振兴，你准备好了吗?

·陈锡文·

第十三届全国人大常委会委员，农业与农村委员会主任委员，中央农村工作领导小组原副组长兼办公室主任。我国农村改革 40 多年，他全程亲历，曾参与 21 世纪以来 13 个中央"一号文件"的起草、4 次荣获孙冶方经济科学奖，对农业与国民经济关系、农村土地制度、农业经营体制等问题有着深入研究，在我国农业农村理论和政策研究界享有很高的声誉和很深的影响力。

📚 导　语

中国的改革已有40多个年头，中国的城市和乡村都发生了巨大的变化。然而随着城市的快速发展，一些乡村所面临的低收入、高污染、空心化等问题日益凸显，引发了一些民众的困惑。面对乡村现存的种种问题，乡村振兴战略该如何破题？

扫描二维码即可
观看完整视频

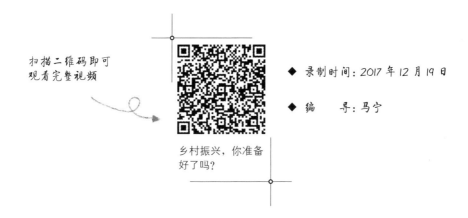

乡村振兴，你准备
好了吗？

◆ 录制时间：2017 年 12 月 19 日

◆ 编　　导：马宁

人类社会在不断的发展过程中，到了一定的阶段一定会从农业社会转向工业社会，转向城镇经济，但是能不能因此得出这样一个结论：实现现代化一定也是乡村衰弱的过程，我想这个问题是值得我们大家认真进行讨论的。

第一个问题就是我们看那些已经实现了现代化的国家，那里的乡村是不是已经衰弱了？包括美国、日本、英国、德国、法国、意大利和加拿大，这些实现了现代化的国家，虽然农村不及城市繁华但是绝不能用衰败去形容。

第二个问题，全世界共有200多个国家和地区，其中人口超过1亿的只有11个国家，人口最多的就是中国，第二位就是印度。美国已经实现现代化了，但是只有3.2亿多人，它的总人口还不如中国零头多。发达国家发展过程有它们的规律，但是它们的规律不一定是中国的规律，所以我们要在中国实现现代化的过程当中，去探索城乡之间的关系，探索城乡人口分布的自身规律，这是我们的责任。

第三个问题就是中国巨量的人口规模，以及很高的农业人口比重。中国农民到底有多少，要回答准，可能是很困难的事情。因为有各种各样的口径，口径不一样数字也就不一样。比如说国家统计局公布的2016年年底农村的人口占42.6%，总数是5.9亿人。那这部分人口是指常住人口，并不包括户籍在农村，但他自身到城里去务工经商的人口，所以你要把户籍人口都加进来。那么公安部有统计，我们农村的户籍人口大概要占全国总人口的58.8%，也就是整个农村户籍人口在8.1亿多人，拿到全世界给任何一个国家来讲，都是一个天文数字。正因为这样，中国在经济社会发展的过程中、在实现现代化的过程中，农村是不能衰败的。因为有几亿人口要在那里生存和发展，应该让他们和住在城市里面的人一样，享有同等的、幸福的生活。我想从这几个方面去讲，别的国家不管怎么样，至少中国在现代化进程中，农村不能衰败，因为这关系到几亿人对幸福生活的追求。

党的十九大报告中关于怎么去实施乡村振兴，至少给我们传达了四个方面的重大信息。

一、"三农"问题在我国现代化进程中的位置

第一个重大信息就是明确地告诉我们，在现代化进程中，党和国家应当把解决好"三农"问题放在什么位置？党的十九大报告指出，"三农"问题是关系到国计民生的根本性问题，解决好"三农"问题是全党工作的重中之重。因为 GDP 涨得再高，人也离不开吃饭。所以农业作为国民经济基础的第一位，是国计民生的根本问题，这个地位是不会改变的。

怎么样才能使乡村振兴战略真正得到实施？这就需要有新的理念，需要有新的目标，也需要有新的措施和手段。党的十九大报告指出要坚持农业农村优先发展。改革开放 40 多年来，尽管城乡都有很大的发展和变化，但总体来讲，农业还是现代化的"短腿"，农村还是全面小康的"短板"，这个基本事实就要靠优先发展来补齐。

党的十九大报告提出了要加速实现农业农村现代化。这也是一个新的提法。农业这个产业要让它现代化，农村也要让它现代化，因为还有几亿农民要在农村生活。只有农村实现了现代化，才能让在农村生活的农民，真正享受到幸福的生活。这也是一个新的目标。

那么新的措施是什么呢？新的措施就是强调要形成城乡融合的体制机制和政策体系，这是很重要的一条。城和乡是一个命运共同体，衰败的乡村绝对烘托不出繁荣的城市。从这个意义上来讲，根本的出路在于打破城乡经济社会的二元体制，这才叫实现城乡的融合发展。

二、乡村振兴应该坚持的基本原则

党的十九大报告对于农业农村工作而言，更加坚定地表述了我们必须坚定的一些基本原则。

一条基本原则就是要巩固和完善农村基本的经营制度。这一提法最开始在中央的文件里面叫"稳定和完善农村基本经营制度"，后来逐渐逐渐变成了"坚持和完善农村基本经营制度"，而党的十九大报告用了"巩固和完善农村基本经营制度"。那么从这些用词的变化能够感受到，党对于坚持农村

基本经营制度，把它搞得更完善，让农民更踏实，是充满着信心的，也是有坚强的决心的。

关于土地承包到期后，有人说第一轮延长 15 年，第二轮延长 30 年，第三轮怎么还是 30 年，更长一点儿不行吗？ 50 年、70 年、90 年行不行？习近平总书记在党的十九大期间参加贵州代表团的讨论时，曾经很明确地讲过，为什么二轮承包到期以后再延长 30 年？因为再延长 30 年以后，那个时间节点和我国实现强国目标的这个时间节点是相契合的，所以习近平总书记说，到那个时候我们可以再来研究新的农村土地政策。

第二条原则是什么？就是关于粮食的安全。习近平总书记在党的十九大报告里讲得很清楚，要确保国家的粮食安全，明确提出"中国人的饭碗要牢牢端在自己的手中"。饭碗里面主要应当装中国粮，不是进口粮。进口粮也可以装一点，但是主要应当装中国粮，这才是确保中国粮食安全的根本出路。

改革开放 40 多年来，我们粮食产量就有过几起几落。起很不容易，通过大量的政策，调动农民群众的积极性，粮食产量才能起来；下很容易，滑坡很快。1984 年，改革开放才 6 年时间，粮食产量从 6000 亿斤出头，一下子升到了 8000 亿斤出头，第一次出现了卖粮难。而后粮食产量就连续下滑，四年徘徊，第五年才勉强拉上去。所以中国的粮食生产一旦滑坡，三五年缓不过劲，这个危险我们要尽量避免。

当然中国农业资源有限，所以适当地进口一些国际农产品是必要的。但是如果过多地进口粮食，就会威胁到中国农业产业的安全，威胁到中国农民的生计安全。

三、对当前农村改革发展给予精准指导

关于乡村振兴战略传递给我们的第三个重大的信息，就是对当前正在推进的各项农村改革发展事业给予了更加精准的指导。

1. 实现农村振兴

党的十九大报告中用了五句话来告诉我们什么叫真正的乡村振兴？"产业兴旺，生态宜居，乡风文明，治理有效，生活富裕"，这五句话的本质是

什么呢？

这五句话的要求实际上就是社会主义新农村建设的升级版。因为在2005年中央召开十六届五中全会制定第十个五年规划的时候，提出了推进社会主义新农村建设，那里面也有五句话的要求。什么叫社会主义新农村建设？即"生产发展，生活宽裕，乡风文明，村容整洁，管理民主"。

这五句话虽比较全面、通俗易懂，但有的地方可能存在只干一件事的情况。

我有一次到农村去调研，到一户农民家里，大家都在地里干活，有个大嫂先回来做饭。我就问那个大嫂，你知道社会主义新农村建设吗？她说我知道。我说是谁告诉你的？她说广播里电视里都有，我们支部书记还专门来跟我们讲了，现在要搞新农村建设了。我说他怎么讲的呀？什么叫新农村建设？大嫂想了想，说新农村建设就是有钱就盖房，没有钱就刷墙。

事实上，这个不能算新农村建设。经济不发展，生产不发展，生活不宽裕，刷墙也白搭。因此，在这个水平上，提了更高的要求。过去叫"生产发展"，现在叫作"产业兴旺"，大不一样了。过去可能主要关注农业生产，现在讲产业兴旺可能不光是农业，还有各种各样的新产业、新业态，还有一二三产业的融合。过去讲"生活宽裕"，现在叫作"生活富裕"。应该说制定"十五"规划的时候，农民人均收入才2000多元，而2019年全国农民的人均可支配收入已经达到12363元，所以我们有底气喊要让农民富裕起来。

过去讲"村容整洁"，不要到处都是垃圾乱堆、污水横流，但是现在我们提倡"生态宜居"。生态就是让我们村庄能够融入青山绿水当中，能够融入田园当中，能够可持续发展，能够让人们呼吸到新鲜的空气、喝到干净的水、看到纯净的蓝天，这比过去要求更高了。

过去讲"管理民主"，管理民主主要是讲干部对待老百姓民主作风要好。我们现在讲的是治理有效，治理和管理一字之差，区别就很大。管理是讲管理者，就是有领导那叫管理。治理是整个社会各个阶层大家一起来参与，把这个社会治理好，治理要有效。那么这五句话里面有一句话没有变，之前叫作"乡风文明"，现在仍然叫作"乡风文明"，在这个方面需要付出更多的努力。

2. 推进农村改革

除了承包到户的农村土地之外，还有相当一部分集体自己统一经营的资源和资产。那么这些资源和资产有多少？家当是多少？分布在哪里？谁在使用？经营效果怎么样？收益怎么分配？怎么保障农民集体财产权益呢？主要就是三项权利：第一项是农民有土地承包经营权，第二项是农民拥有宅基地使用权，第三项是农民作为集体经济组织的成员，他享有对集体资产的收益分配权。那么通过集体产权制度改革，把集体的家当搞清楚，上面提的问题都要搞清楚。

3. 发展现代农业

党的十九大报告精准地、分层次地指出国家发展农业现代化要构建农业的产业体系、生产体系、经营体系。

我们过去讲发展现代农业，培育新的农业经营主体，好像就只有一条路，就是通过土地经营权的流转和集中，来发展土地的规模经营，让某一个经营主体经营的土地比别人多，这叫规模经营。这条路非常重要，因为在任何国家农业规模对现代化的水平都是至关重要的。

但是必须还要看到存在一些什么问题？我要流转土地，我把你家的承包地，甚至你们十户农民的承包地都流转过来，每户人家七八亩地都流转过来，我就会拥有七八十亩地。七八十亩地对于过去七八亩来讲是规模，但是对于国外那些新大陆国家，一两万亩地的家庭农场，这个规模太小了。最重要的是七八十亩地的规模，你可以用什么样的技术手段来经营？某种程度上，你要完全自己去购置成套的农业机械，肯定亏损很大。因为机器大部分时间都是闲置的。所以应运而生，就产生了另外一种经营主体。他不一定直接经营农地，他不一定自己生产农产品，但是他有大量的技术服务手段、各种各样先进的农业技术装备。你们有什么需求，你们是需要秋翻地，还是春天播种，还是夏天植保喷药，还是到秋后收割，一直到收下来要不要烘干入库，他给你提供这些服务。而且这样的服务主体正在从过去的面朝黄土背朝天的农业经营者中脱身出来，成为专给人家提供服务的主体，这是中国农业正在发生的一种非常深刻的、显著的变化。

根据农业部门的统计，到2016年年底，流转了的土地承包经营权总面积大概 4.7 亿亩，大概占农民承包土地总面积的 35.1%。那么把自己家承包的土地流转给别人的，有的全部流转了，有的部分流转了，大概有 7000 多万的农户，占全部 2 亿 3 千万户承包农户的 30.1%。

我国有 65% 的农村承包地，仍然是谁家承包，谁家经营。所有的承包农户当中，有 70% 的农户没有流转土地，他自己生产，所以这是我们的基本现实。

不能通过行政性的、强制的办法，人为地去消灭小农户，这个过程要靠经济社会的发展，要靠城镇化现代化的进程来实现。在这个过程中，小农户自身能力难以利用现代化的技术装备，就需要通过社会化的服务去跟他去衔接。要实现小农户和现代农业发展的有机衔接，就是通过多种多样的社会化服务衔接。

从这个角度来讲，我们一定要清楚，所谓的现代农业不是简单地把大批小农户消灭掉，把土地集中给少数人种，这样来提高效率。一定要想到，把大量小农户消灭掉，把大量的农民从耕地上赶出去，把土地交给少数人种，效率提高了，但是如此多被迫离开了土地的农民，他们靠什么生存？靠什么发展？如果这个问题处理不好，由此带来的副作用可能都不是农业能够提高效率那么一点点可以补偿它的，所以发展现代农业一定要走一条中国自己的道路。

四、如何解决好农业农村面临的两大突出问题？

当前农业农村中间存在的最突出的矛盾是什么？怎么去解决？党的十九大报告里讲得非常清楚，两大突出矛盾就是农民就业和增收。

提高农业的效率，提高农产品的价格，这可以让农民增收。但是人均土地太少了，仅仅靠这点地富不了，于是怎么办呢？过去就有过，先是办乡镇企业，后来是农民工进城务工经商。但是现在看来这还不够，乡镇企业很多地方办不下去了，竞争不过城市的现代化工业企业，不办了。于是大量的农民工进城了，但是大家看到这几年新增农民工的数量是明显减少。我有的时候下乡，农民见到我也会问，原来你们鼓励我们外出务工经商，现在你们又鼓励我们返乡创业，到底要我们怎么样呢？

那么很重要就是情况有了变化。城市发展到这个水平的时候，它还没有能力像以前那样，一年吸收成百上千万的农民工进城。2016 年新增农民工的数量是 50 万，2015 年增加 63 万，那说明什么呢？在这个阶段，城市中吸收外来农民工的能力不像过去那么强了。当然也许过三年五年、十年八年，还会有新的能量爆发出来，这也是很难判断的。但是在这个阶段农民的就业怎么办，是我们当前面临的一个大问题。所以在党的十九大报告里面明确讲到，要促进农村一二三产业融合发展，鼓励农民就业创业，多渠道增加收入。

如果我们把耕地看作是农民的第一就业空间，那么这个空间我们用足它。但是还不够，于是就开辟出第二就业空间，就是城镇和非农产业。但是从现在看，我们现在这个阶段还不够，于是要开辟第三就业空间。这个第三就业空间就是让农民在农村，但是主要不依赖于耕地，能不能创造这样的就业岗位呢？那么现在看来，很多地方都在创造，比如说电商、网购、乡村旅游等。人没有离开农村，但是这样的新增就业机会主要不是依靠耕地，这是农民的第三就业空间。而一二三产业融合发展就是创造这样一些主要不依赖耕地，而在农村就地可以就业的机会。通过这种方式，扩大了农民的就业空间，扩展了农民的增收渠道。

第二个要解决的突出问题，其实就是基层社会的治理问题。

现在确实很多人到农村去看了，有忧虑。农村社会治理很涣散，没有主事，没有人管，甚至个别的地方出现了黑社会的现象，宗族势力死灰复燃的现象。怎么去解决？当然要下很大的功夫。

党的十九大报告里面明明白白讲了两个基本必须做到的要求。

第一，要完善农村社会的治理机制。很多地方的农民自治组织发挥作用不理想、不明显，甚至在很多地方农民还懒得去参与，没有吸引力，他们缺乏参与的热情，那么就说明这个治理机制还需要进一步完善。

党的十九大报告里讲了一个非常重要的原则，就是自治要和法治、德治相结合。有些地方为什么宗法势力抬头、黑社会抬头、法治缺乏；有的地方看起来定了一些乡规民约，但是有些乡规民约不符合法律的规定，那么就得改过来。所以德治更重要，如果不能切实提高广大农民的文化科学素质，提高公民的素养，治理水平上不去。

第二，有了好的机制不行，还得靠谁去干。所以党的十九大报告提出，要培养造就一支懂农业、爱农民、爱农村的"三农"工作队伍。

现在不少地方大量青壮年劳动力外流了，农村的干部确实存在青黄不接的现象，当然也存在我们自己在政策和制度上的问题。我也去调查过，和一些基层干部聊过。有一些基层干部跟我谈的时候，心情也很不好。他说你们城里人当了公务员一级级升，可以升得多高，我们在农村当干部怎么办呢？当到支部书记，当到村委会主任，就到天花板了，升不上去了。因为乡里头的人也是公务员，公务员就是逢进必考。那你说让我们在农村基层当书记、当村委会主任的人跟大学毕业生一块儿去考公务员，那能考得上吗？考不上。于是我仕途到此为止，干到村委会主任，干到党支部书记就当到头了，那有什么激励呀。

从这个意义上讲，靠德治引导年轻有为的农民回乡创业，回到农村去，加入这个"三农"工作队伍，这是一个重要的方面。但是我们还要针对农村的实际情况，要给农村基层干部足够的激励，让他们发挥才华，这是非常重要的。

科技兴农：如何让黄土高原变成"绿水青山"？

西北农林科技大学校长，第十三届全国人大代表，国务院学位委员会第八届学科评议组成员（农业工程），旱区作物高效用水国家工程实验室主任。

他研发出多项农业水土资源高效利用关键技术与产品，分获国家科技进步奖、国家技术发明奖等奖项。他以及学校科研人员的多项科技成果，广泛应用于黄土高原综合治理与农业生产，他们的科技成果转化让农民生活水平大幅提高。

📚 导　语

"这片广袤的土地已经被水流剥蚀得沟壑纵横、支离破碎、四分五裂，像老年人的一张粗糙的脸。"这是已故著名作家路遥在长篇巨著《平凡的世界》中对黄土高原的一段描述。这也是三四十年前黄土高原生态环境的真实写照。

黄土高原是中华文明的发祥地之一，居住人口超过1亿人，长期以来干旱缺水、水土流失严重，生态环境的脆弱，导致农作物不易生长，农民辛苦劳作，收成却很少，生活长期处于低下水平，如何解决这一困扰黄土高原区域发展的问题，成为一道世界性难题。

新中国成立后，经过几代人不懈的努力，如今黄土高原发生了翻天覆地的变化，大部分山变绿了，黄河水也逐渐变清了。统计数据表明，1999年之前，黄土高原的植被覆盖度大约是31.6%。2019年，黄土高原的植被覆盖度达到了约63.6%，翻了一倍还多。以陕西省为例，绿色版图向北推移了近400公里，在生态环境得到彻底改善的同时，农民的生活水平得以大幅度提高。那么究竟是什么力量让黄土高原发生了如此巨大的变化？让黄土高原变绿需要突破哪些技术的瓶颈？黄土高原究竟能不能变成农民的"金山银山"？

扫描二维码即可
观看完整视频

科技兴农：如何让
黄土高原变成"绿
水青山"？

◆ 录制时间：2019年11月22日

◆ 编　　导：李晓东

说到黄土高原就不得不说我们的母亲河——黄河，因为整个黄土高原全部坐落在黄河流域，它占黄河流域面积的 85%。黄土高原是指日月山以东、太行山以西、阴山以南、秦岭以北的地区，它的面积大约是 64 万平方千米。包括陕西、山西、河南的部分地区，甘肃、青海的部分地区，宁夏和内蒙古的西部。而且这个地方也是一个水土流失严重、水旱灾害频发的一个地区。新中国成立前的 2500 年期间，黄河流域发生的水旱灾害大概超过了 1500 次。

在治理之前黄河的输沙量多年平均值达 16 亿吨，如果我们把 16 亿吨的泥沙做成 1 米乘 1 米的土墙，可以绕地球赤道转 27 圈，相当于我们地球到月球距离的三倍。那么这个泥沙来自什么地方呢？来自黄土高原。

经过六七十年的治理，黄土高原 2019 年植被覆盖率达到了 63.6%，变成了美丽而又令人向往的一个地方。那么为什么黄河水能变清？为什么黄土高原能变绿？

一、治理黄土高原水土流失等生态问题的探索和实践

干旱缺水、水土流失、广种薄收是黄土高原最为突出的问题。一方面缺水，另一方面又把水流到别的地方。黄土高原生存的人口超过 1 亿，它的人口密度为每平方千米 167 人，比我们国家的平均人口密度每平方千米还多24 人。为了生存农民不得不在坡耕地上耕种，那么坡耕地耕种相当于人为加速了水土流失，这样就形成了越垦越穷、越穷越垦的局面，怎么办？首先得摸清这个地区的"家底"。为了解决这一问题，20 世纪 50 年代，已故中国科学院的副院长竺可桢先生组织了第一次黄土高原自然资源大规模的综合考察，他们风餐露宿，由于没有很好的交通工具，也没有很好的道路，他们只能骑着骆驼去考察，整整四年，他们除了考察就是整理资料、分析考察所得到的数据，撰写考察报告，正是这样一批令人尊敬的科学家完成了第一次黄土高原考察，摸清了黄土高原的自然资源的"家底"。而这一项非常有意义的工作为后续黄土高原的治理，为后续黄土高原水土保持工作奠定了坚实的基础。

怎么样治理才能不让从黄土高原流失的泥沙输送到黄河？一个很简单的

办法就是让泥不出沟，刚开始就在沟道打淤地坝，把泥沙拦蓄在沟道里，那么到沟道淤积到一定程度的时候，它就是肥沃的农田，我们也叫作坝地。因为流失的土壤都是表层的土壤，而表层的土壤是比较肥沃的土壤。但是问题又出来了，如果坡面上不断地流失，坡面上的泥沙不断地向沟道输送怎么办？所以我们还想办法不让坡面的泥沙输送到沟道，让坡面的水不下沟，那怎么办？只能是种草种树，可是黄土高原那么大的范围，又是那样的恶劣的自然条件，靠人工种怎么种？种到何年何月？而且那么陡峭的地形怎么办？

我们选择了14种草种和4种树种，提出了一整套的飞播的技术。在降雨快来临的时候把草种撒下去，那么由于黄土比较疏松，雨滴打到地表以后，可能就会将草种裹入土壤之中，加上土壤水分比较好，草、树就成活了。今天讲起来简单，但是为了这样一项成果，我们的科学家也是历经了艰辛，不知要做多少种实验，甚至有时候还得在野外露宿。今天，我们可以看到一种"风吹草低见牛羊"的场面。

黄土高原到底应该怎么治理？形成了两种观点：一种认为应该以工程措施为主，打坝、修梯田；另一种认为应该是以生物措施为主，到底哪一种观点是对的呢？

我的导师朱显谟院士在20世纪80年代结合50年代的黄土高原的综合考察、70年代的治理，提出了黄土高原国土整治的"28字方略"。他提出了"全部降水就地入渗拦蓄"，因为黄土高原是一个干旱缺水的地方，降水是它的主要水资源，他希望通过全部降水就地入渗拦蓄，作为解决黄土高原综合治理的科学依据，所以自此就形成了一个统一的观点：黄土高原的治理必须走综合治理的道路。"米粮下川上塬"，在两沟之间夹的川道和沟上面的平顶塬作为我们种粮食的地方。"林果下沟上岔"，在沟道和沟岔去种林果。"草灌上坡下坬"，把草灌放在类似坡地的地方，也是一个解决当地综合治理、保护生态、促进农业生产的方略。

国家第七个五年计划期间，在黄土高原的典型地区，山西、内蒙古、陕西、甘肃、宁夏建立了11个试验示范区，以小流域为单元，进行实践，结果是令人满意的，经过几年的治理，当地老百姓的粮食增产了60%，人均纯收入从不到400元增加到600多元。更重要的是小流域的泥沙的输沙量减少了 50%，这是一个伟大的成果，1993 年获得了国家科技进步一等奖。那么通过这个实践再加上朱显谟院士的"28 字方略"，科学家经过认真的分析研究得出了一个非常重要的结论：一个小流域经过 20 年的综合治理可以实现良性循环。这就为我们大规模地治理黄土高原提供了重要的科学和实践的依据。

2000 年国家就发布了退耕还林还草这样一个决定，经过 20 年的退耕还林还草工程的实践，黄土高原的植被发生了巨大的变化，这个巨大的成就是令人震惊的，也是创造了奇迹的。

二、科技惠农是农业增产、农民增收的法宝

在黄土高原大体变绿，黄河水基本变清的同时，能否实现农业增产、农民增收？那么靠什么？怎么做的呢？首先我们的科学家针对黄土高原的自然条件优选出适合于黄土高原生产的作物，比如说玉米、土豆、小杂粮，再通过品种的改良，栽培技术的提高、节水灌溉的技术等水土保持的技术来解决地区吃饭问题。例如"陕单 636"的玉米品种，是陕西省第一个审定的机械化收获的品种，就是从耕种到收获直接收成籽粒全程机械化，亩产达到多少呢？在黄土高原地区，在陕西的榆林达到亩产 1000 千克。那么全国现在玉米的平均亩产大概多少？400 千克。亩产提高靠的是什么？靠的是科技。还有黄土高原也成为我们国家马铃薯的重要的生产基地，它的面积占全国的 45%。小杂粮也是全国重要的生产基地，它的面积占全国小杂粮面积的 50%，它的平均产量比全国的平均产量还高 20%—30%。这就是通过科技有效地解决了黄土高原农业增产的问题。

解决了吃饭的问题，农民的增收的问题如何解决呢？新中国成立初期外国专家给我们的建议是，陕西的秦岭北麓是苹果的适宜生长地，而经过多年的实践，秦岭北麓农民把好多苹果树都挖掉了，因为实际上它并不是苹果的适宜生长区，它是猕猴桃的适宜生长区，这是我们学校科学家研究的结果。那么苹果的适宜生长区在哪儿呢？在黄土高原。1957 年我们学校就培养出了第一个我们国家具有自主知识产权的秦冠苹果品种。正是有这一批科

学家的引领才使黄土高原成为目前全球公认的、面积最大的、产量最高的世界级的苹果产区。这样一个生动的案例可以证明在生态如此脆弱，在如此干旱缺水、水土流失严重的地区，当黄土高原变绿以后也可以产生世界级的大产业。

那是不是黄土高原都适合于种苹果呢？这里要讲一个红枣的故事。在陕北米脂县银州镇孟岔村，大家都知道"米脂的婆姨绥德的汉"，米脂是出美女的地方，这个地区的人民也非常之聪明。当国家实施退耕还林政策以后，农民自发地不愿意种生态林，他们种枣树，因为尽管生态条件恶劣，但是他想着如果我种经济林，就用当地农民的话说哪怕我收"三核桃两枣"的，我总得有收成。但是刚开始，他们种的是那种乔木的枣树，树高是五米到七米，一亩地也就能种30—50棵。科学家帮助矮化密植，变成树高两米左右、树冠两米左右、株行距3米乘2米。这样一亩地就可以种111株的枣树，这项技术使它的鲜枣产量翻了一番，从过去的亩产150千克到200千克，变成亩产300千克到400千克。农民把沟道里边的水打到山上去，认为灌溉可能能使红枣增产，课题组就告诉他们可以搞滴灌，甚至再加上一些微喷，可以湿润这个小气候，然后让它增产。但是农民一看到我们这个滴灌技术，他说你那个"黑管管出水水，还不如后生尿尿"呢。那尿尿它还是连成线的，你这还是一滴滴的，这能起作用吗？

我们和农民商量能不能帮忙滴灌，如果亩产低于1000千克的产量我们赔，农民就接受了这项技术。结果我们设计的灌溉制度每年灌三次，最干旱的年份灌六次，每次是8.8立方米水，既节约了用水，又增加了产量，鲜枣亩产量达到了1320千克，这靠的是什么？靠的还是科技。

有粮吃了，也有水果了，还得吃肉，黄土高原能不能产肉呢？秦川牛是当地的一个品种，这个牛是用来耕地的。农业实现了机械化，用拖拉机耕地的时候它的价值在哪儿体现呢？科学家不知道失败了多少次，终于成功地将耕地牛改为肉用牛。结果不管是公牛还是母牛重量都增加了150千克以上，150千克牛肉算算增收了多少钱？还有奶山羊的问题，它的出栏率也在大大地提高，成为黄土高原重要的产业之一。

在国家的大力支持下，我们探索了一个新的模式——政府推动下的以大学为依托的、以基层农技力量为骨干的、新型的农业科技推广模式，就是通过在主导产业区建立试验示范站的方式，做给农民看，让农民相信，然后教给农民学，帮着农民干。最终再大面积推广，我们的试验示范站，不仅建在陕西，甚至全国。现在还在中亚建立了四个试验示范站，把我们的技术向中亚地区推广，助力国家的"一带一路"建设。

通过这种大学和基层农技人员和农民的结合这种方式，我们做的工作让农民能看得见、摸得着、学得会，然后能够推广应用。我们作为一个科技工作者能够让更多的老百姓，因为科技而致富，也是我们一份责任，也是我们的一份荣耀。

在美国哈佛大学的一个国际农业农村技术的研讨交流会上，中国农民登上了哈佛大学讲台，去作技术交流，传授我们中国的种苹果的技术，传授致富的经验，这是我们中国农民的光荣，是我们中国农民的骄傲。这位农民叫曹谢虎。

从 2006 年在西北农林科技大学的专家教授帮助下，他从过去一个果农变成了一个合作社理事长，带领 500 多户社员，农民收入一步一步提高。

这就证明了我们这种模式是可行的。当黄土高原变绿了以后，它的粮食自给率由 20 世纪 50 年代的不到 60%，增长到现在的大约 120%。也就是说除了自给以外还略有盈余。人均 GDP，特别是退耕还林工程实施以后增长的速度特别快。此外，黄河变清了之后，其泥沙减少了 3 亿吨以下，甚至个别年份在 2 亿吨以下，甚至 1 亿吨左右。这就充分证明了习近平总书记的论断："绿水青山就是金山银山"。

三、培养新型人才是农业高质量发展的关键

2019 年 9 月 5 日，习近平总书记给全国涉农高校的书记校长和专家代表一封回信，要求我们做四件事："继续以立德树人为根本，以强农兴农为己任，拿出更多的科技成果，培养更多的知农爱农的新型人才"。未来农业的高质量发展我们要坚持走绿色发展的道路、坚持走模式多元的发展道路、坚持走健康引领的发展道路，我们要促进农业生产的智能化发展，我们应该

走促进全球配置资源的发展道路。

　　未来农业农村的高质量发展，得有人才，我们也在积极地作一些探索。比如说 2018 年的暑假和寒假我们学校就组织了这样一项活动，组织了全校的 3000 多名的师生，对山西、甘肃、宁夏、新疆、青海、西藏的全部和内蒙古除了"东四盟"以外的地区，国土面积大概达到全国国土面积一半，对它的乡村进行调研，我们大概调研了 48000 个村，对这一地区的农村也有了一个基本的了解。我们在 2018 年的首个农民丰收节，也对我们的调研结果进行了发布。这一次调研的活动我们得到了一个意外的收获，我们的学生自发地写了一本书，就是写他们的经验和体会，叫作《乡村振兴的青年实践》，而且这本书被中国青年出版社出版以后，被列为习近平新时代中国特色社会主义思想青年读本。令我感动的是经过这样的一个实践，好多同学对乡村、对农村有了更深刻的理解，有了新的感情，又有了新的认识。

　　在新时代我们学校如何为黄河流域生态保护和高质量发展做贡献呢？我们目标是扎根西部，服务国家战略，创建世界一流农业大学。要成为培养卓越农林人才的标杆、成为引领旱区未来农业发展的标杆、成为助力乡村振兴的标杆、成为助推"一带一路"建设的标杆、建成校地深度融合的标杆！

　　我坚信在党和政府的支持下、在全国人民的帮助下、在广大干旱半干旱地区农民群众干部的关怀下，未来黄土高原水一定会更绿，山一定会更青，农民一定会更富。我们的目标就是要让黄土高原"绿水青山永续""金山银山永驻"。

脱贫攻坚，我们如何挑战不可能？

· 夏更生 ·

国务院扶贫办（现为国家乡村振兴局）党组成员、副主任，分管政策法规、宣传培训、考核评估等工作。夏更生同志长期从事扶贫工作，有30多年的"三农"和扶贫工作经验，具有较高的理论素养和丰富的实践经验。

📚 导 语

　　1994 年，我国开始将扶贫开发纳入了国家战略，制订了"八七"扶贫攻坚计划，用七年时间解决 8000 万人口的温饱问题，最终到 2000 年，贫困人口还剩 3209 万人；然后是从 2001 年到 2010 年的"十年纲要"，到 2010 年时，贫困人口还剩 2688 万。通常认为，根据 3% 的贫困发生率计算，3000 万人左右已经是减贫的极限，此时，减贫的"锅底效应"开始显现。党的十八大以后，脱贫攻坚被确定为全面建成小康社会的底线任务和标志性指标，2020 年，我们要实现全民奔小康，一个都不能少，减贫的"锅底效应"该如何突破？进入新阶段，我国的减贫标准从"温饱"提升到了"两不愁三保障"，按照这个新的标准统计，2014 年年底，我国贫困人口总数又增加到 7017 万，平均每年需要减贫 1000 多万人，这几乎是一个不可能完成的任务。然而，经过扶贫战线同志们的努力，2018 年我国贫困人口就下降到 1660 万，贫困发生率下降到 1.7%，我们是如何打破"锅底"的？有哪些创新的方法？又作出了怎样的牺牲？

扫描二维码即可
观看完整视频

脱贫攻坚，我们如
何挑战不可能？

◆ 录制时间：2019 年 6 月 15 日

◆ 编　　导：卢璐

中国共产党从成立之日起，就把消除贫困、实现共同富裕写在自己的旗帜上，社会主义的建设史都贯穿了这条主线。习近平总书记多次讲，小康不小康，关键看老乡，打赢脱贫攻坚战是全面建成小康的底线目标和标志性指标，是最大的一个"短板"。

到 2014 年年底，当时全国剩下的贫困人口还有 7017 万人，按照当时的时间算，六年要减 7017 万贫困人口，就意味着我们每年要减少 1170 万贫困人口，按照传统的思维，我们到 2020 年完不成任务。这就是说从任务的艰巨性讲要求我们要打攻坚战。这个仗怎么打？采取什么策略？

一、六个精准、五个一批、解决四个问题

党的十八届五中全会提出了"两个确保"，即确保现行标准下的农村贫困人口全部脱贫，确保贫困县全部"摘帽"，那么这个现行标准是什么标准，是 2010 年不变价，年农民人均纯收入 2300 元。提出了"两不愁三保障"，两个不愁就是不愁吃、不愁穿，三保障就是义务教育有保障、基本医疗有保障、住房安全有保障，达到这个标准就算脱贫了。

这样的标准属于什么样水平的标准呢？在国际上，就绝对贫困这个标准来说，我们算是比较高的。根据国际《2030 年可持续发展议程》，到 2030 年全球消除绝对贫困问题，我国 2020 年就消除了，意味着我国继续走在全球的前面，走在全球发展中国家减贫的前列，所以说这个目标是一个非常宏大的目标也是非常令人鼓舞的目标。

目标确定了，这个仗怎么打？采取什么策略？中央提出精准脱贫方略。主要内容体现在"六五四"，即六个精准、五个一批、解决四个问题。

"六个精准"就是扶持对象精准，2014 年年底我国贫困发生率为 10.2%，就是说一百个人里就有十个是穷人，"大水漫灌"式扶贫，资源是不够的，而且对真正的穷人的扶持力度不够，所以必须要对象精准，也就是说要精确到底谁是穷人，穷在哪儿。对象精准之后，然后要项目安排精准，贫困是因为什么？收入的问题、健康的问题，还是住房的问题？安排完了以后，就要有资金，这个资金使用就要精准。第四个精准叫措施到户精准。第

五个精准叫因村派人精准。最终落脚点叫脱贫成效精准。

接下来通过什么路径来实行这个精准？就是涉及"五个一批"，即发展产业脱贫一批、易地搬迁脱贫一批、生态补偿脱贫一批、发展教育脱贫一批、保障兜底一批。

在这个"五个一批"里面，脱贫攻坚的先手棋是易地扶贫搬迁，这个就是解决"一方水土养不活一方人"的问题，计划是搬迁1000万人，2019年年底，全部搬迁完毕，这是一个非常了不起的工程。一座座新村拔地而起，基础设施、公共服务健全，老百姓的幸福感、获得感都写在了脸上。通过易地搬迁，家门口就能看病，孩子家门口就能读书，还建了很多的扶贫车间，家门口就能就业，所以很多人说易地搬迁工程是一个造福的工程。世界上很多国家人口都不到1000万人，等于说我们在攻坚战期间，完成了相当于一个欧洲国家规模的贫困人口脱贫。这个也就只有中国共产党能做到，我们能够集中精力办大事，办最弱势群体的事。

此外，我们建设了一批扶贫车间，引进了一些劳动密集型的工厂，在这里面设加工点，特别是缝纫、箱包加工点，老百姓尤其是妇女在家门口就能就业，既照顾了孩子、老人，还挣了钱。老年人在家很孤独，连个说话的人也没有，一到工厂，既聊天了又赚了钱了，赚了钱回家路上给小孙子买点糖，回去孙子高兴了，老人就更高兴了。我们还对一些半劳动力、弱劳动能力的老同志，设立了公益岗位，有的打扫卫生，有的治安巡逻，都是力所能及的活，他们通过劳动创造增加了收入。对于实在没有劳动能力的重度残疾人、重度病人，可以集中供养。

那么解决四个问题，扶持谁、谁来扶、怎么扶、如何退？扶持谁，就是通过建档立卡，把整个的农村贫困人口找出来。我们花了很大功夫进行了建档立卡，把全国的穷人找出来。

找出来以后，谁来扶？即中央统筹、省负总责、市县抓落实，工作在乡村，然后五级书记一起抓，就这样一个管理体制。力度之大、规模之广前所未有。有的同志为了当驻村工作队员，女同志生下孩子一个月，就给孩子断奶放在家里，自己却义无反顾地到村里面去扶贫。这种精神我们要传承、要弘扬。

甘肃省陇南市，是全国电商扶贫首个试点市。通过电商创业、电商就业带动，全市共发展网店超 1 万家，带动 15 万贫困人口增收。

山东省菏泽市鄄城县，将手工业加工"小窝棚"进行改造提升，建成"扶贫车间"，吸引企业入驻，安置带动 20 多万群众在家门口就业，使 5 万多群众脱贫。

曲水县达嘎乡三有村，是西藏首个易地扶贫搬迁安置点，按照"有房子、有产业、有健康"的三有要求，统一规划，配套基础设施、公共服务设施，同步建设了奶牛和藏鸡养殖、药材种植等产业，为其他地区提供了有益的借鉴。

各地、各部门按照精准脱贫的要求，在实践中创造出了很多好的经验和做法。除此之外，脱贫攻坚还取得了哪些骄人的战绩？

二、前所未有和世界少有，创造人类奇迹

农村的基础设施、公共服务发生了翻天覆地的变化。据统计，目前在贫困地区，每一百户贫困户就有 230 多部手机，每一百户贫困户都有 80 多户有冰箱、有电视，90% 多的自然村都通宽带了，村村都有卫生室，看病也方便，学生义务教育全免费，还有营养餐。脱贫攻坚取得的成绩举世瞩目，是人类奇迹，所以可以概括为"两个前所未有、一个世界少有"。第一个前所未有，就是说连续六年减贫 1000 万人以上前所未有。第二个前所未有，就是说当贫困发生率下降到 3%，贫困人口下降到 3000 万人左右的时候，按照过去的话，扶贫了成效也不大，但是 2017 年年底我国贫困人口下降到 3046 万人，2018 年又下降到 1660 万人，贫困发生率下降到 1.7%，2019 年贫困发生率降至 0.6%，2020 年我国取得了脱贫攻坚的全面胜利。世界少有主要是指什么呢？就是经济建设长期高速稳定发展与大规模减贫同步，这就避免了掉入"中等收入陷阱"，我国对世界减贫的贡献走在发展中国家的前列。

第一，广大贫困群众还是勤劳的，有的早晨四点多上山放牛、放羊。

第二，在脱贫攻坚过程中，我们采取了很多措施解决了政策养懒汉的问

题。首先，我们将原来送钱送物，改成事后奖补，比如羊养好了我给你奖补。其次，你参与脱贫攻坚，我给你积分，平时可以兑换肥皂、牙刷、牙膏等。最后，设置红榜、黑榜，如果你、积极主动参与脱贫攻坚，发展好了就能上红榜；相反，你懒惰、不思进取，就会上黑榜，农村是一个人情社会，大家都讲面子，一直在黑榜上，那就坐不住了。再比如产业奖补，以奖代补，包括光伏收益，原来很多都是直接发给贫困人口了，按人口一除，一个人多少钱，而现在我们改变这种方式，光伏收益归村集体，设立公益岗位，如果要做公益事业或者谁家有什么特殊情况，就通过奖补这些形式，让大家都动起来、干起来。

第三，通过宣传一些典型，加大宣传力度，让全社会形成一个勤劳致富、脱贫光荣的浓厚氛围。

三、七项措施确保如期啃下硬骨头

要打赢攻坚战主要是啃"硬骨头"中的"硬骨头"，以下是打赢这场攻坚战的七项措施。

第一，强化责任的落实，进一步地压实各级党委政府，中央机关各部门和地方的这个主体责任，尤其是地方，省、市、县、乡、村五级书记，五级党委政府责任要夯实，能干的继续保持稳定，不能胜任的抓紧调换。

第二，攻克难中之难，2019 年三区三州有 172 万贫困人口，有 98 个贫困县贫困发生率超过 10%，贫困程度很深，剩下的这个贫困的群体，主要是贫困老年人、重度残疾人、重病人这三类群体，占了 50% 以上，难度也很大。要集中火力，加大力度，加快进度来推进这个攻坚战。

第三，着力解决"三保障"问题。全国大概还有 60 万义务教育的学生辍学，住危房的大概是 80 万人，存在饮水安全问题的有 100 来万人。2019 年要研究"三保障"中这些突出的问题，落细攻击点位，到村到户，逐一排查，水没解决就解决水的问题，住房有问题就解决住房问题。

第四，抓好问题整改，确保剩余的贫困人口都解决。

第五，巩固脱贫成果，提高脱贫质量。2019—2020 年，一手要抓已脱贫人口的巩固，防止返贫，一手要紧紧盯住剩下的贫困人口，确保如期脱贫。

第六，继续压实贫困县的责任，我们必须要按照总书记的四个不摘的要求，保持贫困县党政正职的稳定，加大工作力度，以解决所有的问题。

第七，切实转变作风。扶贫攻坚期，作风有较大转变，总体非常不错，但是还有极其少数作风漂浮，甚至弄虚作假，搞形式主义、官僚主义、数字脱贫、虚假脱贫。形式主义害死人，是与脱贫攻坚格格不入的。我们是每年通过考核，通过督察巡查，记者暗访，不断地打击、纠正这些形式主义的东西，使我们的脱贫的工作务实、脱贫过程扎实、脱贫结果真实。

我们作为这一代人，是挺幸福的，我们赶上了这个时代，看到中国消除了绝对贫困这个千百年的问题，创造了人类减贫奇迹。我们设立了全国扶贫日，建立了社会扶贫网，把爱心人士和贫困群众的需求进行有效对接。作为机关的干部，可以参与定点扶贫；作为地方的干部，可以承担帮扶任务；作为社会组织、公民个人，我们都可以投身到脱贫攻坚；即使作为一个市民，也可以购买贫困地区的比较优质的农副产品。我们现在已经搭建了人人皆愿为、人人皆可为、人人皆能为的扶贫平台，只要你愿意，总有一款适合你。

谁来照护农村老人的晚年生活？

· 朱 玲 ·

▼

自 20 世纪 80 年代起，朱玲就不断深入乡村一线，几十年如一日对农村贫困群体、农民工、妇女和少数民族的生存和发展状况进行追踪调查，掌握了大量的一手资料，在农村社会经济制度转型、农村减贫路径探索、卫生经济学等领域的研究成果，在国内外学术界影响广泛。朱玲还为政府决策部门提供了许多有针对性的专业建议。她视经济学为生命，既视野高远，又脚踏实地为公众服务，是我国资深的发展经济学研究专家，中国社会科学院学部委员，曾荣获中国社会科学院优秀科研成果奖、孙冶方经济科学奖和张培刚发展经济学研究优秀成果奖等诸多荣誉。

　　当一个国家65岁及以上人口占总人口的比例达到14%的时候，在国际上就被认为是老龄社会了。随着生育率逐年下降，人均预期寿命不断延长，老龄化成为世界越来越多的国家必须面对的现实问题。在中国，由于受人口流动等因素的影响，最先受到人口老龄化大潮冲击的是农村。65岁以上农村老龄人口，在2017年就已经达到了15%，超越了国际公认的老龄社会的界限。农村老年人普遍面临经济来源单一的问题，农活以纯体力劳动为主，有的还要承担隔代照料孙子女的责任，高强度的身体负担使他们中的许多人的健康状况令人担忧，而且随着年龄的增长，各种健康风险也大大增加，一旦失去劳动能力，他们的生活就会面临窘迫的压力，甚至出现因病致贫或因病返贫。农村老年人的生存现状，让农村老人的养老照护问题，成为一个需要重视的严峻问题。当前，农村养老照护存在哪些困难？如何解决？各地和国外有没有可以借鉴的经验？家庭、社区、养老机构、政府应当在养老照护中发挥怎样的作用？

扫描二维码即可观看完整视频

谁来照护农村老人的晚年生活？

◆ 录制时间：2020年1月13日

◆ 编　　导：卢璐

讲到养老，我们看到的更多的是城市的养老困境，农村实际上更困难。2004 年我们到甘肃南部藏族自治州去调查，当时恰好到了一个社会的转型时期，大家庭解体了，弟兄几个要分家，有男性的老人和女性的老人需要赡养，年轻的家庭，抢着要的都是女性的老人。为什么男性的老人不受欢迎呢？回答是女性的老人，可以做饭，可以看孩子，有时候还能下地。男性的老人，看孩子差点儿，做饭不会，下地也比较少，还要抽烟和喝酒。

那农村人口的老龄化进程，在 2017 年已经达到了 15%。也就是说，65 岁及以上的老龄人口在农村已经超越老龄社会的那条界限了。农村为什么会率先进入老龄社会呢？我们知道，农村的青壮劳动力流向了城市，那剩下都是些什么人呢？有留守老人、留守儿童、有留守妇女。但是在最近的五六年间，年青一代的农村迁移工人是带着整个小家庭迁移了，因此我们下乡调查所遇到的整村都是老人，也看不到什么儿童了。所以农村的老龄化这件事情是应该引起整个社会的关注的。

那么我们知道了农村老龄化的特点，我们看一看农村老年照护的难点在哪里？

一、农村养老照护难在哪？

1. 人工照护成本上涨快

照护成本主要是人工照护成本上涨非常之快。农村的青壮劳动力已经转移到城市，那以往的家庭照护的模式就很脆弱了。2018 年 12 月，我在湖北一个农村调查的时候，突然就出现了一位中年妇女，大喊一声：你是北京来的吧？赶快给政府说说，这老人没人管，我都不能出去打工了。我说那你管的是谁呢？她说我管的是我父亲。我说他为什么要你管呢？她说他得了老年痴呆。我说要是您也不想管你父亲，全靠政府管那怎么行呢？她说我如果不打工不挣钱，我们家给孩子上学的钱就不够啊。

用经济学的概念来理解，她谈的是机会成本，就是我干 A 事情的时候，我不能干 B 事情，那 B 事情上的收益呢，就是干 A 事情的一个成本。机会成本越来越高了，在最开始的时候，大概是 2016 年我看到的农村，打零工的价格是一天50元钱到60元钱，但是到2019年年底我们去福建永春调查的时候，已经是一天120元了。那么打零工还不像照护者劳动的时间那么长，照护者劳动强度大、风险还高，同时收入和社会地位又是偏低的，因此很多人是不愿意做护理员的。

2. 农村基础设施和社会服务薄弱

在基础设施和社会服务方面，农村还是比不上城市。同样质量的服务，如果覆盖城市的居住小区，可能半个小时、一个小时就做到了，但是在农村，大家居住分散，而且道路也不顺畅，那成本会高。

3. 农村养老照护资金不足

更重要一点，就是照护的筹资是不足的。到现在为止，政府兜底的是谁呢？是"五保户"和低保老人。可是又有很多的老人，他既不够"五保"的标准，也不是低保老人，但是他的收入低，这一部分人就很困难，资产和养老金都很微薄。

我们看一看农村老人有多少收入？60岁及以上的农村老人是有一些非农收入的，因为这个数据本身并没有把农民家庭的经营收入拆算到每一个人身上，但是单个人的数据显示，身体越差的人，年收入越低，2017年年收入在6000元钱以下，甚至2000元以下的，都是失去劳动力和身体状况差的，而年收入在18000元以上的人，健康状况则很好。年收入仅有6000元的话，那他这一个月的收入根本不可能去支付照护所需要的费用。

2017年我们到广东中山市的村庄访问的时候，有人告诉我，如果是全失能的老人需要居家照护，每个月需支付6000元。在湖北大别山区，2020年每个月需支付2500元，还可以找到居家的家政服务员，这个地区之间差距是很大的。那么2018年全国农村居民人均可支配收入是多少呢？平均到每个月是1200多元。那么农村老人他们的非缴费型的养老金领取标准是多少呢？2019年不低于每人每月80元，但是各个地方是不一样的。在福建省永春县，他们每人每月123元，到了常州武进地区，他们同样的非缴费型养老金是270元。所以说，中低收入家庭照护失能老人的财务负担是最重的。

4. 乡镇养老院面临诸多困难

以前住在养老院被叫作敬老院，现在叫幸福院，不管叫什么，实际上这里住的主要就是一些生活不能自理的人。住在这里的老人，80—90 岁这个年龄段是最多的，80 岁以上的占了将近 74%，平均年龄也在 84 岁左右。

那么乡镇养老院的护理队伍的特征是什么？一个特点就是受教育程度比较低，专业照护的培训每年会有但是时间比较短，中青年比较少，女性比较多，而且绝大多数都是农村迁移劳动者。我还访问了北京的养老院，91% 以上的养老院的护理队伍，都来自边远的农村。他们心力付出高，工资并不是很高，劳动时间还很长，风险也很大，流动性非常高。

那我们现在看到的是什么呢？是低龄老年护理员来照顾这个高龄的入住的老人。护理员里面 50—70 岁年龄组的要占 68%。即使是在北京一线护理员里面 40 岁以下的人也是没有的，这是护理行业现在的一个特点。

护理员里边主要是女性为主，女性占了 88%。这里面有一个困难就是，有很多男性的老年人，女性护理员其实有很多不方便，但是男性护理员又招不来那么多。

5. 农村养老需求日益丰富

人口的老龄化会怎样影响照护的供求？它会日益增加老年人的生活用品和服务需求。随着年龄的增长，会需要老花镜、助听器、轮椅等各种各样的生活辅助工具。

同时随着老年人的增多，他对个人、家庭、政府和社会的财务需求也就增大了。为了增加老年人的收入，很多国家都在延长退休年龄。

二、如何缓解农村养老照护困境？

1. 老年照护不能只聚焦衣食住行

以前只要谈到老年照护，大家首先要想到的是，这些老年人怎么吃上饭？他们怎么样穿上衣？他们要是出门办点什么事，怎么办？衣食住行都是与日常的活动紧密相关。但是现代的照护，它要考虑的是怎样能够帮助不同老龄阶段，有不同照护需求的老人能够更加独立自主地生活，能够有个人的充实和人类的尊严，同时还能够按照自己的偏好，去过一种积极的生活，这就是世界卫生组织 2000 年的时候提出的一个理念。

我在许多国家做调研的时候，也注意到，他们已经从日常生活照料，扩展到去关心和帮助老人参加社会活动、参加政治活动。我有一个老朋友，他102 岁去世，在他去世之前，一直参加德国的政党活动，投票的时候他可以提前申请，这样的话选举的组织机构就会带着票箱到他家去，让他投票。所以老人不意味着是等在家里或者住在养老院，等着最后生命结束的那一天，在此之前，他可以积极地参加各方面的活动。

2015 年，联合国把保证老年人的社会参与和可持续发展议程连接起来了，主要认为，保证老年人的参与会减少贫穷。其实在中国，前两年当农村贫困人口剩下 3000 万的时候，其中 1/2 以上的人是老年人，所以是帮助老年人也是帮助他们脱离贫穷的一个重要的手段。

2. 钱从哪里来

老年照护一个很重要的事情就是筹资，首先是谁来照护，再一个谁来付钱。

在先进的工业国家，总会是个人、家庭、企业、政府和社会都来负责任。说到企业，就是说只要你是雇员，在有长期照护保险的国家，比如德国，那就是说你个人要支付一部分，企业也要支付一部分。德国的长期照护保险，1995 年就建立起来了。开始的时候，它是只占工资的 1%，到了2019 年 12 月，这个费率已经占工资的 2.8%。就是除了交保险的人以外，总有一些人他是交不起保险的，这个时候还会有社会福利来弥补个人、家庭和企业留下的那一处资金的空白。那么付费的时候，也是有一些服务项目是需要个人全部付费的，有一些是要共付的，就是保险付一部分，自己付一部分，还有的是免费的，各种各样的情况都有，视各个国家和各个地区的不同情况。

但无论如何，每一个国家都会划一个基本线，不会说全由社会或全由政府来包干或者兜底，因为公共资源它是非常有限的，在有限的资源中间，首先应该帮助谁？在长期照护这一方面，它肯定是先要来帮助那些最需要照护，而且收入又比较低的人群。

这个时候我们就会看到，美国只对这个没有收入来源的人，给予照护免费，超出了这个无收入来源者的范围，就得自己付。

在澳大利亚，我恰好访问了一对70多岁的老人，他们的资产超过了80万澳元，因为他们有两套房子，当你的资产超过了这个界限之后，那你所有的照护服务，就不可以申请国家的帮助，就是你自己得付费，也就是说社会要帮助最需要的人。

在德国，刚好我去访问我导师的时候，他享受着医疗保险和长期照护保险，还有他自己自付的那一部分。他有腿部血液流通不畅的问题，每隔一天会有一个护士来给他检查，这个费用谁付呢？这个费用，就是医疗保险支付一部分。同时他们家又雇用了保姆，也就是我们说的长期住家的护理员，这个护理员有一部分费用，是可以由长期照护保险付的，有一部分必须他自己付。我当时就问，哪一些是你必须付的呢？就是说每一个需要照护的人，都会有第三方来对你的身体状况进行一个评估、分等，你是什么样的等级，会匹配相应的服务，不管你是在家还是在养老院，只能够得到按你的等级给予的服务。如果你想享受比这更优惠的服务，那你自己付钱。我又问道，那如果有人想去养老院怎么办呢？在德国，你所有的资产，都会由第三方来评估，全部都要折算入你自己应该付的那部分费用，而且因为有养老保险，有养老金，养老金也要支付进去，所有你能够支付的都已经填进去之后，还留下缺口的话，那政府才来给予填补。所谓国家兜底，不是兜你所有的人，而是兜最需要的人，你的能力已经用尽了还有缺口，这才会兜底。

3. 老年组织和邻里守望

老人要通过自己的组织来参与公共决策。我在澳大利亚访问的时候，就访问了好几个老年组织，他们大到什么程度呢？就是他们可以收集全国老年人的各种信息，每年发布澳大利亚老龄报告。恰好2018年，我在澳大利亚墨尔本大学教书，看电视的时候，连续两集播放有一个养老院虐待老人，一下子全国哗然，凡是犯罪犯规的，都受到了相应的惩罚，但是社会并没有到此为止，而是要求联邦政府发起整个老年照护质量和安全的调查。

我们在福建看到了老年协会的活动，老年协会是在政府支持下的一种协会。因为我仔细地访问了这个永春县苏坑镇嵩溪村的老年协会主席，这老年协会会组织很多活动。我印象最深刻的是两件事，一件事是每年重阳节，老年协会要组织慰问90岁以上的村里的老年人。另一件事是村里哪一位老人离世，老年协会会送一个花圈，表达他们的人文关怀。

还有一个村叫吴岭村，它在永春县的湖洋镇，这里也组织老年免费午餐，而组织午餐的这个地方，起了一个非常文雅的名字，叫邻里守望堂。为什么叫这个名字呢？其实很多地方就叫老年活动站。是因为它真的有邻里守望这个功能，在村子里除了他们的支部书记，我就没看到年轻人，全是老人，他们到这儿来吃饭，突然发现有个"五保户"老人没来吃，马上就有人报告村委会，村委会再联系他的亲属，联系之后找到他，一问怎么回事，他出去看病了。

老年协会和邻里守望，是乡村基层社会治理出现的一个有生命力的组织。

4.长期照护保险试点

长期照护保险试点，在中国已经有多年，常州武进区是试点之一。

常州武进区这个试点有几个特点，在中国是可以值得很多城市学习的。第一，它是城乡一体化的，它没有说城市是一个长期照护保险，乡村又是另一个长期照护保险。为什么呢？恰好这个地方就是工业化、城市化最快的地方，它体现了一种发展方向。第二，它包容了迁移人口，2009年我们做农民工养老保险调查的时候发现，农民工养老保险在很多城市原来就有了，但是他们被孤立于或者是被排斥于城市已有的那些职工之外，它是包容了迁移人口的。第三点很重要，它是上门采集信息，因为最需要长期照护保险的人，他一定是失能半失能的，如果你要让他们到办公室去，来衡量评估他们，那不是为难人吗？而这个常州武进区，他们是一个一个的小分队去上门评估，而且这个评估是学习了上海的经验，要采集的信息在200项左右，同时使用了上海的服务器，就是把信息输到上海，更重要的是它采取了一种双盲的系统，就是说被评估的人在一个数据库，评估的专家在一个数据库，都是双盲抽取来评估，来保证这个系统的公正性。

5.盘活资产增加老人收入

留在农村的老年人，他们有宅基地，有空房子，还有农田。从2018年到现在几次调查，中国乡村建设研究院的一个制度创新，就叫作乡村社区内置金融和土地合作社。他们怎么组织呢？村里那些相对成功的企业家捐一些款，捐了钱以后作为一个基金，有了这个基金，他们来收储土地，把村里这些闲置的土地收起来，把村里一些闲置的房屋收起来，收起来之后他们就组织人员，出租土地，租给那些职业农民，租给那些下乡的农业企业家；闲置房屋改造之后，租给那些到村里享受乡村田园景观的城里人，这些租金收入再分给老年人，这就是给老年人创造资产和收入。

吴岭村也组织了一个慈孝基金会。我说的这两项创新，他们这些人互相不认识、互相不知道，却做了相同的事情。这说明中国乡村基层的金融创新，是有一种制度必然性的。

最后再提几点，失能才造成了对照护的刚性需求，能不能预防和减轻失能，能不能把失能半失能推迟到更晚一些时候，可以与乡村振兴战略对接，来对老人的住房进行适老化改造，让他们少上下楼梯，在他们屋里头设置无障碍的设施，这是可能的。同时与健康中国的项目来对接，来强化老年的健康教育和功能训练，这些是做得到的。从逻辑上来讲，也就是说，需要发展不同等级的老年照护专业教育。最后一点就是要提高照护行业的社会经济地位，其中一点很重要，就是这个行业要有技术等级、岗位津贴的制度。我在文献上看到，我国早就推出了老年照护标准，但是还没有真正落实到乡村一级、落实到这些市场上，对居家老人提供服务的人员身上，而一些企业已经在这方面作出了努力。希望能够把这个努力延伸到全社会去，让全社会都来关心老年照护问题，支持这个事业的发展。

乡村振兴，我们目前最缺的是什么？

· 柯炳生 ·

中国农业大学原校长，中国农村专业技术协会理事长，曾长期担任农业农村部农村经济研究中心原主任。他长期致力于农业经济与政策研究。荣获农业部软科学成果一等奖、中国农村发展研究奖一等奖，多项研究成果被国家决策部门重视或采纳。

📚 导　语

作为经济、社会的"压舱石"，坚持农业农村优先发展，做好"三农"工作依然是全党工作的重中之重。全国已经涌现出一大批乡村振兴的优秀典型，如江苏省华西村、浙江省花园村、鲁家村、山东省耿店村、四川省战旗村、吉林省红嘴村等，相似的区位条件、资源禀赋和发展水平，为什么他们能在周边的村庄中脱颖而出？有些村庄原来甚至是贫穷落后的代名词，他们又为什么能后来居上？如今，政策支持、目标明确，更多的乡村如何才能找到属于自己的振兴路径？要想实现乡村振兴的目标，什么才是根本？

扫描二维码即可
观看完整视频

◆ 录制时间：2019 年 1 月 25 日

◆ 编　　导：郝　颖

乡村振兴，我们目
前最缺的是什么？

乡村振兴的主要任务是什么？大家都知道是五句话、二十个字：产业兴旺、生态宜居、乡风文明、治理有效、生活富裕。应当说这五个方面都很重要，而产业兴旺占据了尤为重要的地位，它要解决的是全局性的问题，因为产业兴旺实际上就是农业现代化，最重要的是解决什么问题呢？是我们的吃饭问题，是我们国家的粮食安全问题。

一、我们的"吃饭问题"如今面临怎样的挑战？

吃饭问题很重要，但是吃饭问题也不简单，至少分五个层次：吃得饱，吃得好，吃得安全，吃得健康，吃得愉悦。要满足 14 亿人口在五个方面的吃饭需求，是一个很重要的任务，也是一个很艰巨的挑战。吃得饱是由数量问题决定的，如今不会挨饿了，我们口粮的供应是完全得到保障的。改革开放 40 多年以来，我国农业取得了举世瞩目的巨大成就，我国的粮食产量翻了一番还多，原来是一年 3 亿吨，现在超过了一年 6.5 亿吨，人均的粮食产量，40 年前一年 320 千克，现在是一年 480 千克，增长了 50%。尽管我们取得了这样大的成就，但是仅仅在解决数量，吃得饱方面，也仍然面临着非常突出的，甚至可以说是严峻的挑战。我们现在仍然是世界上最大的农产品进口国，自 2004 年以来，我们的农产品进口就超过了出口，成为净进口国，并且净进口额度不断地扩大，2019 年已经达 500 亿美元，2018 年前十一个月的数据，我国的农产品贸易赤字达 540 亿美元，达到历史最高水平。几乎所有的主要农产品，我们都是净进口，粮食包括大米、小麦、玉米、高粱、大麦、大豆、棉花是净进口，食用油是净进口，糖是净进口，我们的肉类包括猪肉、牛肉、羊肉全是净进口，而净出口主要是蔬菜，蔬菜是劳动密集型，我们主要出口日本、韩国等国家，还有就是水产品，大宗农产品除了蔬菜和水产品之外，我们全部是净进口，净进口的数额在全球领先。

为什么会这样？主要有两大原因。第一个原因就是我们的土地太少，进口最多的农产品就是大豆，2017 年进口了 9553 万吨，2018 年因为中美贸易战的关系，我们少了一点，前十一个月也是 8200 多万吨，进口的大豆主要干两件事，一个是榨油，还有另外一大部分，80% 以上是蛋白饲料，用来养猪、养鸡等，所以大豆的进口，油的部分还可以有一些替代品，但是蛋白饲料是很难替代的，我国现在每年种植大豆每亩产量只有 120 千克，我们需要多少土地呢？把整个东北的土地、整个华北的土地全部拿出来之后，都用来生产大豆，还达不到进口的数量，我们现在由于土地缺少、单产比较低，包括大豆、棉花等土地密集型的产品主要依靠进口，其实进口也是一件好事，因为我们资源不足的话，进口就是节省我们的土地，进口大豆、棉花等就相当于我们进口土地，进口水资源，这对于我们的生态环境等，还是有很大好处的。那么另外一个主要的原因是什么？就是我们的价格贵，为什么价格贵？跟两件事有关，一个是我们的土地租金贵，因为土地少。还有一个更重要的原因是劳动力的成本越来越高，2004—2013 年我们农民工的工资每年增长的速度都是两位数，超过 10%，2013 年以来，速度降下来了，但是绝对额增长很快，平均每年增加的数都在 2500 元以上，农村的劳动力成本水平不断地提高。

二、解决好"吃饭问题"要靠哪"五种业态"？

未来对农产品的需要包括粮棉等将不断地增加，如何用越来越少的土地、越来越少的水资源，越来越少并且越来越贵的劳动力，生产出更多、更好、更安全的农产品？这是一个挑战，一个天平的两端，一边要求越来越高，另一边越来越少，怎么让这个天平平衡，需要我们创新，包括制度创新、技术创新、组织创新、业态创新，我们要实现乡村振兴，要实现产业振兴，农业现代化是唯一的出路。

我们未来的现代农业会是什么样子？应当有五种形态，或者五种业态。

第一种是规模化的大田种植业。黑龙江建三江是世界上最大的一块水稻田，洒农药都用飞机去洒，非常之壮观，在美国能够找得到的大型拖拉机，你在建三江都可以找得到，平原地区将来会是这样的，因为只有这样，才能实现机械化，只有机械化才能够节省劳动力的成本，这个过程会很快。

第二种是现代化的温室，简单一点的塑料大棚，其大多分布在大城市的郊区，人口的密集区等，主要是种蔬菜、少量的水果、个别的花卉，这对技术的要求很高，它是一个综合性的技术，从这个品种、设施、土肥、植保，及一整套的温控，还有光照等，这是高附加值的。生产效率比较高，一亩地能挣一万元、两万元、十几万元都有。

第三种是现代化的、集约化的饲养场。管品种的管品种，管饲养的管饲养，管设施的管设施，管计算机那套的，整合到一块儿。两千只以上的蛋鸡场，在全国占的份额为80%，每年出栏一万只肉鸡以上这样的饲养场，它占的比重也是80%以上。

第四种是特色种植业，其实还包括特色的养殖业。在广大的丘陵和山区，因为劳动力成本越来越高，山区又没法机械化，一亩地下来，一年挣300元，如果外出打工可能一天就赚回来了，这些地方种什么呢？种一些特殊的，像茶叶、果树、葡萄等，在广西的一个贫困地区，6000亩火龙果，高度工业化，投资一亩地要3万元，每年的运行成本也是万八千块钱，但是它可以销售两万块钱以上，所以每年一亩地的利润可以达到1万元以上。

第五种就是休闲观光农业。这两年乡村的休闲度假旅游农业获得了更高度的重视。

三、未来打造"五种业态"我们最缺的是什么？

要实现我们农业产业的振兴，最缺的是人才。

习近平总书记讲发展是第一要务，人才是第一资源，创新是第一动力。要发展一定要有人才、有创新，创新从哪儿来？其实还是从人才来的，有了人才能创新，所以人才是最根本的。浙江省安吉县鲁家村2011年时是一个很贫穷的村，如今发展了现代农业，土地都进行了转移，8000多亩土地，有18个农场，村集体资产在七年时间增长了700多倍，农民人均收入增长了1.7倍，成为乡村振兴的样板、美丽乡村建设的样板，为什么它能发生这么大的巨变？7年时间有很多因素的共同作用，产权的改革、规划、组织的创新、招商引资等，所有的事情都可以归结到一个人身上，就是书记朱仁斌，他是河南大学体育系的毕业生，毕业后到安吉县体委工作，做过散打教练，卖过体育器材，搞过建材及建筑的装修等，他的老家就是鲁家村。2011

年，村党委换届，他成为村党委书记，他动员村里"走出去"的企业家，捐献了三四百万元，他自己先垫付了五六十万元，再利用国家各种政策，凑够了1700多万元，垃圾治理一下，街道改造等，把钱花完了，他说还要发展产业，没有名人故居，没有风景名胜，没有一个特色产业，怎么发展啊？他请的规划部门，规划了18个各具特色的农场，然后规划了一个小火车的路线等，他按照蓝图一步一步地实施。

朱仁斌整合各方面的力量，第一个是社会力量，包括招商引资，以及乡贤们，第二个是国家有各种政策，第三个就是将本村的村民积极性调动起来。所以说人才很重要，否则，政策还是那些政策，资源还是那些资源，山还是山，水还是水，而人才起到了一个非常重要的引领或者资源整合的重要作用。

四、实现乡村振兴我们需要哪"三类人才"？

在乡村振兴中人才是最重要的。通过人才来实现乡村振兴，重点是哪些人才，可以归纳为三类主要的人才。第一类带领农民干的人才，就像朱仁斌书记这样，第二类是帮助农民干的人才，第三类是自己独立干的人才。

1. 第一类：带领农民干的人才

企业家是宝贵的人才，要带动农村的产业，需要有企业家型的人才，具有企业家的优秀品质，他们有一种很崇高的荣誉感，然后还有精神上、内心上的满足感，他们的作用是什么？我要说这三句话，第一个就是能发现商机，他能够看到普通村民看不到的，或者同样的山、同样的水，别人看到的是山和水，他看到的是资源，别人看到的是绿水青山，他看到的是金山银山；同样的土地和水，他能够发现新的用途，或者种植新的作物，或者是搞乡村旅游。第二个是组织创新，把大家积极性调动起来，通过一定的方式，村集体加农户、合作社加农户、产权入股等各种方式，把老百姓的积极性都调动起来，参与到里面。第三个就是配置资源，包括土地、水、资金、人才等。

企业家的载体是企业。企业为什么能够带动老百姓致富，一个是扩大生产规模，像东北建三江这样的，采用先进技术，提高生产效率，然后提高投入产出比。大规模之后，才能够投资引用先进技术，也能够使用机械化手段进行栽培、收割、储藏、运输等。湖南益阳的稻田合作社，牵头的是两个企业，最后它们通过建立合作社的办法，提供全程服务，其实是生产的全过程代替农民育秧、耕地、机插、水肥管理、病虫草害防治、用无人机的办法机械化收割、烘干、储存乃至于销售，合作社上万亩的土地，种一种或者是几种选定的稻种，然后利用现代技术，降低成本，增加收入，在产量保底基础上，多的部分跟合作社分成，价格保底，确保农民每亩增收 200—300 元。合作社在生产环节不跟农民争利，但是合作社是企业牵头的，怎么赚钱？其实是在产后的增值部分，另外就是综合利用。所以这就取得了"1 + 1 > 2"的效果，在整个过程中，提高了生产效率，提高了市场价值。

2. 第二类：帮助农民干的人才

首先是科技推广人员，农民生产要靠科技，科技推广人员可以帮助农民种得好、养得好，我们国家从事农业科技推广的组织机构很多，第一个是农机推广中心，第二个是涉农企业，企业和农产品销售推广标准技术，卖种子的告诉农民怎么样种，卖化肥的告诉农民怎么施化肥。第三个就是农业高校、科研机构，他们是有科技创新的，是科技创新的源头，产学研的结合，结合着育人、人才的培养，结合着科技创新，还进行社会服务。例如张福锁院士 2008 年创立了一种模式叫科技小院，在全国已经有 100 多个了，跟百十来个合作社和涉农的企业合作，覆盖面很大，对产业扶贫起到了非常重要的推进作用，建科技小院的时候，方式是在村里或农场企业中建立，老师去指导，研究生常年驻守，有的研究生一年几乎全在那儿，跟踪作物生产的全过程，现在大概他们已经跟踪了 45 种作物，做到了发现问题、研究问题、解决问题。科技小院是农业科技推广的一种创新，因为它是提供全过程、全产业链的服务。真正做到培养人才，用科技创新服务农民。河北曲周县，科技小院进驻之后，全县粮食生产发生很大的变化。

帮助农民种得好，除了科技之外还有农机手，最典型的就是我们华北地区的跨区的收割小麦，每年麦收季节，整个华北平原有大概几十万拖拉机，在同时奋斗，从南到北。

另外，还有一个最新的就是无人机飞手，很多地方都是用无人机来喷药，成本很低，作业效率非常快。

还有就是卖得好，农村电商现在发挥了越来越重要的作用，农民种得好，目的是要卖得好。农民辛辛苦苦要靠"卖"这个环节实现价值。在广东英德市，农村电商产业园用了 3 年时间，培养了 2000 多名电商人员，然后帮助农民销售农产品，销售额已经有 3 亿多元了，产品包括英德红茶、笋干、蔬菜干，还有一些水果等，已经在网上进行销售了，对于很多易运输的农产品、高附加值的农产品，将来这方面的需求也越来越大。

3. 第三类：自己独立干的人才

自己独立干，实际上指的是一批特殊的人，就是新型的职业农民，也可以是规模化的家庭农场。爱农业，懂技术，善经营，其实就是一个很小型的企业家，他从种、从技术各方面都是自己操心的，界定不是很严格，现在全国有一千五百万人左右，未来会成为农业生产的主体，我们看发达国家和地区，无论是欧洲还是美国，其农业尤其是种植业的主体，是家庭农场，真正的雇工农场很少，大概不超过 10%，所以我们将来，规模化的家庭农场或者新型职业农民，也会越来越多。

五、如何"三管齐下"实现乡村"人才振兴"？

根据 2016 年农业普查的数据，全国有 3.14 亿农业生产者，他们的文化程度：大专以上的占 1%左右，高中毕业的占 7%，初中占 48%，小学以下的占 44%，这与前文讲的五种形态的现代农业的发展要求很不相称，这是我们的现状，如何振兴人才呢？方式可以分为短期、中期和长期。

1. 短期：培训、选拔和吸引

培训什么呢？主要是一些职业性的培训、农业生产技术的培训，这个对象是现有的农民，还有返乡的农民工，高考落榜的学生等，对这样一些人进行培训，其实最好的办法就是发展职业教育，将来这是重要的一个途径，还有各种各样临时性的培训，针对某项专项技术等，这是属于急就章式的，对象就是现有从事农业的这些人。选拔什么呢？选拔带头人，尤其是选拔村集体的带头人，带领农民致富要有企业家精神，可以到企业家中去选拔。因为现在有一大批农民企业家，从农村"走出去"的企业家，他们是有情怀的，这种人才是很缺乏、很宝贵的。吸引什么呢？吸引社会力量，吸引更多城市的各个方面的人士、有识之士、有志之士，投身到乡村振兴这个大舞台当中。

2. 中期：大专院校培养

农业院校是主体，我们全国现在有四十几所农业的本科院校，大概还有五十几所属于高职的院校，农业大学培养的不是农民，是带领农民干或者是帮助农民干的人才，在农业方面，能够实现个人成就的机会现在其实很大。

3. 长期：加强基础教育

长期的农村基础教育非常重要，从长远看来，农村的基础教育的加强，不仅仅是乡村振兴的需要，也是中华民族振兴的需要，因为农村的孩子将来不一定待在农村，现在九年义务制教育已经普及了，硬件条件也不错了，关键还是怎样提高它的质量，教育关系到一个国家、一个民族发展的根本，这也是一个长期的过程，需要坚持不懈地努力，只有把这个基础教育搞上去之后，其他的职业培训才有基础。

通过短期、中期及长期措施的结合，不断地解决我们农村人才缺乏的问题，除了政府的作用以外，广大社会的有识之士、有志之士，也要继续关注乡村振兴，更加关注乡村振兴。因为如果你能够真正爱农村、爱农业、爱农民、懂农业、懂农村、懂农民的话，你一定会在这里面发现重要的商机，一定会找到一个平台，让你能够更好地发挥才能，在为乡村作贡献的同时、在为国家作贡献的同时，也能够更好地实现你的人生抱负和价值。

如何"接二连三"推进乡村产业振兴?

·宋洪远·

农业农村部农村经济研究中心主任、二级研究员,中国农业大学教授、博士生导师。自 1991 年以来一直从事农村发展研究和政策咨询工作,1997—2017 年中央农村工作会议文件起草组成员。1997 年荣获农业部突出贡献的中青年专家称号,2001 年享受国务院政府特殊津贴。

📚 导　语

当前，我国农业产业发展仍质量不高，农产品虽然品种丰富，但是多而少优；品牌较多，但是杂而少亮；农业体量较大，但是大而少强，在市场竞争中处于弱势。农业高质量发展，乡村产业振兴迫在眉睫，产业兴，则农民富、乡村活。乡村产业发展该如何补短板？怎样才能促进农民收入较快增长，让广大农民更快富裕起来？

扫描二维码即可
观看完整视频

◆ 录制时间：2019 年 1 月 26 日

◆ 编　　导：王秀娟

如何"接二连三"推
进乡村产业振兴？

当前，我国农业发展质量不高。比如我国的稻谷生产，从海南到黑龙江，全国这么宽的地域都可以生产稻谷，但是我们还要进口稻米，我们从日本进口的稻米，比我们国内的价格高几倍。现在我们对农产品品牌搞"三品一标"认证，"三品"就是有机食品、绿色食品、无公害食品，"一标"就是农产品原产地地理标志。从我们的统计来看，可以说主要的、大的农业县多多少少都有这样一个品牌，但响亮的品牌、有影响力的品牌有多少呢？

我们国家，可以说各种农产品都能生产，但是我们还要进口农产品，比如粮、棉、油、糖、肉类和奶类，这几年进口持续增加，贸易逆差不断扩大。这些问题怎么解决呢？

一、如何推动农业农村实现高质量发展？

1.提升质量：立标准＋强监管＋创品牌

抓产业必须抓质量。那么怎么样抓质量？

第一，产品好坏是产出来的，所以我们要抓标准化生产。那么抓标准化生产，得先有标准，这就是要制定修订我们的标准。有了标准却不推广不使用等于没有，所以要推广使用标准。怎么推广呢？可以从新型规模经营主体入手，比如家庭农场、农民合作社，因为它的规模大又集中，要在这些地方推行标准化生产。这一方面德国的做法值得我们借鉴，就是要推行农业良好生产规范，推广生产记录台账制度。

第二，就是要切实加强执法监管。产品质量好坏不仅是产出来的，也是管出来的。为什么这样说呢？我们现在有两亿农户在生产，但是我们的农产品加工是多少呢？40万家食品加工企业在加工农产品。生产出来了，加工出来了，谁卖呢？有多少人卖呢？是三百万家经营主体。两亿农户在生产，四十万家在加工，三百万家在营销，如果不监管，那么就算你生产出来好食品，后边的情况什么样，仍然不知道，所以要加强食品监管。那么加强食品监管，首先要有法律制度，要依法监管，就要有法，要严格执法。有了法，执法不严格，那么他生产出来好的产品也没有奖励，生产出来坏的产品也没有惩罚，而且不痛不痒的惩罚还是不行，所以要严格执法。要健全农产品的质量追溯体系，谁的产品，通过条形码可以追溯到，查着问题，"谁的孩子谁抱走"，这就可以解决了。还要发挥社会舆论的监督作用。很多案例都是媒体报道出来的，舆论监督的作用还是非常大的。

第三，要坚持质量第一，就是要实施品牌兴农战略。

实施品牌兴农战略要抓四个环节。一是品牌创建。"山清水秀地干净，名特优新好产品"，也就是说只有把生产环境、生产条件搞好了，才能生产出来好的产品，所以要净化生产环境和生产条件。二是品牌认证。生产出来好的产品了，不去认证，谁给你背书？认证特别强调的是"两品一标"。三是品牌保护。生产出来了，拿到证了，但是"李逵"没有出来，"李鬼"已经到市场上乱跑了，所以就要市场秩序去打假。品牌保护的第二个方面就是要产地保护。有些产品本来就这一小块地方生产，甚至就这一个小村生产无法满足市场需求的数量，于是扩大生产范围，由一个村变成一个乡，一个乡变成一个县，一个县变成一个省，甚至跑到别的省买东西回来贴牌变成自己的，这样就搞砸了。稀优好才能贵，多了就不会贵了，所以要加强保护。四是要品牌营销。有了品牌，有了认证，也能够持续地做下去，但是不去营销也不行，人家不知道。

2. 增加效益：降成本＋上规模＋多功能

当前我国的农业发展效益不高，主要表现在三个方面：第一个问题，第一产业与第二、第三产业比，比较收益低。从数据来看，2017 年，农业劳动力占整个劳动力的比重是 25%，我们的农业总产值占整个 GDP 的比重不到 8%。这意味着 25% 的劳动力创造了不到 8% 的产值，劳动生产率低。

第二个问题，产业链条短，那么附加值就不高。现在我们农民卖的产品，大多是初字号的、原字号的，我们的农业和加工业的比值，2018 年是2.3：1，与发达国家相比还差很远（发达国家为 3—4：1）。

第三个问题，农业多种功能开发不够，生态的文化价值挖掘不充分。我们的农业不仅仅是生产多少农产品的问题，它还有一个怎样生产的问题，在这样一个生产过程中，它还蕴含着经济的、社会的、文化的、生态的价值，如果我们把这些价值都挖掘出来了，那就完全不一样了。

其实有些事很简单，比方说你不搞加工、只卖粮食，你只是个"大粮仓"。你要搞加工、卖食品，你就是个"大厨房"。"大粮仓"变成了"大厨房"，效益不就上去了吗？这都是我们农业效益不高存在的一些问题。

要解决这些问题，主要有三条途径：第一，为什么效益不高呢？是成本高，所以我们要降低成本。那么降成本，最根本的出路还是要机器换人。注意，这里不是说要用机器把所有的农民全替换掉，而是说在农业的不同领域、不同环节用机器替代人，比如喷洒农药、耕地、播种、收割、脱粒、烘干。还要发展节约农业。农业产量提高了，占地就少了，过去五百斤可能是一亩地产量，现在五百斤可能半亩地就够了，所以要节地。节了地还要节水，还要节能，还要节材，还要节电，发展节约农业。节本降耗就是增加收益。

第二，发展适度规模经营。可以有两种方式：一方面是通过土地流转、互换、租赁、入股的方式发展土地的规模经营；另一方面是通过社会化服务，托管、代耕代种、联耕联种、同防同治，通过服务的规模经营来提高效益。在发展规模经营的时候，我们还不能忘了我们的一个群体——小农户。小农户更需要社会化服务，通过提供服务使其对接市场，来提高效益。

第三，要开发农业的多种功能。提高效益的途径，就是要开发农业的多种功能。过去我们搞农业，只是觉得它是食品保障、原料供给、就业增收，现在农业有生态保护的功能，有休闲观光的功能，还有传承文化的功能。特别是这个传承文化的功能，大家有时候不太好理解、认识不足。我举个例子，我们过去的歌曲大赛有两种唱法：美声唱法和民族唱法，后来我们出来一个原生态，那么这个原生态的文化就是农村来传承。西北地区一个农民往山冈上一站，一嗓子一吼，就是在传承文化。

我们开发农业的多种功能，要注意把握一个什么要点呢？农业既然有多种功能，我们就要把多种功能都开发出来，就需要延长产业链、拓展价值链。那么延长产业链、拓展价值链的效应是什么呢？就是农业这个第一产业连上了第二产业，接上了第三产业，就是"接二连三"。一接二连三，形成了一乘二乘三这样一个效应。一乘二乘三是什么呢？是六次产业。所以日本、韩国等国家提出要发展农业"新六产"。我们开发农业多种功能就是要发挥这个效应，实现这个功能。

3. 绿色发展：投入品减量＋废旧物利用＋资源养护

习近平总书记指出，推进农业绿色发展是我国农业发展观的一场深刻变革。

坚持绿色导向，主要是做这样几件事：一是推进农业投入品减量化使用。现在我们是化肥、农药、农膜、生长剂、抗生素都在使用。其实这些东西从化学投入品来看，一点不用也不现实，也不可能，你不用一点化肥，产量可能就上不去，你不用一滴农药，瓜菜果就都被虫吃了。问题是什么呢？问题是过量使用，超范围使用。

二是推进农业废旧物的资源化利用。比如秸秆，你不用它就是废的，你用了它就是资源。现在我们有的地方还在秸秆焚烧，秸秆焚烧得厉害的时候，飞机都没法降落，所以带来了二次污染。比如说畜禽粪便，那你不去利用它就是废弃物，它还再次污染土壤水体，你要资源化利用，比如说搞沼气，还可以上地，还可以喷施果菜，它就资源化利用了。

三是要加强农业资源的养护。长期过度使用土地，会造成生产能力的下降，因此，要实施耕地休耕轮作制度。还有，水生物的保护问题，都是要加强资源的保护，就是让其能够休养生息。

4. 市场导向：调结构＋进园区＋建体系

现在我国的农业发展存在供给侧结构性矛盾，有的产品不足，有的产品过剩，是资源的错配。这就需要我们推进结构调整，通过调整优化结构来解决结构性过剩、资源错配的问题。从当前来看主要抓三件事：第一，要坚定不移地推进农业结构调整，不要因为一时的供求性质的变化，就放弃了我们的长期方针。种植业结构要调整，畜牧业结构要调整，渔业结构也要调整。第二，要加快推进产业向园区集中。结构的调整有一个布局的调整，这个布局的调整就是要让产业向园区集中，园区实际上是一个大的平台，我们现在有粮食生产功能区、重要农产品生产保护区、特色农产品优势区，我们把它称为"三区"。我们还有"二园"，即现代农业产业园、科技园、创业园。我们要以"三区三园"为平台，推进产业集中优化布局。第三，就是要加强农产品的市场体系建设。市场不仅连着生产者，还连着消费者，光产得好，还不如卖得好。马克思在《资本论》中讲过，从产品到商品，这是一个惊险的跳跃，这个跳跃如果不成功，摔坏的不是商品，是商品的生产者。什么意思呢？比如我是种橘子的，我种了一大片橘子，今年的橘子长得很好，质量也不错，如果卖不出去，也卖不上好价钱，损失的是种橘子的人，所以这个市场非常重要。

二、如何完善"三链"，培育"三新"，促进乡村"三产"融合？

从目前看，我们的农村产业发展不融合，主要表现在这样几个方面：第一，农业有了很大的发展，但是围绕农业的储运业、加工业这样的第二、第三产业发展不足。第二，农业的多种功能开发不够，主要表现在新产业、新业态发育不足。第三，融合发展的平台、机制缺乏，一二三产业融合只是一个表面的融合，没有深度融合。那么，这三个问题实际上是提了三个"三"："三产"，一产、二产、三产；"三新"，新产业、新业态、新模式；"三链"，产业链、价值链、利益链。所以，思路就是以农业为基础，完善"三链"，延长产业链、拓展价值链、完善利益链；以乡村为基础，发展农村"三新"，新产业、新业态、新模式；以园区为平台，打造专业村、综合体、融合示范园。

下文将围绕着"三新"——新产业、新业态、新模式来分析推进农村一二三产业融合的问题。

第一，大力发展乡村休闲旅游产业。

城市交通拥堵，房价高，环境差，都是发愁，要找乡愁就得到农村去。那么这样休闲农业、乡村旅游就有了需求。光有需求还不行，还要有供给。交通四通八达，想出去旅游，天上有飞机，地上有高铁，水里有轮船，都不行就自驾游，公共服务非常便利化。过去你要出去旅游，支付问题就是大事儿，如今互联网支付让我们走到哪儿都可以刷二维码。一头有需求，一头有条件，乡村休闲旅游产业就发展起来了。而发展乡村休闲旅游产业，现在也要注意一些同质化、过度化的问题，如果全国50多万个新农村都发展乡村旅游，哪里有那么多需求啊。具体有这么几件事需要重视研究：第一个就是要丰富和打造乡村旅游的业态和产品，产品要多样性，业态要多样性，满足各层次的需求。要鼓励农村集体经济组织创办旅游合作社，或者是与社会资本创办旅游企业。现在我们好多农家乐有一个很大问题，那就是住进去了，也很舒适，也很不错，开不了发票，又没有营业执照，出了问题你没法投诉。所以这就需要给他们主体地位，给他们法人地位。要改善休闲农业、乡村旅游的基础设施和公共环境。有的地方景点不错，但是整个周围的环境不行。要完善休闲旅游、休闲农业行业标准、食品安全、消防安全、环境保护，还有人身财产安全。

第二，要推进农村电商和农产品电商的发展。

电商是一个大平台，是一个大舞台，跨界也好，融合也好，有电商的参与就出现了新的业态。因此，我们要充分发挥、好好研究。

第三，要加快发展农产品加工业和现代食品加工业。

要通过产业链的延长拓宽价值链，要把"大粮仓"变成"大厨房"。就是要实施主食加工业提升行动，就是推进传统主食工业化、规模化生产，大力发展方便食品、休闲食品、速冻食品、功能食品。

在发展农产品加工业和现代食品产业的同时，还要发展乡村的特色乡土产业，我们有很多食品传统工艺、手工作坊做得更好，比如豆腐，开始有的地方研究工业加工，用机器来做，后来发现这样做不行，机器转得快都要糊了，还是传统工艺好。所以"土字号"的产业要发展，而且这几年有很大的潜力，又富有文化的内涵。

第四，打造平台，培育宜居、宜业特色村镇。

支持各地加强特色村镇的基础设施、公共服务、生态环境等基础设施建设，建设打造一批特色村镇。具体有"二个抓手"：一是打造特色专业村。比如山东有一个村，这个村的村民幸福得很，困了就睡觉，精神了就画画，饿了就吃饭，吃饱了就画画。所以这个村形成了农民画专业村，画卖到全世界，欧洲的政要都买这里的画作为国礼。我们有的村是专门买卖全国的调料，就是各种调料，调料专业村，你到那个村一问，一包都不生产，这是市场。二是要打造田园综合体。要以农民专业合作社为主要载体，让农民充分参与和共享，建设集创意农业、循环农业、农事体验于一体的综合体。三是要支持产业融合示范园的发展。我们要产业融合，可以通过创建示范园进行试点示范来发展。

农村产业振兴动力之源是什么？可以用两句话概括，就是政府与市场形成合力，为产业振兴提供动力。

如何唤醒"沉睡的资源"，缩小城乡差距？

· 郑新立 ·

中共中央政策研究室原副主任、中国国际经济交流中心常务副理事长。他长期从事宏观经济理论和经济政策研究，曾参加中央一系列重要文件的起草工作，在计划和投资体制改革、宏观经济调控、中长期发展政策等领域具有深入研究和独到见解。

📚 **导 语**

党的十八大以来，我国农业农村发展取得了巨大成就，农业现代化稳步推进，粮食等主要农产品供应充足。然而在新的历史条件下，我们依然面临农业生产效率不高、农村环境污染严重、农民增收渠道匮乏等现实难题。截至 2016 年年底，全国仅有 32.3％的村有幼儿园、托儿所，实现生活污水集中处理或部分集中处理的村只有 17.4％，接通天然气的村只有 11.9％，城乡居民收入比为 2.7：1，城乡差距不容忽视。随着改革的全面深入，解决城乡之间的差距成为推进"三农"工作、实现乡村振兴的一大关键。如何解决城乡差距带来的发展难题？为什么当前要把城乡融合作为乡村振兴的突破点？推进城乡融合我们又要破除哪些误区？

扫描二维码即可
观看完整视频

如何唤醒"沉睡的
资源"，缩小城乡
差距？

◆ 录制时间：2018 年 9 月 12 日

◆ 编　导：马宁

党的十九大报告分析了中国社会的主要矛盾，提出主要矛盾已经转变为人民日益增长的美好生活需要和不平衡不充分发展之间的矛盾，这个主要矛盾主要体现在城乡发展差距拉大，整个社会发展不平衡、不充分，概括地来说表现在四个方面：城乡之间不平衡、地区之间发展不平衡、经济和社会发展之间不平衡、经济发展和生态环境之间不平衡，这四个矛盾中城乡矛盾是本质性的、是主要的。

一、为何城乡差距成为最难啃的"硬骨头"？

解决城乡矛盾是我们面临的一个历史性任务。改革开放以来，我们大的结构转换已经经历了四次。

第一次就是20世纪80年代。我们通过农村的改革，把农业的发展潜力释放出来，农业生产出现了一个迅速发展的局面，同时乡镇企业崛起，我们用十年时间，结束了短缺经济。

第二次结构大转换就是20世纪90年代。我们提出了建立社会主义市场经济体制，国有企业要建立现代企业制度。同时，我们提出要振兴四大支柱产业，包括电子机械、石油化工、汽车制造和建筑业。90年代初期这四大产业占GDP的比例只有8%，那么经过十年的实践，这四大产业占GDP的比例超过25%，从而带动了90年代经济的腾飞。

第三次结构大转换就是进入21世纪的第一个十年。我们通过发行长期建设债券，支持基础设施建设。用十年左右的时间，使高速铁路网、高速公路网和信息网络规模达到世界第一。这十年我们的增长速度达到两位数，成为中国历史上的黄金增长期，同时也为今后的发展奠定了基础。

第四次结构大转换就是进入21世纪的第二个十年，在需求结构上，我们调整投资和消费的比例，着重扩大消费对经济增长的拉动作用。第二个调整就是调整产业结构，改变了过去经济增长过度依赖工业增长的局面，第三产业成为经济增长点。第三产业已经成为国民经济中最大的产业，成为就业的增长点和经济的增长点。那么第三个调整就是调整要素结构，着重通过自主创新，用具有自主产权的技术来拉动产业的升级，同时改善管理提高劳动者素质。

所以最近十年，我们发展方式的转变已经迈出了实质性的步伐，这个任务还没有完成，还得继续努力。现在我们面临着产业结构、经济结构的第五次大转换，这就是要调整城乡结构。而城乡结构的调整，是我们整个经济结构中剩下的最后一块"硬骨头"。

城乡发展差距体现在什么地方呢？首先来看城乡居民收入，城乡居民收入差距最大的时候是 3.1：1。最近几年我们采取了一些措施增加农民的收入，所以城乡居民收入已经下降到 2.7：1，但这个差距仍然是很大的。为什么收入差距这么大呢？关键是农业的劳动生产率比较低。现在我们农业劳动力还有 2.1 亿，种了 18 亿亩耕地，平均一个劳动力种八亩半耕地。在这个狭小的规模上，劳动生产率是不可能上去的，所以农民收入水平低。决定性因素在于农业的劳动生产率低，农业劳动生产率低的原因是什么呢？就是土地的经营规模狭小。按照农民的实际能力，以及现在的机械化水平能种多少地呢？举个例子，前年我到河南信阳的一个村去考察，这个村一共 1 万多亩地，就被一个劳动力全部承包了，一个人种 1 万亩地，农忙的时候再雇点短工。他有全套的农业机械，一年的收入也达到几百万元，比出去打工收入还高。北方单季农业地区，一个劳动力如果能种 100—110 亩；中部和南方双季农业地区，一个劳动力种 50—60 亩，那么农业的劳动生产率就能赶上社会平均劳动生产率，农民的收入水平就能够赶上社会平均的收入水平，这样农民就能成为一个体面的职业。所以，我们要抓住农村生产力发展滞后的主要原因，深化改革。

另外，从公共服务来看，农村的公共服务远远地落后于城市，农村的医疗水平、教育水平跟城市相比差距比较大。

二、导致城乡差距拉大的主要原因是什么？

从体制上来看，城乡差距拉大主要是由于城乡两个市场的发育程度不同，城市基本上已经完全市场化了，各种生产要素可以自由地流动，而农村的生产要素还处在半市场化的状态，或者是完全没有市场化的状态。

具体来讲，我们看三大要素：第一个是劳动力。劳动力在 40 多年的时间内，从农村流入城市两亿八千万人，都是精壮劳动力。他们为城市的繁荣和发展作出了重大贡献，但是由于农村的户籍使他们分享不到城市户籍居民所享受的公共服务，老了还得回到农村，这是很不公平的。

第二个是资金。改革开放 40 多年，我们设在农村各种各样的金融机构像一个个的抽水机，把农村资金都集中投放到城市、投放到沿海地区、投放到国有企业、投放到国家的重点项目，所以农村的金融机构都是存差，城市的金融机构都是贷差。因为这些资金在农村找不到投资的机会，所以它只好流到城市里面去了。那么这个资金的流动 40 多年算起来至少在几十万亿元，农村的资本支持了城市的发展。

第三个要素是土地。我们国家农村土地实行集体所有制，城市的土地实行国有制。城市建设用地从哪儿来？先由政府从农民那儿把土地征过来变成国有土地。那么经过"七通一平"、招拍挂，土地的价值就上升了几十倍甚至上百倍，所得收入 70% 左右被用于城市建设了。所以，40 多年通过土地的流转，农民对城市建设做的贡献也在几十万亿元。这三大要素都是从农村到城市的单向流动，现在解决城乡发展差距的问题，关键就是要建立一个城乡一体化的市场体系，允许生产要素在城乡之间自由流动，打破阻碍要素在城乡之间流动的各种政策壁垒、行政壁垒，只有这样大量的生产要素才能流到农村去，来搞乡村振兴。

三、农村土地制度改革为何成为城乡资源配置的关键？

城乡融合就是不要再分城市、农村，城市户籍、农村户籍，城市的土地、农村的土地，要建立一个一体化的市场。通过市场来配置，让这个要素能够按照价值导向来进行流动，这是实现乡村振兴的决定性因素。那么这其中关键在于农村土地制度的改革，要激活农村的资本。承包地按照中央的要求，就是实行"三权"分置，所有权归集体，承包权归农户，经营权放开搞活。这样通过承包地经营权的流转来发展规模化的经营，发展社会化的大农业。农民从承包经营权的流转中可以获得财产性收入，把地交给合作社来种，交给农业公司来种，转包费可能比农民种的纯收入还要高。我到湖南一个县去调研，一亩地一年的转包费是 700 元钱。农民算了一个账，自己去种的情况下，把投工、投劳、肥料算在一起，一年纯收入也不过 500—600 元。自己什么都不管，让别人种，一年可以拿 700 元。而你自己出去打工，在当地打工一天一个小工就 200 元。一个家庭如果夫妻两个人都出去打工，一个人一年挣四五万元，两个人加在一起可以挣到八九万元。家里十亩地转包出去，一年还可以获得 7000 元的转让财产性收入，这就是中等收入家庭了。

党的十八届三中全会强调，鼓励农民将自己的房产和宅基地抵押、担保、转让，增加财产性收入的渠道。国务院已经确定了全国 14 个宅基地改革的试点县，宅基地制度改革出现了奇效。安徽金寨县通过宅基地的整改，节约了 2 万多亩，这 2 万多亩拿出 1 万亩经过了国土资源部的批准，放到合肥全省的建设用地市场上去交易。1 万亩卖了 50 个亿，平均一亩地卖了 50 万元。政府财政拿这 50 万元再加上财政另外增加的一部分钱，用来补贴农民住房，农民如果把原来的房子置换出去，那么基本上不要花什么钱就可以在生态宜居区换上一套楼房，集中居住。那里面有各种各样的公共服务，垃圾处理、上下水都有，农民的住房条件一下子跨越了 20 年。不愿意要房子的，进城落户买房子了，可以获得几十万元补偿，实现了"三满意"，留下来的满意、走的满意、政府也满意。江西余江县改革也很成功，记者有一个统计，余江县农村倒塌的房子、闲置的房子和危房加在一起，相当于农村总户数的 58%，就是一半多的农户都能够摊上一套这样的房子。通过宅基地制度的改革，把农村沉睡的资源唤醒了。

农村宅基地有多少呢？有 17 万平方千米，全国城乡建设用地加在一起才 22 万平方千米，我们城市建设用地占了 5 万平方千米，农村就占了 17 万平方千米，现在一个农村人口占的建设用地是一个城市人口所占的 3 倍多，那么 17 万平方千米合 2.5 亿亩。如果用安徽金寨的经验来看，它将产生巨大的潜在价值。以这么大的价值作为抵押担保，撬动城市资本进来，何愁乡村振兴没有资金呢！所以关键在于改革，在于农村土地的资本化、市场化、商品化，这是一个核心，也是我们通过改革要释放的最大的新动能。

四、推动城乡融合必须抓紧做好四件事

1. 农业现代化

我国农业经营规模太小了，一个劳动力只能种八亩半地。美国的耕地面积比我国多，它的农村人口只占总人口的1%，也就是只有300多万人。平均一个家庭农场经营的规模是八千亩，是我们的一千倍。我国的农业国际竞争力怎么能够赶上美国？所以，搞规模化、专业化、社会化的经营是农业发展的必由之路。

举一个例子，中国人爱吃猪肉，生猪的产量和猪肉消费量全世界第一，但是中国人不会养猪。美国有两个养猪公司，一个饲养公司1年的出栏量是3000多万头，另一个公司一年出栏量是2000多万头，两个公司养猪供美国人吃，吃不完，还大量出口。而在中国农村家家户户养了10头、20头猪，很分散，劳动生产率很低，关键是那个猪粪没有很好地处理，猪粪把农村的水都给污染了。所以，现在要把农业现代化、种植业的现代化、畜牧养殖业的现代化，提到日程上来。通过资本的支持、技术的支持，尽快实现农业的现代化，建立一个社会化的大农业，提高我们的竞争力。通过提高农业的劳动生产率来增加农民收入，使农民成为一个体面的职业。

2. 新农村建设

农村的宅基地有大量的闲置房子，通过村庄的整治和宅基地的整改可以节约大量土地。这件事只能集体来搞，这样可以拉动建材工业的发展，拉动大量的投资，节约的土地可以拿来入股，与公司结合起来搞旅游、搞特色小镇，发展一些第三产业。

3. 农民工市民化

我国农民工有2.8亿人，留守儿童是6000万人，留守妇女4300万人，留守老人4000万人。也就是说，超过4亿人处在全家分离状态，这4亿人他们的中国梦是什么呢？就是全家团圆梦。我们应该帮他们圆这个梦，只要在城市有了稳定的工作和收入的，就应该把他们的住房列入城市社会保障房的覆盖范围之内，帮助他们把户籍给解决了。重庆市对进城落户的农民每人送一笔安家费和五件"新衣服"。一笔安家费，就是你把农村宅基地卖了，

房子也不要了，可以得到几十万元，作为进城的安家费。另外，送给五件"新衣服"是什么呢？是养老保险、医疗保险、子女入学入托的政策、社会保障房的政策，还有所有城镇人享受的公共服务。重庆这么做了，农村的资源激活了、激发了经济增长的动能。

4.特色小镇建设

特色小镇是鼓励在城市郊区，一小时生活圈的范围内引导城市的企业、学校、医院、科研单位到这个周边地区去，跟那些小镇上的资源结合起来，制定一个规划，把上下游的产业链都集中到这里来。浙江一共建了78个特色小镇，最典型就是绍兴地区诸暨市的大唐镇，它被称为"袜子小镇"，一年袜子的生产量达到70多亿双，可以供全世界每人两双，所以它的竞争力非常强。此外，还有基金小镇、纽扣小镇、梦想小镇、创业小镇、互联网小镇。如果我们能够像浙江这样发展这种产城融合的特色小镇，那么我们就能够改变城市布局，拉动我们巨大的需求。德国城市化已经很成熟了，城市化率达到92%，但是德国人现在70%是住在小城镇里，依托一个企业就可以办一个小城镇。在德国，大众公司是单独一个小镇，奔驰公司也是单独一个小镇。在一个小镇上就几万人，就在这个企业里面上班，可以步行上下班，既没有噪声困扰，也没有交通拥堵。中国将来也要往这个方向发展，发展一批特色小镇。

所以把这四件事干好了，那么我们就能够改变经济下行的局面，为中国经济增长提供新动能。

五、城乡融合发展必须厘清哪四个误区？

为什么我们农村改革进展比较缓慢？大概是认识上有如下四个误区。

1.破除农村土地私有化的误区

有的人认为，两权分离就是搞土地私有化，就是走回头路，这个路子不能走；还有人认为，农村的土地"两权分离"或者"三权分置"还不行，中国的土地只有搞私有化，那才能解决问题。这两个方面认识都是不对的。一个是土地私有化，中国也不是没有搞过。中国搞了几千年的土地私有化，有几千年的历史就是土地在私有化的基础上兼并，兼并了以后阶级矛盾尖锐，爆发农民起义，然后平分地权。隔几百年有一次农民起义，几千年的历史就是围绕土地的兼并和反兼并进行的，所以私有化并不一定能够带来现代化。印度的土地是私有的，巴西、墨西哥的土地也都是私有的，也没有给他们带来现代化。所以私有化不是一个灵丹妙药，解决不了中国的问题。

另外，农村土地是集体制，把它的承包权、使用权赋予农户，实行"两权分离"，土地使用权可以抵押、担保、转让，也就是用益物权，还包括经营权、使用权、转让权、继承权、受益权。我们拿用益物权赋予农户，农户拿这个用益物权来抵押、担保、转让，土地就可以跟市场经济对接了，就成为一个可以流动的、可以分割的、可以整合的生产要素。所以，既不是搞私有化，同时它又跟市场经济融合了，在这个问题上我们一定要破除一些糊涂的认识。

2.破除城市资本下乡是掠夺农村资源的误区

城市资本下乡，支持农业现代化、新农村建设、农民工市民化和特色小镇建设，它不是掠夺农村的资源，而是使农村的资源价值得到实现。资本下乡，使土地跟资本结合起来，获得市场价值、获得交换价值，这样农村就能够发展起来。当然城镇资本进农村，不是要搞封建"土围子"，就是围一大片地搞一个大的庄园，我们要把农村土地节约起来发展各种经营。另外，银行把土地抵押过去了，如果到时候还不了钱，那么土地经营权就变成银行的了，银行拿到的也不是土地的所有权，而是土地经营权或者使用权，也就是拿到了用益物权，几十年以后土地的所有权还要收回。所以，不允许土地在个人之间买卖，土地的流转要符合规划的要求、符合法律的要求，特别是土地使用的改变，必须要经过法律的批准。

3.破除城乡一体化会冲击18亿亩耕地红线的误区

很多人担心耕地如果流转了，减少了怎么办？我们说不会减少。所有的国家在工业化城市化过程中，耕地都是增加的，而不是减少的。同样农村宅基地有2.5亿亩，如果通过宅基地的整改，拿出来一半左右用来满足当地的建设用地，还有一部分节余可以拿来进行交易，至少可以节约50%的土地，把它复垦成耕地。所以中国农村土地制度的改革，不会减少耕地反而会增加耕地。

此前国务院通过了一个文件，取得了一个重大突破，就是农村建设用地占补平衡，所节约的指标可以跨省域调节使用。这就意味着中部农民工输出大省，如河南退出的宅基地比较多，节约建设用地比较多，这个指标可以集中起来卖给广东人、卖给江苏人、卖给浙江人。这些地方买了指标以后，可以把当地的耕地变成建设用地，当地的耕地减少能通过我们中部地区耕地增加来弥补。那么从全国整体上来看，耕地是增加的不是减少的。

4. 破除"三农"问题主要靠财政投入的误区

长期以来，研究农村问题的同志、在农口工作的同志，都希望财政增加对农村的投入。现在对"三农"投入已经占财政预算支出的 10%，每年几万亿元投入到"三农"问题上去，可以说财政已经尽了最大的力。但是一年投入 1 万亿元，全国这么多人，平均到每个人头上也就没有多少了。所以，关键是要通过财政的投入引导社会资本的进入。实现乡村振兴、解决乡村振兴所需要的资金问题，不能完全把希望寄托在财政投入上，而是要通过财政的引导把社会资本引过来，以"三块地"为平台，撬动城市资本下乡，这样才能够解决乡村振兴所需要的资本。

我相信在党的十九大精神的指引下，全国人民紧紧抓住社会主要矛盾的变化，通过城乡的融合发展来实现乡村振兴，那么我们建设一个美丽的新农村就指日可待。而且通过乡村振兴，把结构上最后这个"硬骨头"啃下来，用十几年的时间提高农业劳动生产率，搞好乡村建设，把经济发展的巨大潜力释放出来，未来十几年到 2030 年我们保持中高速的增长，是完全有可能的。

承上启下，如何发掘"县城"的巨大潜力？

·谭向勇·

农业经济学博士、教授，中国农业经济学会副会长。北京工商大学原党委书记、校长。曾任中国农业大学副校长，北京物资学院院长。他长期致力于农业市场与政策领域和县域经济发展研究，主持完成了30余项国家级、省部级课题，曾获全国优秀教师，农业部中青年有突出贡献专家称号，享受国务院政府特殊津贴等。

导　语

我国的郡县制度自春秋战国时期以来沿袭至今，《史记》中曾记载，"郡县治，天下无不治"，可见县域的发展自古以来就有着举足轻重的地位。

然而，近年来随着国内外经济发展环境的变化，我国县域经济也不断面临新的问题和挑战，顶层设计缺乏、发展模式单一粗放、产业结构不合理等原因，导致县域经济的发展遇到内在动力不足、发展质量不高的困扰。如何解决县域经济发展中存在的种种问题？作为城市经济和农村经济的连接点，县域经济如何成为助推乡村振兴的一个突破口？在高质量发展的要求下，我们又该如何推动县域经济朝着更快更好的方向发展？

扫描二维码即可
观看完整视频

承上启下，如何发
掘"县城"的巨大
潜力？

◆ 录制时间：2018 年 1 月 8 日

◆ 编　　导：马宁

发展县域经济，是解决中国经济问题的一个非常重要的方面。

一、什么是县域经济？

在中国，县是非常特殊的一个行政级别。我们有村、有乡镇、有县、有市、有省、有中央，在中国是五级，在国外大多数国家都是三级，县在中国确实有非常重要的地位。中国的县大概是从春秋战国时期就开始出现了，到秦汉时期就基本固定了。秦朝有 36 郡，每个郡设 20 个县，一个县大概的范围是方圆百里，所以县在中国历史上处于非常重要的地位。过去我们行政区划一个省、一个乡或者一个特定的区域，都会变来变去，但是唯一相对比较稳定的就是县级。

在中国，省级城市有 30 多个，地级城市有 300 多个，那么县级城市有多少个？大概有 2800 多个，当然县级里边有县级市、县、旗，还有一些市下设的区。县级大概占整个国土面积的 93%。县域大概有 9 亿多人口，占全中国人口的 70% 以上。每个县有多大呢？比如说典型的山西，每县 20 多万人；河北省平原地区人口就多点，每县 40 多万人；河南是我们中国比较重要的区域，人口比较多，一个县大概是 80 多万人，中国的平均数大概算一下是每县 32 万人，当然，南方一些县比较大的话有 100 多万人口。这么大的区域，GDP 却仅仅占全国的 56%。所以中国县域的发展多年来一直为城市发展提供了人、财、物。比如说，城市发展需要土地，我们提供土地；需要资金，我们提供资金；还有更重要的，我们提供劳动力。农村这么多土地、资金、人才流动到城市里面，这是我们对县城的一个基本了解。

什么叫县域经济？简单讲就是一个县的行政区划范围之内的经济总量。国家每年都发布百强县，在 2018 年的百强县中，江苏、浙江、山东三个省占了 66 个县。这表明县域的经济比较发达、一些百强县或县域经济发展水平高的地方，都是利用当地资源、技术，以及特殊的地理位置发展起来的，不完全是它的农业好，更多的是它的第二产业、第三产业占比更多。

这是中国经济发展一个非常不平衡的状况。2862 个县级单位占着 93% 的国土面积，但是产值只有 GDP 的 56%。冰岛人口 34 万，几乎跟我们中国一个县的人口差不多，可是冰岛是一个比较发达的国家，人均 GDP 超过了 6 万美元。所以如果中国的一个县域能够发展到类似于冰岛这么一个国家的水平的话，中国的经济将会达到一个很高的程度。

二、为什么要发展县域经济？

中国的农村还是比较落后的，跟欧美国家的农村还完全不在一个水平上。县域的发展目前是中国整体发展中一个最严重的"短板"，如果农村或者县域这个范围老处在一个落后地区，即便有很多投资的机会，因为这个地方落后，大家也可能不会愿意去那儿投。如果说农村发展起来，9 亿多农民变成城市居民，那消费水平就会大幅度提高，这就是一种需求的拉动、是市场的力量，将会大大地刺激整个中国经济的发展。

发展县域经济，还有一个好处。中国推动各个区域的经济发展，而京津冀、长江流域、珠江流域、东北地区或者各种不同的大的区域，都是由县域组成的。如果每一个县域都发展起来，我们这种大的区域经济、大的格局会得到很好的发展。比如说京津冀一体化，如果把河北的各个县发展得更好，才能真正实现京津冀一体化。相对来说上海周边、江苏这个区域，它发展的均衡程度要好一些，所以县域的发展也有利于我们大的区域的发展。

中国改革 40 多年，我们的起点就是农村。现在我们为什么不能再一次从县域、从农村开始呢？乡村振兴计划是目前国家对整个乡村发展的战略性安排，县域里最主要的部分就是乡镇和村庄，从空间范围来说，这两者之间是有很大的重叠部分。此外，乡村振兴主要是对农村农业方面发展的一个安排，县域经济的发展使我们能够把农业农村的发展跟城市化、工业化的发展很好地结合起来，更好地刺激乡村振兴战略。发展县域经济，也许是我们实现中国全面现代化阶段性目标的一个非常重要的经济措施。

三、如何发展县域经济？

县域经济发展非常重要，那么我们怎么样发展县域经济呢？

实际上要讲一个县域经济，它是一个空间范围，要把这个空间发展起来的话，得要全方位地、立体地考虑问题，这肯定不是一个方面，因为它是个系统。

1. 做好县域发展规划

县域发展的总体规划，是一个中长期的规划。那么，整个这个县城里边未来我们发展是什么样？县城在哪儿？镇在哪儿？村在哪儿？这个我们得考虑。一个县平均 30 多万人口，那么这 30 多万人，随着工业化、城镇化的发展，他们都住在什么地方，我们把他们布局在什么地方？还有一个就是产业的发展规划，等都城市化了、都工业化了，这些人住在城里面，他们得去上班，他们的产业在什么地方？他们的企业在什么地方？他们上班的位置在什么地方？

有了这个规划之后，我们还得要制定一个具体的规划。比方说国土资源的综合利用。也就是说，在一个县域范围内，可能有山、有耕地、有森林、有草地，甚至有沙漠或者有其他各式各样的资源。我们要制订一个很完整的国土资源综合利用的发展规划，这个县域里面所有的空间范围都应该有发展的考量，都应该是资源。特别是涉及农业的，它有很大的地域性，你得养殖什么？种植什么？自然的气候、所处的纬度，都是起决定性作用的。所以一定要很好地利用好自然资源和非自然资源，还得要再制定一些生态保护的规划、人口的规划、文化发展的规划，以及其他方方面面的规划。

而要做这个规划，就不能很随意地去做。规划是一个顶层设计，就像建一个大楼，你得有图纸，所以我们需要各个不同领域的专家来论证县域到底怎么发展。应该做一个 10 年、20 年、30 年，一个长远的规划。

规划一定要立足于当地的实际。规划制定好了以后，一定要通过立法的方式把它确定下来，任何一个领导都不能随便把这个规划改掉，不能随便弄一些政绩的工程，或者形象的工程。因为这些政绩的工程、形象的工程严格来说是不符合科学规划的，这些投资是很没有效益的，可能仅仅就是昙花一现而已，它不能给区域经济发展提供真实的力量。

2. 建设好县城、镇、村

县城的位置一般都是自然的选择，是交通要道、自然条件比较好，或者说水利条件比较好。此外，县城一定要有特色，要有自己的个性，要有自己的文化。比如说，意大利一个小城市，这个城市是根据蜘蛛网建的，是事先规划好的。新疆有一个县，这个县是根据八卦图建的。

县城建设规划好了以后，一定要讲速度，讲速度不是说越快越好。欧洲很多著名的建筑，建了一百年还没有建成；西班牙一个教堂，据说已经建了125年了，还没有建好。另外一点，城是次要的，最重要的是人。所以我们一定要形成一种适合中国的、适合中国文化的，适应当地文化的、适应社会主义核心价值观的一种生活方式。我们最终目的是让大家生活得很幸福，而不是为了建几个建筑，看上去挺好玩的。

县城建好了以后，就要考虑把县城的几个小镇也要建好。这个镇一般来说是县城的卫星城，实际上它是县城跟村庄之间的一个连接点。中国现在出台了特色小镇的建设项目，到2020年中国要建1000个特色小镇。那就是把我们中国有上千年传统文化的一些古老的镇建起来，形成产业和文化。实际上当城市发展到一定程度，一定会有一个"逆城市化"的发展。也就是说，大城市的人逐步向小城镇过渡。镇将来也是城市化最底层的一个层级，上面我们叫作城市化，下面我们叫作城镇化，镇是最底层的小城市。但是这里要特别强调一点，我们建这些镇不能搞成发展房地产业。实际上我们建的镇是与县城相匹配的一个网络体系，容纳更多的城市人口，涉及了产业的布局。

县域发展的第三个层级就是村庄。实际整体上村庄人口是在减少。随着社会经济的发展，肯定有一批村庄会消失。我们不可能把所有的村庄都保留下来，但是同时我们也不可能把所有的村庄都消灭掉。对那些古老的村庄、那些具有文化价值的村庄、那些对农业生产未来发展起着非常重要作用的村庄，肯定会保留下来。过去我们待在农村，为什么现在不愿意待了？因为农村的生活质量条件相对较差。而如果把农村建设得都像城市这么发达、这么方便、这么现代化，待在农村也是挺好的。所以，农村的环境治理也是一个非常重要的内容。第一是垃圾的处理，第二个是粪便的处理，第三个是厕所的革命。如果农村的基础设施条件都像城市一样的话，那么在农村待着也会很舒服。浙江的一个"千村示范万村整治"工程，经过几年努力已经获得了"地球卫士奖"，做得非常漂亮，目前已经在全中国推广。

3.优化产业结构，实现农业现代化

我们要把县城、镇建好，让农村人口减少，这是一个城市化的过程，但是把2/3的人都弄到县城，都住在县城还不行，他们得去上班去，他们得养家糊口，那就要提供产业。所以我们一定要把产业布局好，一产、二产、三产都得要布局好。中国目前的产业比重，农业大概占不到8%，第二产业大概占到40%的样子，第三产业已经超过52%。但是对于一个县城来说，各种不同地区差异很大，有的县城以农业为主，工业、服务业是非常不发达的。由于没有工业，城市化速度就受到限制，为什么？这些人住在城里面没有什么活儿干，所以他也不能住在城里边，现在很多县城盖了房子，那些房子确实也卖出去了，但基本上就是"丈母娘经济学"。就是农村的姑娘要出嫁了，然后跟男方要的彩礼就是两大件：第一大件，县城得有个房子；第二大件，得有个小汽车，哪怕两万块钱、三万块钱的汽车。平时在村里住着，周末就开着车住到县城里去，享受一下城市的生活。房子是卖出去了，周末确实也有人住，但是事实上因为没有产业，县城发展不起来，所以一定要把产业布局好。

一个县城至少要把第二产业发展起来，这不是说要从头去做，而是可以针对更大城市里产业的上游或者是下游做些事情。中国的百强县之所以能成为百强县的一个主要的原因就是它的工业非常发达。

此外，还要把第三产业发展起来。举一个例子，山东寿光主要是种菜的，但实际上不仅如此，好多菜都是从全国各地到寿光，通过寿光再倒腾到其他地区。因为寿光已经是中国北方一个非常大的蔬菜集散地，你到那儿才能行销到全国各地。所以如果这么一个大的集散地的品牌区位的话，就很容易把服务业发展起来。因为这么大一个市场会需要各式各样的工作人员，就会提供更多就业岗位。

农业在整个县域发展中，更要高度地重视。有一句名言叫作"劳动是财富之父，土地是财富之母。"那么未来中国农业发展会发生哪些变化呢？一是兼业性的农户越来越多。什么叫兼业性农户？比如我有十亩地、二十亩地，我还自己经营，我住在县城。农活忙了我就回家干干，农活不忙的话我就在县城上班，农活忙的时候我还可以雇佣个人或服务公司，这就是一种兼

业的农户。实际上在东亚很多国家和地区，这种方式很普遍。二是工业化、城市化发展，农村的人口将减少。中国现在在农业领域就业的劳动力占全部劳动力的30%，而欧盟发达国家这一比例不到1%，所以我们还有巨大的潜力，也就是还有20%多的劳动力要从农业领域转移到非农业领域，一批新型的农民会开始经营家庭农场。三是大型的企业进入农业领域，进行专业化生产，这将会大大地提高农业的生产效率，完全按照工业企业的这种模式来搞我们的农业。四是合作社入股，这种模型可能是欧洲比较多见的一种模型。欧洲的奶业非常发达，农民组织的合作社入股，建立大型的农业企业。这个农业大型企业的股份是各个合作社的，实际上真正的股东是农民。

"农户＋合作社＋大型加工企业"这种模型作为农业生产特定的方式，将农业这种小规模生产方式跟大规模现代工业企业很好地结合在一起，这种方式大概在中国未来也会出现。所以这一系列的内容交织在一块儿，可能会大大改变中国目前县域范围中农业发展的方式，会大大提高农业现代化水平，也会大大刺激工业化、城镇化，使农民不是原来意义上的农民，变成新时代背景下的新型农民。

4. 尊重农民利益

在未来县域发展中，尊重农民的利益大概主要考虑以下几个方面：第一，不能强迫农民进城或者不进城。《中华人民共和国土地管理法修正案（草案）》指出，农民可以保留在村里的承包地，但是也可以进城作为市民，这个不矛盾。所以我们一定要尊重农民的意愿。

第二，允许农村的土地入市。中国的土地制度是二元结构。城市的土地属于国有，农村土地是集体的，农村的土地要求盖房子，得先把集体土地变成国有土地。现在集体土地也可以入市了，可以进行拍卖了，这个钱基本上就可以归农民所有。中国已经在33个县进行试点，已经卖出去9万亩地，收入有257亿元人民币。这种改革将很好地保护农民，因为大部分土地是集体土地。

第三，集体资产的股权改革。比较落后的西部地区、边疆地区集体财产很少；但是在城市的郊区、在发达的地区，集体财产很多，有很多工厂，很多五星级酒店。怎样保障农民的权利，确实是值得探讨的问题。因为生死婚嫁,人口都是在变化,股权怎么继承?怎么发展?所以,集体资产股权怎么改革也是一个非常重要的问题。

第四,农民的利益主要是承包地。承包地可以保留承包权,也可以将承包权转让给别人,但是转让一定是有偿的、可以变现。这样的话可能更有利于土地的流转,也有利于农民拿上钱到城里更好地生活,能够去就业等,所以这个也很重要。

第五,农村宅基地。多年来我们的政策就是宅基地在农村跟城市之间不能进行买卖。现在国家的政策也开始有一些松动,可以适当地把宅基地使用权变通地去买卖。这样的话那些山清水秀的,或者那些自然环境条件特别优美的村庄,就可以吸引城市居民去居住。这可能会带来技术、带来文明、带来资金、带来其他城市的一套要素。所以整体上来说,城乡之间一定程度上要流转。更多人是到城市,少部分从城市人到农村,这样才能保证城乡一体化,整个现代文明才能同步。所以在县域发展的过程中,我们一定要尊重农民的利益。

5. 改革管理体制

第一,县级以上政府层面,要加强各级政府对县域管理的能力,因为政府在社会经济发展中起着非常重要的作用。县域上面有市、有省、有中央,县域上面还有三级政府,这三级政府要加强对县域发展的管理体系和能力方面的建设。这里面比较重要的就是要尽可能减少一些垂直的管理。举一个例子,上面三级政府我们提供各种资金的管理,在一定程度上并不能很好地在县域经济发展过程当中起到作用。

第二,县域层面,县域管理本身也得现代化。现在我们县域管理的水平,以及机构的设置都是有问题的。华北地区的一个样本县,2015年有39万人口,城镇化也就是1/3,还有2/3是农民。就在这样一个县域里,科级的单位和副科级单位加起来接近150个。这么庞杂的一个人员系统,每年大体上花费10亿元人民币。这样的管理办法怎么能有利于一个县域的经济发展,这说明确实需要机构的改革。

第三,乡级层面,20世纪五六十年代,乡级并不是一级政府,只是县上一个派出机构,叫作乡公所。随着现在交通信息的发达,乡一级怎么管理？各个地方应该可以探讨一下怎么样管效率更高。

第四，村级层面，村现在是自治，这其中一定要考虑到民主、科学、公开、效率。

所以这四个层面我们都得考虑到。中央、省、市三级对县域管理要提高管理的水平，县域范围内部要提高管理水平，乡镇这一级管理也要进行改革，要摸索新的管理的模式，村级民主自治也有探讨的空间。这几个层级管理的水平都提高，才能保证我国县域范围社会经济正常发展。

中国有一个传统的说法，"郡县治则天下安"。中国正处在一个发展转型期，县域发展是"短板"，它的发展转型在中国发展转型中起着决定性的作用。如果2862个县级单位都实现了现代化，中国才是真正实现了现代化，才能真正实现中华民族的伟大复兴。所以县域是一个广阔的天地，这个广阔的天地是我们中国的希望。

策划编辑：郑海燕

责任编辑：郑海燕　孟雪　李甜甜　张蕾

责任校对：周晓东

封面设计：林芝玉

图书在版编目（CIP）数据

权威专家解读中国经济发展密码／中央广播电视总台财经节目中心
《中国经济大讲堂》栏目组 编著 . —北京：人民出版社，2021.7
ISBN 978－7－01－023369－7

I.①权⋯　II.①中⋯　III.①中国经济－经济发展－研究　IV.① F124

中国版本图书馆 CIP 数据核字（2021）第 078777 号

权威专家解读中国经济发展密码

QUANWEI ZHUANJIA JIEDU ZHONGGUO JINGJI FAZHAN MIMA

中央广播电视总台财经节目中心
《中国经济大讲堂》栏目组　编著

人 民 出 版 社 出版发行

（100706　北京市东城区隆福寺街 99 号）

中煤（北京）印务有限公司印刷　新华书店经销

2021 年 7 月第 1 版　2021 年 7 月北京第 1 次印刷
开本：710 毫米 × 1000 毫米 1/16　印张：25.25
字数：387 千字

ISBN 978－7－01－023369－7　定价：110.00 元

邮购地址 100706　北京市东城区隆福寺街 99 号
人民东方图书销售中心　电话（010）65250042　65289539